教育研究應用

教育研究、政策與實務的銜接

王麗雲　著

作者簡介

王麗雲

現　　職：國立台灣師範大學教育學系副教授

學　　歷：國立台灣師範大學教育學系學士

　　　　　國立台灣師範大學教育研究所碩士

　　　　　哈佛大學教育碩士、博士

　　　　　俄亥俄州立大學社會學研究所博士班肄業

重要經歷：國民中學英語科教師兼導師

　　　　　公務人員高等考試及格

　　　　　教育部公費留學考試及格

　　　　　俄亥俄州立大學社會學系助教、獨立講師

　　　　　國立中正大學教育學研究所助理教授

　　　　　台灣教育社會學學會副秘書長、理事

　　　　　《教育研究集刊》、《臺灣教育社會學研究》執行編輯、委員

　　　　　國立台灣師範大學實習輔導處地方教育輔導組組長

研究獎勵：國科會甲種學術獎勵（1998～2000）

　　　　　國科會研究獎勵補助（1998～2006）

　　　　　中央研究院社會研究所訪問學人

　　　　　哈佛大學教育學院訪問學人

研究興趣：教育政治、教育政策、教育社會學、高等教育、

　　　　　教育評鑑、教育研究法

序

　　本書題目的選定，要追溯到筆者在哈佛大學教育學院攻讀博士課程時修課的淵源，當時筆者所就讀的是該校教育學院的「行政、計畫與社會政策」（Administration, Planning, and Social Policy）學程，對於一個來自以理論與哲學見長的教育研究所，碩士論文又研究課程社會學理論的我來說，行政與政策是術，不是學。至於現在，我的想法，不管行政與政策是術是學，只要能夠做好，發揮正面的影響，就不是一件容易的事，而這個想法的改變，要感謝我在哈佛的學習經驗，以及指導教授Carol Weiss 的啟蒙，「知識應用與政策研究」是她的專長，是她為我開了這扇窗。

　　「學而優則仕」似乎是早期研究知識應用最快速的方式，出仕的學者可以將所學所思轉化為教育政策，而教育實務界則遵循政策的指示，推動教育工作，不過早期的教育「學」，似乎較偏重思辯論理層次，在實徵研究與理論建立上較為不足，對於「學」和「用」之間的差距與轉換也較不關心，「學」與「用」銜接似乎是理所當然的。

　　隨著政治的開放，學者能夠影響教育政策的管道多了（影響力似乎也下降），著書、寫社論、演說、撰寫白皮書、清議，都是發揮教育研究影響力的管道，不必一定要「出仕」。學界對話對象也由「執政當局」轉向了立法委員、一般社會大眾，以及教育現場中的實務工作者。同時教育學研究的進展也頗為快速，研究方法日趨多元，從事教育研究的人口也越來越多，雖然部分其他學科人士仍然質疑「教育是門學問嗎」？不過教育研究仍然繼續進行，待處理或研究的教育問題多如牛毛，何必先吵這個問題？貶抑這個學科？

　　國內教育研究數量不少，每年教育研究所碩博士班畢業生所寫的碩博士論文數量就非常可觀，加上教育部的委託研究或國科會的專案研究

等等，國內教育研究數量的成長可謂相當快速。不過這些數量龐大的教育研究對於實務工作的改進究竟有何貢獻呢？我們的教育決策者、教育行政機關人員、或是立法委員在擬定政策時，教育研究知識扮演了哪些角色呢？國內大刀闊斧的教育改革，又是本於哪些理性基礎或具體證據的支持？對教育現場的實務工作者來說，教育研究又發揮哪些實質的幫助？產生哪些具體的影響呢？教育研究、教育決策與教育實務三者應該有關連嗎？又應該維持怎樣的關連呢？這些關連的維持可能碰到哪些困難呢？這是作者撰寫本書的主要出發點。

本書旨在整理統合教育研究知識應用的相關課題，除了分析研究知識應用的意義與現況外，也分析教育研究應用的模式與影響教育研究應用的因素，並提出影響教育研究應用的綜合模式。對於教育研究應用的未來，特別是教育政策與教育實務如何能被教育研究成果告知（informed），作為教育決策與行動的基礎，也提出具體的建議。從事教育研究者，可以由本書中思考自身研究的定位，以及研究成果發揮影響的方式與策略。教育決策者、行政人員與實務工作者，亦可由本書中思考如何強化決策與行動的知識基礎，善用教育研究的成果。

本書的寫作過程中，雖然盡心盡力蒐集相關資料，不過新資料仍不時出現，截稿日期不斷逼近，只能嘆學海無涯，不足之處，有待來日繼續補充，有關我國教育研究知識應用的實徵性研究，因為篇幅及體例考量，將以論文方式出現，不納入書中。

今年農曆春節期間，與大學好友聚首，發現一畢業即在國中教書的朋友已開始規畫退休時程，這期間朋友已作育英才無數，而我才在學術生涯的起點起跑不久，除感嘆自己駑鈍外，也反省自己長時間投入教育研究工作，唸了三年的碩士與七年的博士，做了六年的助理教授，除了自身知識上的滿足愉悅，以及文憑與工作的獲得外，對於教育做了哪些具體的貢獻呢？這本書是自我反省的起點。

學術工作沒有假期，農曆年、暑假、週末、清晨，常常還是得拋夫別子鑽到研究室工作，寫作與研究的壓力，讓女兒立志不當博士，因為

iv

當博士常要半夜爬起來打電腦。看到女兒的童言童語，只能期望她長大能了解，媽媽的書已經寫得夠慢了，為的是在該陪你們的時候不要缺席太多。至於我的先生，他絕對不是女性主義的支持者，不過卻是個不錯的實踐者，在我忙碌不堪時，承擔他其實不甚擅長，也頗感頭痛的小孩照顧工作，為了謝謝他，只能完成這本書，我就是在「慢慢寫」與「快快寫」的拉扯下，完成這本書的。

謝謝曾經幫過我的人，特別是妹妹，總會在我和先生兩人忙得焦頭爛額時主動幫忙照顧兩個小孩。也謝謝黃師政傑、謝師文全與黃師光雄、林師清江在我求學與工作過程中給我的指導與鼓勵。師大教育系上師長與同事這幾年來的鼓勵與情義相挺，讓研究與教學的路走來不那麼疲累，也感謝諸多學界好友的切磋琢磨，讓研究總有新鮮事。

最後，我要特別謝謝助理芸嘉、亮雯、萃婷、瑞麟、青妤、季桓、芳穎、明儀對本書出版的協助，如果沒有他們，這本書的出版大概又要拖上好一陣子了，你們是這本書的大功臣。也謝謝比老師還用功、上進、執著的學生，讓老師更不敢偷懶半刻，如果有草莓族，那絕對不是你們。

王麗雲

二〇〇六年二月

麻州哈佛大學教育學院

目　錄 ▶▶
CONTENTS

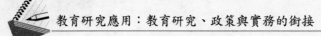

第一篇

緒　論

第一章

探討教育決策與實務的知識基礎

有一個安慰人的迷思指出：好的觀念能自行遠播。不過鮮有證據告訴我們與政策有關的研究能夠自行傳播，在大部分的情況下，這些研究頂多是傳播到學界其他人的書架上罷了（Patricia Thomas, 1991: 231）。

政府對社會科學研究相當投入，此由其所投入的經費與主張可以得知，但另一方面政府對於社會科學研究結果卻又忽略其中的不連續性，呈現了矛盾（Weiss, 1980: 4）。

當然我必須說，研究最偉大的事情是其中一部分為垃圾，另外一部分（我不會說有多大部分）是無釐頭，不相關的。要能夠找到一個研究可以告訴你對錯，或發生了什麼事情，或應該如何作，恐怕是大海撈針。……當人們說他們作了一些研究，其實真正的意思是他們已經認真思考三分鐘了（英國教育與科學部部長對經費委員會第十次報告中的談話，引自 Nisbet & Broadfoot, 1980: 1）。

壹、楔子

人類行動含有理性的成分，總希望本於確切的知識，作最佳的選擇，所以連「樂透彩」這類機率遊戲，也有人認真地作研究，希望透過計畫性的購買，提高中獎的機率。對碰運氣的「樂透彩」都如此，更何況是對與個人及國家發展息息相關的教育事務！不論是教師或家長，總

希望任何的教育作為，後面都有具體真切的理由支持，以提升學校的教育成效。國家每年補助教育研究，也是希望透過教育研究提升教育行動的理性基礎。不過有多少教育研究的成果的確轉換成教育政策，或是指引教育實務行動？教育政策或教育行動，在實際上能否本於確切的證據或知識基礎呢？教育研究與教育決策或行動間，存在著怎樣的關係？又應該維持怎樣的關係呢？下面三個場景，可能令我們茫然。

◎場景一

「教改的列車已經啟動了，可是不知道要開去哪裡？」這是一位行政人員在一個教育部委託專案的例行討論會中提出的問題。當時教改已經推動多年，當天開會的議題之一是怎樣為已經推動的教育改革重建理論基礎，好向大眾說明教育改革的理性基礎。一個花費這麼多人力和物力推動的教育改革，為何在推動多年之後才開始重建理論基礎呢？教育研究對教育政策似乎是必要的，不然教育部不需要重建理論基礎，可是研究進來的時機是不是太慢了？從另一個角度思考教育改革有必要等理論基礎完備後再發動嗎？在我國教育政策的制定與推動上，教育研究究竟扮演什麼角色？又應該扮演什麼角色呢？

◎場景二

二〇〇三年九月七日中國時報的一則新聞標題是「教改排斥在外，師範體系大反撲」，這個報導的用詞頗為煽動，說明的事件是發生在同年九月六日國立台灣師範大學政策小組所辦的「教育發展的新方向：為教改開處方」研討會。該項研討會提出對教育改革問題的診斷與建議，報社認為師範體系的聲音在教改中不受重視，所以利用機會發聲。令人好奇的是，在這場教育改革中教育研究人員真的缺席了嗎？如果真的缺席，又是在教育改革政策的哪一個環節中缺席？為何缺席？理應有「教育專業」的師範體系，他們的「專業」在這場教育改革中究竟發揮了什麼功能？教育專業被誰「排斥」了？又為何被「排斥」？是因為他們的

研究成果不值採用？或是決策者無法採用？教育研究界除了「反撲」之外，還有什麼方式可以對教育政策與教育實務產生更積極有益的影響？

◎場景三

「行政院教育改革審議委員會」於一九九四年通過設置要點後正式成立，在兩年兩個月間共舉辦三十四次的委員大會、一百四十九次的分組委員會、十二次的分組委員聯席會議，及十四場次的座談會（林生傳，1997：36）。由《第一期諮議報告書》的〈附錄〉顯示，教育改革審議委員會共委託進行了三十七個研究案（行政院教育改革審議委員會，1995），以作為教育部推動改革的參考。可是十年後的今天，不論是黃光國等學者的「萬言書」，台灣師範大學的「為教改開處方」研討會，以及部分民間教改團體，卻對十年的教改成果大加撻伐，對教育改革的亂象嚴詞批評。過去的大量教育研究為何不能導向一個成功的教育改革？如果《教育改革諮議報告書》真的有研究基礎，又為何會招致這些批評？是因為這些研究做得不好嗎？或是還有其他原因？

本書的重點不在檢討教改，那需要另外一本書來處理，國內也有學者陸續撰書評論（周祝瑛，2003；薛承泰，2003），未來的檢討應會更多。研究者所關心的是教育政策制定與教育實務推動上，教育研究究竟扮演了哪一些角色？可以有哪一些功能？在政策制定中，研究應用的障礙為何？如何能使教育研究與政策有更好的聯結？今日大眾對教育研究的看法可說是兩極化，雖然仍期望教育研究能改進教育，使決策與實務的品質能更為精緻；但在另一方面也認為教育研究功能不彰，不是研究的速度太慢，就是研究品質不佳，研究結果能發揮的影響有限，或是不滿研究與國計民生或當下重要政策議題脫節（Biddle & Anderson, 1991: 1），教育研究對教育改革、教育政策與教育實務的幫助似乎並不大。

國外研究應用的情形似乎也好不到哪裡去，以美國為例，「成堆的研究究竟能夠發揮什麼影響？」也是常常被質問的問題，甚至有人指出如果教育研究消失了，教育人員仍然可以照常進行他們的教育工作。

Scriven（1960，引自 Nisbet & Broadfoot, 1980: 14）曾批評 95%的教育研究用最起碼的標準來看，都是無用或枝微末節的，實務人員批評教育研究者關在象牙塔內自得其樂、搞錯研究的優先順序、只關心學術界內的聽眾、不在乎實務界的需求，要不就是說了一大堆別人聽不懂的術語，研究與政策或行動之間似乎是風馬牛不相及的平行線關係。

不過，我們有必要在乎這兩者間脫節的現象嗎？Nisbet 與 Broadfoot（1980）指出「研究有無影響？」是不是一個值得探討的問題，還要看各個國家的政治、經濟與社會脈絡，例如歐洲部分國家就認為探討「教育研究的影響」是一個不必要的問題（見本書第七章）。本書顯然是認為教育研究與教育政策及實務之間的關係有必要探討與改進，如果有必要，是基於什麼理由？又有哪些可行的方法呢？

貳、探討教育研究、教育政策與 教育實務關係的必要性

喜歡英國文學或中國文學，大概不需要什麼冠冕堂皇的理由，或許也很少有人會計較「國學研究」或「英國文學研究」的有用性，但是對於「社會科學研究」或「教育學研究」的有用性，卻是一般人會關心的問題。雖然部分的學者認為學術研究本身自為目的，社會科學研究或教育研究不必考量研究是否有用；可是也有另外一派人士認為教育研究應該有其實用性和工具性價值。本書認為教育政策或實務工作不能只憑藉個人經驗或判斷進行，必須參考教育研究的發現；教育研究也不能完全漠視教育政策與教育實務工作的實際，以及教育研究對政策與實務應負的責任，只在象牙塔內自得其樂。主要的理由如下：

一、對理性決策的期望

研究知識對政策形成的重要性，雖然大多數人不見得感受的到，但

恐怕也沒有多少人會正面予以否定。「要做什麼？」、「該怎麼做？」是政策決策者必然會自問的問題。國家利用研究達成國家目的或促成社會變遷歷史已久，例如在十九世紀時，擔任美國麻州教育長的 Horace Mann 就蒐集統計資料，作為推動教育的參考依據。英國成立的 Manchester 統計學會也蒐集統計資料，以為了解現況的依據（Biddle & Anderson, 1991: 1）。對研究知識功能的信念，是支持教育研究進行的重要動力，人們總是期望做對的事、做好事，而要做對的事、做好事，必須要有知識作為判斷的基礎。研究向來被認為是知識生產的重要途徑，利用研究知識作為決策基礎，就成為大眾順理成章的期望。

希望研究能有助於決策的不只是一般大眾，部分學者也期望決策能有理性的基礎。當學者批評教育決策的品質粗糙、欠缺規畫、將專家排除在外，或批評民粹壓過專業考量、政治讓學術成為御用工具等等，都反映出學者們仍期望研究的知識能夠被充分正當地應用，轉化成政策，有益國計民生。以美國相當大的教育專業組織——美國教育研究學會（American Educational Research Association, AERA）為例，其下的專題小組（special interest group, SIG）中就有一「研究應用」（Research Use/ Utilization）小組，該組的目的是：「了解研究如何被應用以改進教育政策與實務，並且強化研究發現傳播與應用的改進」（AERA, n. d.）。顯見研究對政策與實務界的貢獻也是美國研究界相當關心的議題。過去 AERA 也曾經成立行動導向相當強的「力行研究者」（Researchers for action）專題小組，希望了解研究和主要社會議題的相關性，鼓勵研究者貢獻知識技能，以促進教育改革。學界中探討「研究影響」（impact of research）者也很多，績效責任或評鑑都可說是屬於這個領域（Nisbet & Braodfoot, 1980），可見研究界也相當在乎本著理性與知識基礎而行動。

影響重大、令人印象深刻的教育研究似是鳳毛麟角，不過教育研究史上仍然不乏優秀教育研究成功影響教育政策的例子，瑞典綜合中學的教育改革正是一例，這項成功的銜接是經過長期努力的結果。瑞典很早就對社會科學在教育研究上的應用很感興趣，研究與政策的搭配也良

好。舉例來說，一九五〇至一九六〇年代瑞典的教育改革必須感謝Torsten Husen 的研究貢獻（Brint, 1998: 230），不論是 Husen 利用軍方資料對工人階級研究的結果，或是 Kjell Harnqvist 所發現才能消失（talent loss）的現象，在在都讓 Husen 懷疑瑞典的學校制度並不利於低社經學童的教育與社會流動，因而提出綜合中學的制度。但是對綜合中學制度質疑的人也不少，反對者認為綜合中學制度會讓能力高者學習緩慢，並使能力低者倍感壓力，所以抵制此制度。一九五〇年瑞典通過法案，進行長達九年的綜合中學實驗，選定 Stockholm 市為實驗地點，該市的北方繼續維持雙軌的制度，南方則進行綜合中學的實驗，在實驗完成並控制了學生的背景與能力後發現，綜合中學的制度較好。因為這項研究結果的發現，分軌制度的合法性受到動搖，一九六二年起，瑞典立法通過，規定所有七到十六歲的學生都必須就讀綜合中學。研究的發現，使得瑞典修正其教育制度，雖然歷時九年才完成研究，可是卻讓這項政策的推行有了正當性基礎，是一個本於證據所做的教育改革。

由瑞典的例子來看，我們甚至可以主張，以研究為基礎的決策歷程可以促進民主，如果將民主看成是一種公共思慮（公共思辯）（public deliberation）的過程（Gutman, 1987），以研究為基礎的決策歷程要比動不動「訴諸民意表決」要來的更為民主。研究發現雖未必能直接形成政策，也不能免除意見衝突，可是本於研究發現所提供的知識，卻可以作為磋商與公共對話的材料，思考公共決策的基礎，達成實質的民主。

二、改進決策品質

決策很少不涉及資源分配的。如果一項政策沒有經費的配合，這個政策便不是一個實質的政策，而是一個象徵式的、口惠式的政策。新的教育方案或政策不斷累積，不同利益團體的訴求難有寧日，政府經費上的負擔也會不斷的增加，如果不適時檢討舊的教育政策與方案，在政府收入有限的情況下，就不容易增加新的政策。透過研究，可以協助我們判斷哪一些政策或方案應該中止，哪一些政策應該優先實施

（Fitzsimmons, 1979），使得政府政策的品質能夠更敏慧。

　　不論是何黨執政，都得在同一個政策參數下工作，政策優先順序的擬定是任何人執政所需面對的問題，透過研究，特別是方案評鑑研究，可以促使公共討論更加理性，有助於作出更好的決策。研究者或研究發現不可能取代決策者的角色，研究發現也不能直接用在決策之上，可是有了研究資訊與研究發現，有助於產生較為理性的決策（Fitzsimmons, 1979）。

　　有些研究發現其實已經擺在那兒，可是決策者似乎視而未見，例如過去的研究發現一再告訴我們，課程改革不能跳過老師這一級！課程改革不是學科專家的事而已！課程改革不是培育幾個種子教師就夠了！課程改革不能忽略師資培育機構的角色！……不過這些研究證據似乎是言者諄諄，聽者藐藐（Reimers & McGinn, 1997），課程改革還是照做，教師與師培機構還是被排除在外，研發消費型式的課程改革繼續踏步，課程改革的成效也常常是個問號。

　　決策品質的改進不是說說或是找幾個人開幾次會就能改進的，決策智慧累積的重要性雖受肯定，卻少有人努力追求，最明顯的例子是相關政策的評鑑也多將焦點集中在執行單位或執行者身上，而非政策本身或決策者身上，忽略了決策亦是需要學習，也需要累積決策知識，方能改進決策品質。試辦方案（pilot programs）與社會實驗（social experiments）的舉辦，就是為了在大規模政策推行之前，透過科學研究的過程，蒐集方案推行後可能之成效的相關資料，包括了（Fitzsimmons, 1979: 3）：

1. 特定方案與隨之而來的行為改變之間的關係。
2. 評鑑不同方案成分的效果與效能。
3. 評估要達成特定效果所需最低的密度。
4. 當某些方案有確定服務對象時，不但可以評估其單位成本，也可評估其參與狀況（這些資訊相當重要，因為缺乏這兩種資料，基本上不可能評估方案執行政府所需投入的經費）。
5. 能夠確認不同方案為特定團體達成特定目標的效益與成本，比較

其效率與效能。

這些研究發現可以提供決策重要的參考資料，改進決策品質，決策者規畫政策時如果缺乏「研究」精神，或不願蒐集客觀資料作為決策參考，很難期望決策品質或施政效率能有所改善。

三、研究成果作為說服的工具與行動的動力

教育的作為或實施如果缺乏確切的證據，往往無法獲得教育實務人員的認同，造成政策推行上的障礙。部分政策的作為或實施，與其說是基於嚴謹的證據，不如說是本於習慣或意見。在解嚴之後，少有政治或教育領導者不談教育改革。對教育感興趣，有自己教育改革主張的團體也越來越多，這也影響了教育政策的制定。不過，這些改革的主張往往是基於理念、假設、或是國外經驗，相信某種改革必然會產生某種效果，少有研究結果支持，導致教育政策往往隨教育流行或政治壓力而起舞，有害教育政策的品質。教育政策之所以不能在學校貫徹，原因固然眾多，而其中之一即是基層教育人員知道這些政策將是曇花一現，缺乏研究的支持，所以採不變應萬變，難以說服或強迫他們採取行動落實政策（Biddle & Anderson, 1991: 3-4）。如果要使教育實務人員願意投入改革的工作，需要有充分的理由進行說服，教育研究的成果可以提供這些理由，作為改革行動的基礎。

例如我們一直相信學生在小班的情況下學習成效較好，不過「小班與學習成效之間關係究竟如何？」、「多小是小？」、「在哪一方面好？」、「對哪一種學生好？」、「好多少？」、「要多花多少錢」等等，卻是有待探討但又被明顯忽略的實徵問題。「社區參與學校管理」的政策究竟受到哪些一致的實徵證據支持，證明其對教育品質改進的成效，恐怕也沒有幾個決策者說得上來，令人懷疑這個政策是否只是一種流行，一種意識型態的展現，抑或是教育改革上一項正確的行動。風行一時的學校重組運動，其中的一項主張是將決定權交給學校，不過這項政策並未提供證據告訴我們「哪一些事情由學校決定較為適宜，哪些則

否？」，彷彿這些根本是不應該問的問題（Reimers & McGinn, 1997）。又如「能力分班」、「體罰」等問題，往往一概被打入「既定政策」的領域，沒有多少討論的空間，也顯少有機會探討「不同能力分班之作法及其影響」、「能力分班或常態編班的配套措施」、「體罰的正用與誤用」等問題，基層實務人員只有執行政策的份。再如最近的「九年一貫課程」，對教育實務工作者的工作環境影響至鉅，可是這些改變的理由讓部分教育工作者覺得「縹緲虛無」，在政策執行上也就半推半就。在指責教師要為教改失敗負責時，也應思考是否已提供說服老師執行教改的研究證據，讓老師心悅誠服的接受？政策如果缺乏理性基礎作為說辭，是很難激發實務工作者確實地加以執行。

不論是「小班教學」、「能力分班」、「體罰」、「九年一貫課程」，過去的教育決策顯然在沒有做好問題探討的情況下，就直接跨入政策行動。這類情況產生的原因相當複雜，不能全怪決策單位與實務單位，因為研究焦點之故，本書未必能完全說明原因，不過政治是其中一項重要原因，類似的現象在其他教育政策中也時有所見，面對政治的壓力，改變或改革的理性基礎可能不如改變或改革本身重要，改變或改革象徵了對政治壓力的回應，與其說是解決問題，倒不如說是解決政治壓力（Entwisle, Alexander & Olson, 1997）。問題是政策的推行如果沒有充分的理性基礎為前導，只是屈服於政治力的操弄，是很難說服實務工作者接受並支持這些政策。

四、重視教育研究的績效責任

教育在許多國家都是最大的事業，有關教育的決定不但直接影響全國孩童的生活，更是國家與個人昂貴的投資（Reimers & McGinn, 1997），間接影響國家與個人的發展。期望教育決定能受到教育研究發現的指引，這是很自然的，但教育研究可否擺脫政治干涉或社會責任，不受束縛，為研究而研究呢？基本上只要有政府的施為，就會有績效責任的要求，由以標準為基礎的測驗，到以科學為本的研究，都說明了對

政府施為作績效責任要求的不可避免性。教育研究受到政府的補助，也不能不顧績效，納稅者關心教育研究的可信程度如何？關心大眾的錢是否被明智地使用，或者如石沉大海（Feuer, Towne & Shavelson, 2002），因此教育研究很難脫離績效責任的檢視。以美國為例，考量所推出的方案或政策使用政府相當多的預算，關心政策成效的人士，主張訂定日落條款（sunset law），以避免方案一旦推行，就無止日，也妨礙新方案成長的空間，同時亦主張透過零基預算，每年檢視方案，確保方案成效與效能（Fitzsimmons, 1979）。

在大部分的國家中，都不缺教育研究，可是教育研究應用的情形並不理想，教育學術發展必須有經費支持，國科會、教育部等單位在教育研究經費的支持上，扮演要角，不過這些單位對於研究應用成效則關心有限。教育研究所耗經費不少，不論是由教育部或國科會直接補助的私人研究，或基金會贊助的教育研究，還是高等教育機構及學術研究機構付給教師或研究員的薪水所進行的研究工作，在在說明了教育研究是個所費不貲的事業。根據國科會（行政院國家科學委員會，2003）的資料顯示，在二○○一年時，全國研究發展經費已占國內生產毛額的2.16%，國科會在二○○三年用在支援學術研究的經費也有兩千兩百一十三億六百萬元。二○○二年間，人文社會科學的研究經費共計一百四十六億五百萬元，科學教育的經費則為五十六億九百萬元，如果教育研究者只是為研究而研究、為出版而研究、或是為升等而研究，不關心教育研究的效果，就容易招來決策者與一般大眾對教育研究價值的懷疑（Biddle & Anderson, 1991: 3；Weiss, 1991a: 173），這也間接影響教育學術的發展。在此，問題的焦點不在於教育研究是否必須具有實用價值，或是我們是否應以功利性的觀點來評估教育研究，而是實用性目的原本就是應用研究的一部分，教育研究除了起自於好奇心外，也受到實用的目標所導引，以期改善人類的環境（Biddle & Anderson, 1991: 2-3）。應用性質強的教育研究不該迴避這個問題（Lindbolm & Cohen, 1979: 5），否則「學術爭論恐怕會轉成學術生存問題」（Nisbet & Broadfoot, 1980: 3）。

五、提升教育議題討論的專業性

　　教育工作因為所僱用的人數眾多，所服務的對象廣大，是個容易吸引大眾注意的領域，再加上教育的專業地位較低，神秘性也不大，更經常被政治化，似乎是個人人都有興趣，也能發表意見的領域。問題是有關教育的意見或爭論，很少是根據研究結果立論的。如果教育研究的結果，一直侷限於象牙塔內，等待伯樂（而且是懂學術術語的伯樂）閱讀、理解、轉換、應用，或是教育研究不食人間煙火，研究的主題一直遠離大眾關心的議題，恐怕社會中大部分的教育討論仍會流於意見之談或是意識型態之爭。為了提升教育議題討論的專業性，改善教育政策制定與實務工作品質，研究者或政府有必要將研究結果向大眾公布溝通，提升大眾討論教育議題的水準。

六、考慮教育研究本身的倫理問題

　　教育研究的受惠者是誰？是學者或是教育組織中的成員與學生？當我們花費研究對象的時間與精力向其蒐集資料後，所完成的研究對於這些資料的提供者究竟可以有哪一些幫助？如果社會大眾覺得填答問卷或接受訪談等長期以來只是「為人作嫁」，幫助別人投稿、拿學位、升等，對於研究的支持必然會日益降低。以下是一項問卷調查開放式問題中「被研究對象」的心聲：

　　　　敬啟者：我們接二連三不斷收到各種問卷，老師們大都業務繁忙，老是要我們填這麼冗長的問卷，大家無法仔細填答，多數不樂意作答，請問量化的研究，其信度、效度有多少？拜託，不要再寄問卷給我們了。

　　　　做了如此多的問卷，期待能真正落實及對教育、學子有受益，否則也只是浪費更多的人力、物力和時間罷了。

從研究倫理的角度來看，學者向研究對象蒐集資料，所得的結果如果只是對研究者自身有益（升等、拿學位、評鑑），無法對教育改進有實質的貢獻，難免失去研究對象的支持，使得研究成為一種剝削的關係，而在研究倫理上有所缺憾。

　　總而言之，學術研究不能純以功利為導向，決策也未必能全盤依照教育研究的結果制定，但是教育決策如果不能提出一套能夠說服大眾與實務工作者的政策理由，是很難讓教育決策與實務工作者積極付諸實踐的。教育政策如果不關心教育研究的發現，甚至與研究發現背道而馳，不但非教育政策之福，更會影響到政策執行者對政策的信心，進而影響到教育政策的實踐。另一方面來說，屬應用科學的教育研究，如果不能讓大眾了解教育研究究竟產生了哪些「有用的」知識，探討教育研究與教育政策之間合理的關係，則必然影響大眾對教育研究的支持，教育研究經費的取得將會更加不易，民眾對於教育學術研究的進行也會冷漠以對。最後，教育研究結果也有必要參與大眾對教育的對話，發揮知會者與教育者的角色，以提升教育專業的形象與教育對話的品質。準此，教育研究、教育政策與教育實務之間關係的探討，必須成為教育研究中關心的問題。

參、研究問題與本書架構

　　探討研究應用議題關心的問題很多，例如思考研究的改進是否真能促進理性的決策？研究結果與資料的誤用該如何處理？社會科學研究含混的特質應如何處理？又如何解釋與處理社會科學研究中主觀的成分？這些都是學者探討研究應用時常問的問題。因為教育界對研究應用議題的關心是較為晚近的事，本書的探討重點將集中在教育研究應用的意義、現況、模式、影響因素與因應對策等；共分成四篇十一章，第一篇為緒論，第二章中將分析教育研究以及教育研究應用的意義，以作為本書討論的基礎。

本書第二篇共分兩章，分析教育研究應用的現況，第三章探討美國教育研究應用情況，第四章則說明我國教育研究應用情況，並與美國的情況做對照。美國是教育研究成果堪稱先進發達的國家，教育研究應用經驗值得參考，最近美國一些具爭議性的教育研究改革措施，也提供本書反省教育研究應用意義與作法的機會。

　　本書第三篇則說明教育研究應用模式與影響因素，共分兩章。第五章整理主要教育研究應用模式，第六章則提出影響研究應用因素的綜合模式（comprehensive model）。這篇探討相當重要，資料顯示教育研究的主要消費者——教育政策與實務界受到教育研究發現告知的情況似乎仍不普遍。Bulmer（1982）引用英國《Perry 報告書》的資料指出，只有四分之一的教育學者認為政策制定者是個人研究的主要顧客，這個比例在社會科學是中下的，較之管理、法律、經濟、地理等領域為低，但比心理學要高。究竟教育研究對決策者提供了哪一些服務？有哪一些貢獻？有沒有可能讓教育研究對政策制定產生更大的影響？趙達瑜（1998）曾經提及一項對美國行政官員所作的研究，也有類似的發現，只有 51%的行政人員對於將研究成果轉化為有用產品或解決問題的技術感到相當滿意或部分滿意，可見研究成果轉換為政策行動並不是一件容易的事。

　　對應用性強的教育研究來說，情況似乎不甚令人滿意，以美國為例，現實的情況是教師抱怨教育人員的研究遠離實際，教育董事會抱怨教育研究的成果未善加傳播，中央政府則認為教育研究的優先順序管理不當，不認真處理教育研究的應用價值，只為研究而研究（Nisbet & Broadfoot, 1980）。這些抱怨顯示研究知識對政策與實務並未帶來太多的改進。Cohen 與 Garet（1991）指出相信「資訊越多，決策就會更好」的想法，無疑是一政治白癡的想法，政府花在研究上的經費雖然很多，但並不代表政策規畫單位會利用這些研究作成決定。更多的研究不必然會導向更好的決策，教育研究知識在教育政策與教育實務上究竟如何受到應用？有哪些因素導致教育研究低度應用的情況？以上為本書第三篇

所要探討的問題，第五章中分析教育研究應用的主要模式，第六章則根據文獻分析的結果，提出綜合模式，說明影響教育研究應用的因素，同時也成為本書第四篇的分析基礎架構。

　　本書要處理的第四組問題，是如何改善教育研究、教育政策與教育實務之間的銜接情況，使得教育研究能對政策與實務發揮更積極正向告知的功能。第四篇共分五章，各章架構主要是根據第六章中影響教育研究應用的綜合模式所做的安排。第七章探討影響教育研究應用的外圍系統與脈絡系統，第八章分析教育研究社群中有礙教育研究應用的因素，第九章分析教育政策與實務社群在應用教育研究知識上的障礙，第十章探討研究社群與教育政策及實務社群之間的連結系統，對教育研究應用的影響。最後一章探討教育研究應用的未來，綜合先前討論，提出改善教育研究應用的反省與具體建議。

　　教育研究是社會科學研究中的一環，教育政策也是公共政策中的一部分，所以本書的探討，就很難不觸及社會科學研究與公共政策的領域。這也與研究者的理念一致，教育研究與教育政策固然是獨特的學術研究領域，但並不代表這個領域不能夠由社會科學研究或公共政策研究中汲取經驗，因此本書也參考了社會科學研究與公共政策研究的相關文獻，因為這些文獻可以幫助我們更綜合且更全面性的思考教育研究和教育政策之間的關係。

肆、他山之石

　　對確定知識的渴求，中外皆然。美國總統小布希在二〇〇二年一月八日簽署了「把每一個小孩帶上來」法案（No Child Left Behind Act），這項法案共本著四個基礎理念[1]，其中一個是「鼓勵被證明的教育方法」

1　其他的基礎理念包括了「加強結果的績效責任」、「賦予州及社區更多的自由」、「賦予家長更多的選擇」。

（Encouraging proven education methods）（U.S. Department of Education, 2002），這項理念的揭示說明美國政府希望利用嚴謹科學研究所產生的教育知識與技術，改進教育的實施。

因應這項法案，美國教育部在二〇〇二年三月提出《2002-2007 策略計畫》（U.S. Department of Education, n. d.），這項計畫共列出六項策略性目標，其中第四項策略目標：「將教育改變為一以證據為基礎的領域」（Transform Education into an Evidence-based Field），與上述理念有密切的關係，這項目標旨在加強教育研究的品質。根據教育部的說法，教育與醫學、農業以及工業生產領域不同，教育領域大部分是本著意識型態及專業共識而運作，因此也就容易受到流行趨勢的影響，導致決策中無法根據科學方法應用，及客觀資訊的系統性蒐集與使用累積的成果，所以教育部希望能「改進教育部所進行或所資助研究的品質或相關性，提供決策者、教育人員、家長以及其他關心教育的公民獲得研究綜要（synthesis of research）及客觀知識，並且鼓勵應用這些知識，以便作成受告知且有效的決策（informed and effective decisions）」（U.S. Department of Education, 2002: 59）。上述的聲明顯示了改進教育研究的品質，並且使教育研究的成果能應用到教育決策與教育行動中，以改進教育，業已成為美國政府未來幾年的努力目標，也透露出社會大眾仍相信科學發現應該是決定政策的根據（Feuer, Towne & Shavelson, 2002）。

美國國家研究委員會（National Research Council, NRC）也同樣關心教育研究的應用情況，國家科學委員會的「行為、社會科學與教育處」（Division of Behavioral and Social Sciences and Education, DBASSE），已著手進行一項費時十五年、花費數百萬美元的計畫，全名為「策略性教育研究夥伴」（Strategic Education Research Partnership, SERP）（Donovan, Wigdor & Snow, 2003），其出發點是有感於教育經費占美國每年 GDP 的 7 %，影響國內一年級到十二年級為數五千兩百七十萬兒童，可是大部分的教育作為卻缺乏研究的基礎（Strategic Education Research Partnership, n. d.）。該董事會希望能夠透過這項方案，讓重要

的研究發現能夠成為教師、學校行政人員及教育決策者常用知識（working vocabulary）的一部分。

美國政府上述的作法，也招來批評聲浪，例如美國教育研究學會在二○○三年會針對政府《2002-2007 策略計畫》中有關科學研究的部分予以檢討，批評聯邦政府界定狹隘的科學研究概念（本書稍後將說明這些方案與計畫的問題），不過這些政策上的努力仍然顯示政府渴望教育政策與實施能有紮實的理性基礎，以縮短教育研究、教育政策、教育實務之間的距離。

決策者要由教育研究中得到政策啟發，或是解決教育問題，其實並不難，有些問題只要分析資料，就可以輕而易舉的找出問題根源，不需經歷太多意識型態的鬥爭，只是決策者往往沒空或沒興趣分析資料，更沒興趣閱讀資料分析的報告，甚至避免蒐集資料、知道事實，似乎認為資料不存在，問題就不會存在，也不需要解決。有時候決策者或實務者問題的癥結是不知道該問哪一些問題、蒐集哪一些資料，其實只要能問對問題、找對資料，問題常能迎刃而解。「哈佛國際發展研究所」（Harvard Institute for International Development, HIID）協助宏都拉斯解決偏遠地區學生留級率過高問題的例子，說明由研究資料中辨認問題並尋找解答並不見得是件太困難的事；HIID 研究人員發現該國偏遠地區每一個學校平均都只有一位老師，且這些老師多半沒有接受過正統的師資培育訓練，沒有辦法設計出不同年級的課程教全校的學生，以致學生留級率偏高，上述的事實靠簡單的除法就可以算出來（教師數除以學校數），這個簡單分析結果讓不知如何改善留級率過高問題的宏都拉斯政府恍然大悟，著手改變這些地區教師的僱用方式（Reimers & McGinn, 1997），數字有時候的確「會說話」，端視教育研究者、政府與實務人員能否找對數字，看得出數字所傳遞的訊息。

伍、國內研究現況概述

　　本書所探討的研究與政策制定關係在國內其他領域中早有學者注意，例如丘昌泰（1993a，1993b）、翁興利（1999）、趙達瑜（1994，1995，1997）由理論層面探討研究應用的問題。鄭麗嬌（1992a，1992b）探討公共政策決策中的資訊問題，針對特定政策領域知識應用的現況的則有趙達瑜（1998）對環保署的研究，指出研究成果及應用者、應用機關之特性與結構等因素在在都影響到一項研究能否受到應用，丘昌泰（1992）則探討空氣污染流行病學的政策轉化情況，官有垣（1999）探討研究與政策連結重要機制——智庫。在碩博士論文部分，有針對政策諮詢體系的研究（陳佳君，1992），針對行政機關研究發展單位功能之研究（江秀聰，1995），也有針對特定行政單位（如行政院環保署）應用委託研究成果進行研究（趙達瑜，1994）。

　　在教育領域中，這個主題也有部分學者關注（王麗雲，1999；張善楠，1999；許智香，1999；潘慧玲，1999；謝美慧，2000），為文探討，不過多是初探性質。在實徵研究部分，則有何美慧（2002）對教育部委託研究案應用情況所進行的訪談研究。本書的貢獻在於說明教育研究應用的意義、現況，並提出綜合模式，說明影響研究應用的外圍系統、脈絡系統、研究社群、教育組織（政策與實務界）以及連結系統，企盼這些討論能促進教育研究與政策及實務的銜接。

　　研究者不願意把決策者知道，但研究者不知道的因素一律歸類為政治考量；或是把教育實務工作者知道，但研究者不知道的因素歸因為隱匿知識或「撇步」；更不認為研究者知道、但決策者或實務工作者不知道的知識就只是學院派知識。不過很顯然的，研究界與政策界需要有更好的溝通與更密切的合作。本書的企圖，當然不只是成為其他學者書架上的裝飾品，綜言之，是希望透過系統性的討論，達成以下幾項目的：

　　1.說明教育研究應用的意義。

2. 探討教育研究應用的現況。

3. 歸納教育研究應用的模式與影響研究應用的因素。

4. 根據本書所提的綜合模式，說明影響教育研究應用的因素與具體
　 改進策略。

　這些目的只是起點，未來必然還需要更多理論、實徵研究與實踐工
作投入，才能在教育研究、教育政策與教育實務間搭起橋樑，讓教育研
究對決策與實務發揮正向積極的告知功能。

第二章

▪ 教育研究應用的意義

　　研究工作者無法提供權威性的發現讓他人應用，其他人也不能要求研究者為政策問題找到「正確的」答案，這是不一樣的問題。四領域的人[1]的經驗都有相等的貢獻，每一個人在某些方面都是專家，在另些方面則無知，儘可能提供其所知道的部分，學到的比自己能教人的部分要多（Donnison, 1972: 526-27；轉引自 Weiss & Bucuvalas, 1980: 11）。

　　社會中充斥著資料或訊息，上網、與人交談、翻開報紙、隨處觀察……，我們（包括教育政策制定者與實務工作者）每天都可以輕而易舉地透過各種管道獲得許多訊息。不過這些訊息並不必然具有相同的價值，我們都知道這些訊息有的是噱頭、真實性不高；有些訊息我們興趣缺缺（不喝酒的人不會在乎啥咪尚青？）；更多的訊息代表的是個人的信仰或意見（例如手指月亮會被月娘割耳朵）；有些訊息違反我們個人的信念，不管正不正確，我們也不想奉行（要享受要趁早）；有些訊息就算真確，我們也認同，但力有未逮，也無福消受這些訊息（如鑽石恆久遠，一顆永留傳）。在知識爆炸、資訊豐沛的時代，過濾與吸收訊息都不是一件容易的事，大部分的知識與訊息不是與我們無關、對我們不痛不癢、正確性堪慮、與我們觀念或價值相左，要不然就是我們無福消受的。我們總是希望聽到真的、與切身需要相關的、有用的資訊。

1　這四個領域的人指的是政治、科技、實務、研究人員。

壹、研究與知識

一、研究的意義

Biddle 與 Anderson（1991：2）認為「研究」一詞的意義可以分成廣義與狹義兩類。廣義的研究是指「任何探究性的活動，可能包括了哲學的探究、文本注釋、或是透過冥想自我探索」；狹義的科學研究則是蒐集及解釋資料的有系統經驗探討或探究。

Reimer 及 McGinn（1997：4）則將研究定義為：(1)個人的行動，涉及到可觀察事實與資料的匯整與組織；(2)利用分析或綜合的技巧安排資料；(3)利用非觀察性質的概念或構念解釋或詮釋資料的能力。

Levin 對研究的定義較廣，包含了一般人所談的科學研究，也涵蓋歷史或哲學探究。他根據研究途徑，將研究分成下列四類（1991：74）：

1. 實驗：這是最接近科學的研究方式，一般而言在學校中較難進行。
2. 準實驗：如跨國比較等。
3. 哲學性質的分析研究：如理論研究。
4. 歷史研究：了解社會事件和運動，與學生教育系統的形成和變遷之間的關係，或了解教育和社會變遷之間的關係之研究。

Kerlinger（1991）則認為研究基本上是一種求知的學問，不過求知的方式有很多種，聽演講、讀書或是觀察都是個人求知的方式。科學研究也是一種求知的過程，不過冠上「科學」兩個字，要求的是以科學方法獲得更可靠及更可信賴的資料。客觀性與實徵本質是科學研究的兩項重要特徵。

上述學者對於研究的定義可以粗分為廣義與狹義兩類：廣義的研究是指一種探究性的活動，涉及思考與詮釋。狹義的研究是指科學研究，涉及了資料的蒐集、分析、詮釋，達成客觀的解釋，或是 Reimer 與 McGinn（1997：5）所稱的「應用系統性的方法蒐集與分析資訊以產生了

解」。由這個定義來看，僅僅是資料的蒐集或報導並不能視為研究，還必須要能夠對其加以解釋，甚至預測。

至於教育研究，則可以看成是「系統性的嘗試，希望能夠確定不同力量以及組織安排對教育結果的影響，以及對社會和個人的影響」（Levin, 1991: 73），或是對教育現象和問題所做的研究活動。

二、研究與知識的關係

研究的目的是為了產生知識，不過研究卻不是知識唯一的來源。Louis 將知識分成三類，分別是研究為本的知識（research-based knowledge）、技藝知識（craft knowledge）及共同知識（common knowledge）（引自鄭麗嬌，1992b）。研究為本的知識是指透過科學研究所獲得的知識；技藝知識則是實務工作者透過實務所獲得的經驗性知識；共同知識則是所有知識的基礎。鄭麗嬌（1992b）另將後面兩類知識併在一起，稱為日常知識（ordinary knowledge）或是經驗知識（experiential knowledge），並且指出研究知識與日常知識之間的差距並沒有那麼大，我們目前視為理所當然的知識雖然不見得都有科學根據，可是其中一部分的確是來自於科學發現（如現在被視為常識的打雷現象）。科學知識的進展，也需以日常知識基礎為本，繼續其系統性的探究。吾人所應該努力的方向，是如何讓更多科學研究的成果轉化成決策者與實務工作者的日常知識，並且更加有系統地整理決策者與實務工作者的日常知識，而非否定日常知識的價值。

日常知識或經驗知識不見得是沒有價值的，也不是所有的知識都須靠研究獲得。部分經驗知識或日常知識經過日積月累、不斷地驗證修改，雖然不是依照科學方法獲得的知識，可是有其可靠的程度，在決策的過程中，若要時時等待科學知識作決定，恐怕緩不濟急；再者科學研究因其範圍的限制，能深入卻未必能統觀，其可以作為決策的參考，卻未必適合指引決策。

透過研究所生產與傳播的知識一般都被認為比較嚴謹。與日常知識

相較，我們期望研究所得的發現是比較有系統的、可以被檢證的、能夠說服眾人的。研究所產生的知識比起一般知識應該更具有可靠性，仰賴研究的發現，我們可以作出比較好的決定。

貳、科學研究

如前所述，科學研究是較為狹義的一種研究，即使狹義，學者對於科學研究的定義仍有相當多的出入。根據筆者的整理，科學研究的看法約可分成以下幾種。

一、科學研究等同於研究方法

部分學者將科學研究與某種研究方法畫上等號，認為用特定方法進行的研究就是科學研究，反之就不是科學研究。前一章中提及美國政府在「把每一個小孩帶上來」法案中主張教育研究應以證據為本，並將「實驗研究」的比例作為評鑑的重點（U.S. Department of Education, 2002: 61），所暗示的就是只有實驗研究方為科學研究，才是能作為證據的研究發現。將科學研究等同於實驗研究，當然是比較狹隘的定義。部分學者對於美國教育部的科學研究定義，自然不甚滿意，他們認為基於其他興趣，採取其他方法所做的研究，也是科學研究，方法固然是科學的關鍵，可是方法本身不能夠界定科學，研究方法的選擇，應該要看研究的問題而定（Feuer, Towne, & Shavelson, 2002），教育部對於科學研究的定義不應過於狹隘（Erickson & Gutierrez, 2003）。無論如何可以想見，美國教育部將實驗研究等同於科學研究，且作為教育科學研究表現的測量依據之一，對於未來幾年美國教育研究的發展將會產生一定的衝擊，學界與政府之間也會有持續的辯論。

二、科學研究作為一種文化

部分學者則認為科學代表的不是方法、不是程序，而是一種文化，

這種精神存在社群之中，「透過專業的批評及自我的更正」（Feuer, Towne & Shavelson, 2002: 6），促使人類知識的不斷更正創新。在這種看法之下，學術社群文化就變得相當重要。

Feynman 則認為科學是：「無視權威的信念」，對問題不加以限制，是科學動力與能量的基礎（引自 Berliner, 2002: 18）。Berliner 詢問我們，如果科學研究如政客的作為般──「事實是可磋商的，知覺是不可動搖的」（facts are negotiable, perceptions are rock solid），那我們就不能夠期望科學能夠減輕我們的無知。對 Berliner 而言，科學的精神就是容許爭議。

三、科學研究的特徵論

有些學者則提出一些特徵，希望利用這些特徵界定科學研究。例如美國國家研究委員會就認為科學研究具有下的特徵（Feuer, Towne & Shavelson, 2002: 7）：

1. 提出了可以進行實徵探究的問題。
2. 將研究與相關的理論連結。
3. 提供一和諧與明確的推理脈絡。
4. 產生一套可以在不同研究間重做的發現。
5. 開放研究資料和研究方法，鼓勵專業檢查和批評。

前面提到的 Kerlinger（1991: 92）也指出科學研究具有兩項特徵，一是客觀性，一是實徵性（empirical nature）。客觀性所指的是專家對於所看到的東西有一致的看法，是一個程序、一個方法、一個進行科學事業的方式。實徵性則是指以系統性、控制的方式來獲得證據，雖然實徵研究所得到的東西不見得是正確，不過比起普通的觀察要來的客觀多了。而科學的興趣則在於了解與解釋。

四、科學研究是理論與資料之間的對話

Bulmer（1982）主張社會研究與社會科學研究兩者之間的差別，是

以實徵研究與理論之間是否有交互對話而判定。社會科學研究者的工作是根據問題意識蒐集事實性資料，並將蒐集到的資料加以系統化（理論化）、提出一套解釋，並準備隨時推翻或修正這套解釋。如果只是蒐集資料，卻缺乏問題意識（心中沒有特定的問題引導資料的蒐集），或是不能根據所蒐集的資料對問題作成系統性的說明，進而提出一套理論或概念，就稱不上是科學研究。Bulmer（1982）認為社會科學研究比起社會研究更有助於政策的制定（見圖 2-1）。他在研究英國社會科學與社會政策時，對於英國政策制定者蒐集實徵資料卻缺乏理論化的情形，以及學界偏好大套理論卻缺乏興趣透過實徵檢驗的現象感到不滿，認為這些雖可稱為研究，但還構不上科學研究，因為經驗研究和理論之間缺乏對話，對政策提供的幫助也是有限的。

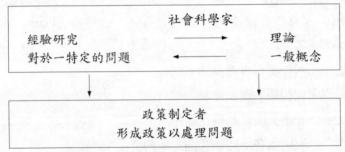

圖 2-1：社會科學研究對政策制定的影響

資料來源：Bulmer, M. (1982). *The use of social research: Social investigation in public policy-making*, p. 39. London: George Allen & Unwin.39

五、科學研究的二分法

也有學者將科學研究再細分成兩類，而科學的定義也依這兩類不同而有所差異，例如將科學研究分成「硬科學」（hard science）與「軟科學」（soft science）。硬科學是指嚴謹度高，可推論性、可驗證性都高的研究，如物理學或化學的研究，或是教育上的實驗研究；軟科學則是正好相反的概念，是指研究的可推論性、可驗證都低的研究（朱柔若譯，

2000）。依照這個分類，大部分的教育研究因其研究方法上的限制與研究對象的複雜性，偏向於軟科學的研究。另外一種二分法是「容易做的科學」（easy-to-do science）與「不容易做的科學」（hard-to-do science）。Berliner（2002）認為教育研究是不容易做的科學，因為教育研究進行的情境是一般物理學者或化學家所不能容忍的情境，複雜的環境、眾多無法控制的變項等因素，在在都使得研究結果的可驗證性與可推論性受到嚴重的限制，所以說教育研究是不容易進行的科學。相較之下，物理、化學等研究的環境則相當的穩定，可以稱為容易做的科學。上述兩種二分法旨在突顯科學研究領域中不同學科特性的差異。教育研究是軟科學，那是因為其所處理的研究情境較為複雜，所處理的對象是有自主性的人，面臨的不確定性較高，所以是科學研究中難度較高的研究。

　　總結來說，以特定方法來界定何謂科學研究，並不恰當。科學是應用適當的方法，由不同的角度，達成共同的了解。為了掌握問題的真象，獲得了解現象不同的觀點，用不同的方法進行研究應該是受到肯定與鼓勵的。再者，教育研究的問題，有描述性（description）的、有以因果影響（cause and effect）探究為焦點者、有關心運作機制（process or mechanism）者，因為研究興趣不同，所應採用的研究方法也不同。一個好的研究者，應該要了解問題的本質與研究的目的，選擇適當的方法，本著科學研究的精神進行研究，整理並解釋所得到的資料，並清楚本身研究結果的限制。例如現為美國教育部推崇的隨機實驗研究在外部效度上就有限制，不見得是最好的研究方法。質化研究所強調的脈絡探究，有時反而可以提供我們重要的資訊。

　　對於科學研究所得的知識，我們也不應過度神聖化，政府施政或教育實務人員從事教育工作，如果要全賴科學研究發現的結果行事，可能緩不濟急，因為科學研究的結果總是來得太慢（Lindblom & Cohen, 1979），透過科學研究指引行動，也不見得不符合成本效益。研究有時比起個人或團體的經驗法則狹隘，缺乏統觀性與脈絡性的科學研究反而不適合指引我們的行為，而被歸為非科學研究的理論研究或經驗研究

（Bulmer, 1982），亦有其價值。採文化的觀點定義科學，注重的是科學的精神，強調專業的批評與反省。我們雖不必言必稱科學，可是抱持科學的態度來處理爭議或重要的問題，原來視為是問題的可能變成不是問題，而問題的內容也可能被重新定義，這是科學研究的價值。

最後，教育研究一向被認為是不夠科學化的學科，自然科學對於如教育研究這類學科也常常抱持著懷疑甚至鄙視的態度，認為研究的成果在科學化程度上遠遠比不上自然學科。這是因為教育研究所面臨的挑戰較大、不確定性高，要建立法則並不容易。不過由其他科學研究的定義來看，並不代表教育研究不是科學研究，教育研究只要加強理論與資料之間的對話，不斷進行專業的批評與自我更正，就可以視為一種科學研究。

參、研究的類型

對於研究的分類，有由其蒐集資料的方法分類，如調查研究、訪談研究；Kerlinger（1991）則將研究分成兩類，分別是實驗研究及非實驗研究，前者涉及操弄，後者則否。有由其所蒐集資料的性質分類，如量化研究、質化研究；有由研究所本的哲學基礎分類，如實證研究、解釋研究、批判研究（楊深坑，2002）；有由其研究的領域分類，如自然科學研究、社會科學研究。這些都是耳熟能詳的分類方式。

由研究應用的角度來看，Nisbet 與 Broadfoot（1980）則將研究分成結論取向的研究（conclusion-oriented research）、決定取向的研究（decision-oriented research）以及發展取向的研究（development-oriented research）。結論取向的研究多由學術研究單位進行，旨在針對研究目的達成結論。決定取向的研究目的在協助決策之制定。發展取向的研究多由研發單位進行，比較偏向成果的研發。

Vielle（1981）則將研究分成四類：

1. 學術研究（academic research）：關心的是我們解釋的系統是否正確？並根據概念架構進行嚴格的假設考驗，旨在了解世界實體的

現況。

2. 計畫研究（planning research）：旨在了解哪一些因素產生了我們所希望看到的結果。這類研究常用統計分析以產生不同變項之間的關係型式，透過研究分析政策槓桿應如何運作以改進教育、對不同教師訓練方案成本效益的研究即屬於這類。

3. 工具性的研究（instrumentation research）：關心如何組織，以建構能夠產生所欲結果的因素，可以看成是在行動和評估革新之間不斷來回的過程，例如新課程的發展就是一種工具性的研究。

4. 行動研究（action research）：關心研究是否真的能夠產生所欲的結果，這個研究最後的目的是結果本身，行動研究關心的是改變，而不在於了解改變。形成性評鑑即屬於這個範圍。

美國國家科學基金會（National Science Foundation, NSF）和國際經濟合作發展組織（Organization for Economic Co-operation and Development, OECD）則根據研究應用的意圖將研究分成三類，分別是基礎研究（basic research）、應用研究（applied research）、實驗發展（experimental development）（江秀聰，1995）。Neuman（朱柔若譯，2000）則將研究依其用途分成基礎研究與應用研究，其中應用研究又包括了行動研究、社會影響評估（social impact research）、評鑑研究（evaluation research）。

一、基礎研究

Kerlinger 認為基礎研究是由理論產生的，反映研究者的問題，產生結論（引自 Biddle & Anderson, 1991: 8）。以任務而言，基礎研究主要是以知識的生產和累積為主（Committee on Basic Research in the Behavioral and Social Sciences, 1991）。NSF 及 OECD 則認為基礎研究主要「在分析事項的特質、結構或關係，以便測試或建立研究假說、理論或定律」（江秀聰，1995：2）。Neuman 認為基礎研究「增進關於社會世界的基本知識，焦點擺在駁斥或支持有關社會世界如何運作、事情為

何發生、社會關係為何有特定的模式，以及社會為何會變遷之類的理論」（朱柔若譯，2000：43）。Bulmer（1982）則認為基礎研究人員的任務在發展並考驗邏輯演繹（logic-deductive）系統的假設和預設，以建立理論，透過理論，可以將知識系統化，並刺激更多的實徵研究。

扼要來說，基礎研究的目的是生產知識與建立理論，以說明、解釋或預測社會現象，強調抽象性，目的在建立通則或原則。因為基礎研究的這種特質，使其看來沒什麼明顯直接的用處，除非經過轉化，否則並不容易對實務工作者有立即的效用，也比較不容易受到大眾的支持，是研究應用層次較低的研究類型。

二、應用研究

美國 NSF 及 OECD 將應用研究定義為：「依據基礎研究所發現的新知識，去研判其可能的用途，或為決定達到某一特定或預定目標，所需採取的新方法或新途徑」（江秀聰，1995：2）。Neuman（朱柔若譯，2000：45）則將應用研究定義為「嘗試解決特定的社會問題，或是協助實務工作者完成任務」。Bulmer（1982: 43）認為應用研究是關心現有理論知識的研究應用，他們的工作是蒐集實徵性資料，以解決特定的問題，研究者的角色如同社會工程師（social engineers），負責提供處方。歸納來說，應用研究是為了解或解決實務問題所進行的研究，長處在於其有立即的實用性，因為研究進行時通常有實際的顧慮，故而能反映知識使用者的需求，並產生結論（Biddle & Anderson, 1991: 8），所以在經費補助上較占優勢，受到支持的程度較高。整體而言，應用研究的任務較為產品導向，對於知識的累積幫助較小，又因其研究方法與研究內容之故，較容易引起爭議。

基礎研究與應用研究的區分如表 2-1。

表 2-1：基礎與應用社會研究之比較

基　礎　研　究	應　用　研　究
1. 研究的本身就令人滿足，是由其他社會科學家來做評斷。	1. 研究是工作的一部分，由社會學界之外的贊助者來評斷。
2. 研究者對於研究問題與主題的選擇享有極大的自由。	2. 研究問題相當「狹窄限定」，為了符合老闆或贊助者的需要。
3. 研究的判斷是根據絕對嚴謹的科學規範，追求最高的學術標準。	3. 學術的嚴謹與標準繫之於研究結果的用處。研究可能是「草率簡陋」，也有可能符合高尚的學術標準。
4. 主要關切的是研究設計的內在邏輯與嚴謹度。	4. 主要關切的問題是能夠把研究發現通則化到贊助者有興趣的領域。
5. 對基本理論知識有所貢獻是推動研究的驅策力。	5. 實際的報酬或研究結果獲得採納是從事研究的主要目標。
6. 成功見諸於研究結果被刊登在學術期刊之上，並對科學社群發揮影響。	6. 成功見諸於研究結果被贊助者運用到決策制定之上。

資料來源：朱柔若（譯）（2000）。W. L. Neuman 著。**社會研究法——質化與量化研究取向**（頁 46）。台北：揚智。

　　不過基礎研究與應用研究的二分應該視為概念上的區別，不宜過度執著，認為這兩者非此即彼，沒有交會點。理論研究或基礎研究常常會有實用上的貢獻，也必須面對實徵證據的考驗；而應用研究亦經常會觸及根本的問題，證據的蒐集與解釋也應該有理論的導引，而不是無頭緒或地毯式的進行。簡單來說，基礎研究與應用研究兩者間並不全然是涇渭分明，有一定的重疊性（Bulmer, 1982）。

三、實驗發展

　　依照 NSF 與 OECD 的定義，實驗發展的應用性更強，這是一項系統性的工作，「功能是將由研究或實際經驗所獲得的現有知識，加以利用，以創造新材料、新產品、新作業程序、新系統，或是提供新的服務」（江秀聰，1995：2），實施與試作是這類研究的特色。另一個與實驗發展意義接近的名詞是「研究與實驗發展」（Research and

Experimental Development, R & D），根據一九九三年 OECD 所出版的
《Frascati 手冊》第五版書中對於研究與實驗發展所下的定義如下：「研
究與實驗發展是系統性的創造工作，目的在增加知識總量，這些知識包
括了對人、對文化與對社會的知識，並利用這些知識設計新的應用方
式」（OECD Secretariat, 1994: 8）。扼要來說，原創性（originality）與
系統性探究（investigation）是研究與實驗發展的主要目標，實驗發展並
且強調知識的應用，也就是讓知識產生實際的效果。

　　以上探討了各種不同類型的研究，這些研究可以產生哪一些知識
呢？Connell（1994）則將教育知識與研究分成三種類型，分別如下：

一、實證主義知識

　　實證主義（positivist）知識的地位常被認為是最高的，這類研究因
為強調可推論性，以驗證或建立理論為主，所以知識的生產者與使用者
之間有明顯的二分，例如教師在研究中的角色經常是相當渺小的，不過
出錢資助研究的政府力量並不小，難免干涉，這類研究的成果往往與學
校經營所需的知識相距甚遠，實務工作或決策者不需要抽象科學，所以
政府常常希望用經費補助的方式教育研究能夠更貼近實務工作。

二、速簡型的知識

　　速簡型（quick-and-dirty）的知識通常是機構本身根據問題蒐集資料
而來的，這類的研究有時也會請專家協助。雖然這類研究的品質常被認
為較差，不過Connell（1994）主張這類的研究對機構可以產生有用的幫
助，比起實證主義的知識對機構而言更有應用的價值。速簡型知識的問
題是常受到機構政治的影響，而且行政組織想法不同，對問題的界定也
會不同。

三、教師為本的知識

　　教師本身也具備許多知識，例如對課程的知識和對學生的知識，這

些知識可能無以名之，也沒有什麼理論基礎，不見得有什麼系統性的研究方法，卻是老師在工作中逐漸累積而成。Connell的教師為本（teacher-based）知識也可以進一步衍生出決策者或行政為本的知識，是由行政人員或決策者在工作經驗中逐漸累積與獲得的知識。

肆、研究的典範

　　了解教育研究的類型後，另一個需探索的問題是研究的典範（paradigm），對研究典範缺乏了解，也會造成應用上的誤解與障礙。Guba與Lincoln（1991: 158）認為典範「代表一套基本信仰或是假設，以作為引導活動的基石」。典範不能被證明，也不能被否證，典範本身只代表我們所採取的最基本立場，就如同教會受到神學典範的引導、華爾街受到經濟典範的引領。我們所採行的典範指引了我們的活動，包括如何處理我們的錢財，如何處理人類與未知世界的關係等等。

　　典範也存在研究中，Guba與Lincoln（1991: 159）比較了傳統典範和建構主義典範兩者之間的差別（見表 2-2），依他們的看法，建構主義典範比較適合應用於人類的探究。

　　Guba與Lincoln（1991）的觀點告訴我們因為研究典範的不同，對於所要認識的對象（What is there that can be known）、認知者與被認知者或可知者之間的關係（What is the relationship of the knower to the known or the knowable），以及找尋知識的方法（What are the ways of finding out knowledge）都會有不同的看法。上述兩種典範對於探究的問題性（inquiry problematic）、真理的本質（nature of truth）、真理的限制（limits of truth）、可測量性（measurability）、事實與理論的獨立性（independence of facts and theories）、事實與價值的獨立性（independence of facts and values）、因果關係（causation）、根本原因（root causes）、成功的探究（successful inquiry）、問題的根源（genesis of problems）、問題解答的應用性（applicability of problem

表2-2：傳統與建構信仰系統

傳統的信仰	建構主義者的信仰
本體論 實在主義（realist）者的本體論，主張有獨立於任何觀察者與趣的單一實體存在，根據一不變的定律運作，這些定律多採因果型式，真理則定義成與實體同型的一組敘述。	採相對主義（relativist）者的本體論，聲稱有多種的、社會建構的實體存在，不受任何自然法則（包含因果法則）的指引，真理被定義成最具告知性的（包括數量及資訊的品質）以及最複雜（根據權力，資訊被理解與應用）建構的共識（雖可能同時會有好幾個建構存在，且都符合這些標準）。
認識論 雙元客觀主義（dualist objectivist）者的認識論，聲稱任何的觀察者可以將研究的現象外部化，與此現象脫離並保持距離，也就是常稱的主客雙元主義（subject-object dualism），可以排除任何對此現象可能產生影響的任何價值。	主觀主義（monisitic, subjectivist）者的認識論，認為探究者與被探究對象兩者是密切相關的，所以任何探究的發現基本上是探究過程實際上的創造，此一立場推翻了古典本體論的區分。
方法論 干預主義（interventionist）者的方法論，去除可能污染（混淆）的影響（變項），以使得研究能夠獲得真理，解釋自然的本質以及真正運作的情況，進一步能達到預測與控制。	詮釋的方法論（hermeneutic methodology）涉及了持續不斷的反覆、分析、重新反覆、重新分析等過程，導向一組對個案共同的建構。

資料來源：Guba, E. G. & Lincoln, Y. S. (1991). What is the constructivist paradigm. In Anderson & Biddle (Eds), *Knowledge for Policy* (p.p.158-170).

solutions）、改變的歷程（the change process）、改變歷程的實施（implementing the change process）等面向也都有不同的見解（Guba & Lincoln, 1991: 165-170）。例如傳統的研究典範認為真理可以在自然世界中探究而得，真理是絕對的；建構論者則認為真理是暫時的共識，隨時可能因為新證據的出現而被推翻，真理是相對的。又如對於成功探究的

定義，傳統的典範認為尋找根本的原因是科學預測與控制的基礎，所以成功的探究是愈能夠對現象進行預測與控制的探究；不過對於建構典範來說，所謂成功的探究是指能夠提升對現象理解的研究。在問題解答的穩定性上，傳統的典範認為問題的解答是穩定的；可是對建構主義典範而言，問題的解答會受到情境脈絡的影響，也會影響情境。在改變的歷程上，傳統研究典範所持的觀點是由研究（基礎探究）到發展（應用研究）到傳播（diffusion）到採用（adoption）的階段性發展；可是對建構主義者來說，改變不是一個直線的歷程，在應用的過程中不斷會有新的資訊加入，複雜度也會不斷變化，建構主義探究所獲得的資訊只不過是眾多資訊中的一種。

因研究典範不同，對研究進行或研究發現看法也會不同，有些認為知識是可以被推論的，有些則認為知識是地區性的；有些認為知識代表確定性，有些則認為知識是爭論的（contested）；有些認為知識是中立的，另外一些則認為知識是政治的。這些現象對學術研究社群來說可能是不足為奇的事，但也擴展學術研究的視野與領域[2]。可是對於希望運用學術研究成果以擬定政策的決策者，或是引導其教育實務工作的實務人員而言，典範之爭卻可能令其眼花撩亂，因而對研究的可靠程度產生懷疑，降低其理解研究成果，甚至應用研究成果的意願。這是教育研究的特徵，也是在討論研究應用時必須思考的問題。

伍、研究的功能

本書關心教育成果的應用。不過研究應用可能有多種意義，研究的功能也不僅僅是應用。社會為何需要支持研究？研究可以達成哪一些功能？文獻中對於研究的功能有以下幾點看法。

2　Louis（1990）引用 Bourdieu 與 Wacquant 的話指出社會世界中原本就存在著世界的客觀真理（objective truth）以及我們世界中存在與行動的生活真理（lived truth）。

一、研究作為一種說明

　　研究可以幫助了解現況。在教育上，研究可以幫助我們了解人類發展、學習、教學及環境脈絡的基本面向（Atkinson & Jackson, 1992）。

二、研究作為歷史——理解（heuristic）

　　Gergen（1991）認為過去心理學的研究太強調基礎研究，忽略了應用研究，因為學界認為應用研究所得到的知識是變動的，但是事實上純粹（基礎）研究中所得到的知識具有跨歷史效度者也有限。他以心理學的研究為例指出，過去心理學的研究比較強調預測，問題是人類行為的可預測性在不同的時間內並沒有多大的價值，越能夠進行預測的心理學研究通常是重要性越低的心理學知識。作者因此主張不要將心理學的研究視為預測（prediction）的科學，而應該視為增強敏銳度的工具（sensitizing device）（Gergen, 1991: 152），用以啟蒙個人，了解不同情境之下影響個人行為的各種可能因素。研究的價值在於提供可能性，使我們能很快適應環境的變化，而非預測的結果。拋棄了研究作為預測的概念，應用研究也就有存在的價值，雖然不見得有跨越歷史的效度，卻能達成促進敏銳度的功能。

三、研究作為轉換

　　懷著實務改進意圖的學者認為教育研究的功能在於改進實務，這些學者強調教育研究的結果要能轉換為對實務有貢獻的知識，研究界應該提供高品質與一致的知識，並具體說明這些知識如何在實務領域中運作，這種想法可以稱為「研究轉換模式」（Research Translation Model），在下一章中將會提到的美國國家研究委員會所進行的「策略性教育研究夥伴」（Strategic Education Research Partnership, SERP）方案，就是研究轉換模式的代表（Willinsky, 2001）。這項將費時十五年、耗資數百萬美元的研究計畫有感於美國研究與實務間的脫節，所以希望

透過研究品質的管控、整合、資訊提供系統的整合與運作，研究與實務人員之間的互動來加強研究與應用之間的關係。SERP 認為教育研究應該回答四個問題（Willinksy, 2001: 6）：

1. 人類認知發展與學習的知識如何能夠整合到教育實務之中？
2. 如何能夠提升學生學習歷程中的投入與學習動機？
3. 學校和學區如何能轉換成具備能力不斷改進其措施的組織？
4. 如何提高研究知識在學校與學區中的應用程度？

上述四個目標著眼在教育研究的成果如何能落實到實務層次，指引教育人員的實務工作，並由教育人員提出實務上的問題，尋求研究解答。研究轉換模式可以說是一種研究結果直線應用的模式，在這種概念下，教育實務人員是研究知識的消費者，而研究的貢獻也在於研究發現能不能被消費。

四、研究作為一種警告

研究資料可以提醒決策者注意某些現象，早做籌備（Weiss, 1988）。某些重要指標的數據所代表的警訊，也常促使政府採取措施因應（Kingdon, 1995）。例如國小英語學習雙峰現象的揭露，提醒決策者注意教育機會不均等情況的惡化，隨著外籍新娘增加所產生「新台灣之子」學習上的困難，也對教育單位提出警訊，必須要有應對措施，協助改善。出生率下降以及高等教育擴張，也使得教育部研擬高等教育機構的退場機制。雖然決策者可以玩弄數據，或對數據的意義給予不同的解釋（Kingdon, 1995; Stone, 1988），可是沒有數據，連解釋的起點或討論的機會都沒有。研究的貢獻之一即是研究者憑其對所關心領域問題的敏感度，透過系統性的方法，蒐集資料並作成解釋，提出警訊警告決策者及社會大眾。

五、研究作為澄清

教育是許多人關心的議題，社會上也不乏教育流行，例如學前教育

中的英語學習熱等等。研究可以幫助我們澄清這些現象究竟只是流行趨勢，缺乏教育上實質的價值，或者是有效的教育措施（Atkinson & Jackson, 1992）。教育現象中變項之間的關係，有些是虛假的，有些是被擴大渲染的，只有透過嚴謹的研究，才能避免根據表面的現象作錯誤的判斷與投資。

六、研究作為指引

　　研究發現可以指引決策者及實務者的行動，例如學校重組的研究提出分權化作為改進學校經營的策略；或是學習理論的轉變改變老師的教學方式；或是課程研究指出課程中有效的成分等等（Atkinson & Jackson, 1992）。只不過決策者或實務工作者常常不是很好的研究消費者，研究能發揮多少指引的功能，就要看研究所意圖影響的對象是否上門（Weiss, 1988）。

七、研究協助再概念化

　　Nisbet 與 Broadfoot（1980）認為教育研究最有影響力的部分是產生新觀念的研究，或是對問題重新定義或重新說明，協助觀念再概念化（reconceptualization）是研究最重要的貢獻。研究發現可以提供我們關於政策議題新的視野，改變我們對問題的看法，或是對過去的表現提出批判。如同 Getzels 所言：

　　　　研究對於教育可能會有非常大的影響——不是因為研究要直接改變實務的某一個要素，而是因為研究提出新問題，間接對人類及其條件的一般典範轉變有所貢獻。（引自 Nisbet & Broadfoot, 1980: 10）

　　例如課程研究過去只集中在教科書等明顯課程部分，潛在課程的研究則使得我們將課程的定義擴展到學校中的潛在課程，成為學校課程設

計或規畫必須注意的部分（陳伯璋，1985）。又如 Coleman 在研究美國教育機會均等議題時，認為過去教育機會均等的定義只著重在政策輸入的部分，如資源、師資等等，忽略了政府措施在兒童身上所產生的效果，Coleman（1968）因而提出教育機會均等的第五種定義，強調結果的均等：「學校對不同個別輸入所產生的結果相等」（equality of results given different individual inputs）。這項定義所蘊含的是「教育機會均等的達成，必須是種族與宗教上的少數團體與主流團體在學校教育的結果上（包括成就與態度）一致」（Coleman, 1968: 19）。不同教育機會均等的定義，會使得政府政策作為不同，如果只關注在輸入的部分，政策上的焦點就會關注資源的分配，而非資源分配所能產生的效果，如果以結果均等作為教育機會均等的定義，那麼政府在施政上就會面臨更大的挑戰，要更積極的探討教育機會不均等可能產生的原因，儘可能評估政策的具體效果是否均等，不能像過去一樣以投入的均等為滿足。這些例子說明研究可以改變政府對問題的定義，協助社會對問題重新概念化，也使得研究概念與政策作為轉向不同的焦點與方向。

八、研究作為動員的工具

研究的發現可以作為說服的工具，形成動員支持的力量（Weiss, 1988）。希望促成社會變革者，常常借用研究結果作為鼓動的工具，支持政策行動的合法性，鼓勵旁觀者或追隨者採取改變。有時包著研究外衣的行動訴求比起赤裸裸的政治訴求更能獲得大眾的支持。

九、研究作為深思熟慮的轉換

Willinsky（2001）認為研究的功能不在告訴實務人員該怎麼做或是如何解決教育實務的問題，他同意教育研究的確應該對教育人員的工作有所影響，不過這種影響卻不只限於「研究—應用」的直線模式，而在於促進公共的討論與深思熟慮。研究的貢獻在於挑戰大眾對教育的想法與作法，也容許大眾挑戰研究知識，所以「統一」研究發現以指引教育

0
4
0

實務的想法並不利於公共討論與深思熟慮。Willinsky 稱這種模式為「深思熟慮的研究轉換模式」（Deliberative Research Translation Model），依其之見，研究發現不是要來告訴老師們怎麼教，因為人與組織都是複雜的，研究知識沒有辦法直接指導老師們在教室中應該怎麼教學生。研究所能做的是提供教育人員思考的機會，讓他們根據自己的知識與研究的知識進行教育上的判斷。Willinsky 認為本文前面或本書第三章中所提的SERP 研究轉換模式在提倡公共思辨上有所不足，在檢討研究功能時，還應該加上一項問題：「研究知識如何能更有助於公共與專業理解與思辨？」舉例來說，「怎樣可以把學生教好？」不只是一個知識的問題，還是一個政治的問題，因為要怎麼教不可避免的會涉及資源分配這類的政治決定，研究知識不能單獨導向決定，可是有研究知識的加入，可以豐富公共討論的內容，雖然專業與公共的深思熟慮，必然會減慢將研究轉換為實務的速度，不過這正是民主的特徵，讓大眾可以由討論、參與的過程中學習及受益。為了達成這項目的，研究的結果應該要公布周知，讓大眾可以方便地接近、學習、討論，並自主地、具判斷力地應用研究結果於教育工作上，Willinsky 顯然是將研究視為社會民主的基礎。

十、研究作為評鑑

研究的另外一個功能是評估制度或措施達成目標的情況，以作為繼續、修正或中止的依據，政策、方案或課程評鑑研究就是一例。美國的部分教育方案，如果沒有透過評鑑研究，便不能繼續獲得經費補助（Atkinson & Jackson, 1992; Weiss, 1998）。

文獻整理顯示研究具有不同的功能，有些是較工具性的，目標明確的；有些則目標較不明確，沒有精確的成果期望。這些功能構成大眾支持研究的理由，了解這些功能，在思考研究應用意義時，也可以採取較開放、彈性、多元的態度。

陸、教育研究的特性

人們尊敬研究，是希望研究能夠提供我們解答，且最好是具有是如沙克疫苗（Salk vaccine）效用般的解答。從這個角度來看，許多時候，教育研究不僅連科學都稱不上，在專業程度上也比不上醫學、農業或生物等等，畢竟農業的研究使得稻米產量大增，病蟲害減少；生物學的研究也產生了複製羊，醫學的研究更使得疾病可以被控制或治癒。但要明確指出教育研究上有哪些「沙克疫苗」，卻不是一件容易的事，Feuer、Towne 與 Shavelson（2002）認為這種現象主要是因為教育研究具有如下的特徵：

一、研究領域的多元性

對於人的學習研究，可以由多個角度進行，也造就了教育中不同的學科領域，例如教育心理學、教育社會學、教育測驗、教育行政學等等。不同學科領域本身各自有其專業架構與方法，研究的焦點也鎖定在學校或學生的不同部分，對於學術研究各自有不同的規準。這點見諸我國亦然，國科會的教育學門，算是相當龐大的學門，內容琳琅滿目，不同領域間區隔程度不一，有些領域之間事實上有很大的隔閡，例如要求教育社會學學者審查特殊教育領域的研究案，恐怕不知所云（當然這並不代表特殊教育不能以社會學的觀點進行研究）。教育學研究的多元性格使得不同學科領域的研究常會提供互相矛盾的「沙克疫苗」，不但令讀者或使用者感到困惑，甚至讓問題更嚴重。據此，Feuer、Towne 與 Shavelson（2002）認為教育研究最大的挑戰是如何整合教育學門內不同學科的社群，整理出跨領域、跨學科文化與方法的理論與研究。讓教育學門能統合多元的觀點，提出對教育真正有幫助的建議。

二、研究對象的複雜性

　　基本上教育研究的主流仍然是以實證主義、理性主義、科學導向，甚至化約論的觀點進行，雖然教育研究在目前仍然不能像自然科學一樣具備系統性與客觀性，可是基本的信念是只要假以時日，就能夠產生可以作系統性推論的知識，協助教育的改進。雖然實證主義類的研究也有其價值，不過卻忽略了教育工作與教育研究中人的面向，教育研究不同於自然科學之處在於其中涉及意志力（volition）與價值（value），強以自然科學研究的規準來衡量教育研究，是犯了Gidenose所稱的「理性被理性主義強暴」（the rape of reason by rationality）的問題（Nisbet & Broadfoot, 1980: 56）。

三、研究方法的限制

　　Nisbet與Broadfoot（1980）引用Landsheere的觀點討論教育研究的特徵，Landsheere認為所有科學研究都經過四個階段，分別是魔術階段、藝術階段、科學階段以及修正過的相對主義。對於教育研究來說，這四種情況都有，可是以前面兩者較多。部分學者懷疑教育科學是否有可能，其實這種懷疑有一部分是與自然科學的比較而來的，因為教育研究比較不可能像自然科學那般進行嚴格的控制與實驗，所以教育研究的科學化似乎是有困難的。研究倫理的考量，讓我們不能任意透過隨機實驗的方法進行研究，必須顧及研究對象的人權與隱私權，因此研究過程中所面臨的挑戰，也非自然科學所能比擬的。

　　教育研究究竟有多科學？或者教育研究應該多科學呢？Feuer等人（Feuer, Towne & Shavelson, 2002）回顧美國政府對教育研究的關切與作為後，提出下列幾項觀察：

　　1. 教育研究至少有一部分是科學的。

　　2. 聯邦政府希望透過教育研究協助政策以及實務的決定。

　　3. 教育研究之品質的提升是有必要的。

4. 教育研究本身的科學基礎本身就應當受到科學的注意，而且至少
　　有一部分應該免於受到政治的影響。

　　教育研究不必然全部都是科學研究，不過致力改善教育研究的品
質，儘可能使得教育中的研究成果能夠協助解決政策問題或提供實務指
引，這應該是教育研究者努力的方向。

四、教育研究的工具性

　　政府支持教育研究往往是帶著濃厚的工具性期望，也就是希望教育
研究的成果能夠促進教育改進，解決現有的教育或社會問題。所以美國
政府在碰到移民湧入、學生標準化測驗表現欠佳、畢業人力不符合就業
市場需求，或是在國際太空競賽中挫敗，便期望教育系統能「解決」這
些問題，政府的政策角色，則是想辦法讓學校及老師「有辦法」能夠解
決這些問題，擬定政策的同時，便需要研究的協助，說明哪些政策作法
可以達成預期的政策目標。這些是實際的期望，也反應出了直線的思考
模式，企望透過研究、發展、採用的直線達成教育改革的目的（Atkinson
& Jackson, 1992）。

柒、研究應用的意義

　　本節討論本書重要的概念——研究應用的蘊義，作為後續各章討論
的基礎。探討研究應用的困難處，在於研究影響力的發揮難以確切掌
握，不論是在影響力發揮的時間、影響的範圍、影響的對象、影響的方
向等等，都有很多變數，造成了探討「研究應用」方法上的困難
（Landry, Lamari & Amara, 2003）。另外一要點是研究有時會產生未預
期的應用效果，不論是基礎研究或應用研究，其研究成果所產生的影響
未必與原先預期的一致。愛因斯坦未曾想到用其研究結果殺人，Coleman
進行教育機會均等調查時，也沒有想到短期間造成公立學校更大的隔
離。研究結果的影響常常不是研究者所能掌握的，對於研究結果的詮釋

權，更是屬於所有大眾，非研究者能完全控制，這是關心教育研究應用者需注意之處。研究者曾經親自聽過一名公民教育學者的抱怨，她的研究指出小學二年級到六年級期間是公民社會化最佳的時機，不料國會對這個研究發現的政策決定是不准外國人教這些年級學生的社會科課程，這項研究引伸令人啼笑皆非，也與研究者對研究發現的詮釋大相逕庭，一方面研究者對於別人如何解讀研究結果無法完全控制，從另一方面看，也提醒研究者必須小心估計研究成果可能被解釋或運用的方式，花心思說明研究成果的意義，以免研究受到誤用或利用。

Nisbet 與 Broadfoot（1980）認為要了解研究的影響應該關心五個問題：

1.影響的意義是什麼？

2.誰受到影響？

3.什麼時候發生的？

4.如何發生的？

5.為何會發生（第五個問題的回答必須以上述四個答案為基礎）？

後面兩個問題：研究的影響力如何發生？為何發生？將留在後面章節中討論，此處先討論應用（影響）的意義，接著說明應用的類型、研究應用的途徑與對象。

對於研究知識應用的定義，研究界的看法並不一致（Landry, Lamari & Amara, 2003），Reimers 與 McGinn（1997: 5）主張研究應用是決策者有系統性地致力於蒐集情境的資料，利用資訊決定其行動的順序。Glaser 認為知識應用是一個新的使用者應用既有的知識或科技，或者是將知識應用在新的情境中。Weiss（1988）認為只要決策者能夠根據研究發現的角度思考議題，雖然未必採取任何行動，就已經算是一種研究應用。這些定義其實可分為狹義與廣義兩類。

一、狹義的研究應用

一般對研究應用的過程，大概抱如下的期望（Weiss & Bucuvalas,

1980：13）：

1. 社會科學研究產生對人類與機構行為的「知識」，「知識」包括了事實、真理與可重複性。

2. 根據知識所採取的行動較根據經驗、判斷或直覺採取的行動更為「理性」，意味著手段與目的間適當的配合，有效地應用資源，與提升結果的可預測性。

3. 政府的理性行動將會產生「好」的結果，「好」意味著結果對社會是有利的。

4. 社會各個團體都能平等一致地共享政府理性行動良好的結果。

上述的期望鮮少發生，理由是這樣的期望並不切實際，政策制定者不可能只參考研究發現制定政策，社會對研究應用情況失望，其實與其對研究應用定義關係密切，一般大眾對研究應用往往採狹義的定義，也就是期望看到下列的流程：研究發現→提供答案→形成政策與行動，或是指一位有意圖的使用者在接到研究報告後，立刻根據研究報告作成決定（Alkin, Daillak & White, 1991）。不過這類的直接應用其實並不多見，可稱為「珍品」（nuggets），只有在特殊的情況下才會出現（Weiss & Bucuvalas, 1980）。

二、廣義的研究應用定義

研究應用最廣義的定義認為，只要在任何時候（包括研究做完多年之後），任何人（政策制定者、公司、媒體、其他研究人員等等），為了任何目的（參考、決策等等），用到了研究的任何一部分，都可算是一種應用（Alkin, Daillak & White, 1991）。應用的方式也各有不同，例如可能只是用來支持一個早已作成的結論，或是形成決策的觀點，或是非直接的應用，或者只是應用研究發現中軟性知識（也就是使用者看得懂的部分）等等。狹義或廣義的應用定義，可看成是兩種理念型，兩者中間還有不同的研究應用類型。

本書關心的研究應用包括有意與無意的應用，透過研究知識的的幫

助，可以改變使用者的概念，或是促成行動或決定，都可以算是一種研究應用。

捌、研究應用的類型

一、概念式應用與決定式應用

Caplan 將應用分成兩類，分別是指概念式（conceptual）的應用與決定式（decisionistic）的應用（引自鄭麗嬌，1992b）。前者是指知識影響個人對問題思考的方式，後者是指知識促使個人達成特定的決定。

二、工具性應用、概念性應用與象徵性應用

Pelz（1978）則將應用分成三類，分別是工具性的應用（instrumental use），用以設計特定行動或做成特定的決定；第二種是概念性的應用（conceptual use），指知識影響決定者對問題思考的方式；第三種是象徵性的應用（symbolic use），乃指利用知識以支持現有的政策或否定一項變通方案。

三、單一事件取向與歷程影響取向

Landry、Lamari 與 Amara（2003）歸納研究「應用」的實徵研究後，將這些研究所使用的定義分成兩大類，一是獨立事件設計（discrete event design），另一個是決定歷程設計（decision-making process design），前者是探討單一的研究如何影響決定，比較偏向工具性的應用；後者則探討研究過程所產生的知識如何影響決策的過程。Landry 等人認為工具性的應用是很少見的，單一個研究可能有多種影響，而決策的過程常常受到一系列的，而非單一的研究所影響，因而支持歷程取向的研究應用定義。他們採用 Knott 與 Wildavsky（1980）的架構，將知識應用的過程分成了六個階段，如表 2-3 所示。這些討論給我們的啟示是

表 2-3：知識應用的模型

第一階段	接收（Reception）
	我收到了與我工作相關的大學研究成果
第二階段	認知（Cognition）
	我閱讀且了解所收到的大學研究報告
第三階段	討論（Discussion）
	我參與會議討論上述大學研究
第四階段	參考（Reference）
	我在自己的專業報告或文件中引用大學研究報告
第五階段	努力（採用）〔Effort（Adoption）〕
	我努力考慮應用大學研究的結果
第六階段	影響（Influence）
	大學研究對所屬行政單位的決定產生影響

資料來源：Knott & Wildavsky, 1980；轉引自 Landry, Lamari & Amara, 2003: 194.

不應該視知識應用為一個事件，而應該視之為一個過程。

四、預設式應用、磋商式應用與建構式應用

　　Reimers 與 McGinn（1997）區分三種研究應用的意義：第一類是事先結論的應用（utilization as using precooked conclusion），也就是說服性的應用；第二類是提供決策者資料所引發的應用，或稱為磋商式的應用；第三種是透過建構知識以改進政策。

五、表面應用與真實應用

　　以上對研究應用的分類其實可以分成表面的應用（apparent utilization）與真實的應用（real utilization）。表面的應用是指應用研究結果為特定的目的而服務，研究結果可能被片面解釋或是扭曲；真實的應用是指研究的結果影響了我們思考的方式，指引了某種決定或行動，包含了 Pelz 所稱的概念性應用或工具性應用，Caplan 所稱的概念式應用與決定式應用，或是 Reimers 與 McGinn 所提到的三種應用模式。

六、無意識應用、有意識應用與主動尋找

　　Weiss 與 Bucualas（1980）的調查研究中將研究應用依其知覺程度分成有意識的應用（conscious use of social science research）與主動尋找（active search），依筆者閱讀分析後，發現其實還可以包括無意識的應用。

　　對於部分教育工作人員而言，所吸收的研究資訊，其實都已整合為個人的背景知識，碰到適合情境，便不知不覺的應用這些知識處理問題，卻未能清楚地指出自己是在應用哪些研究知識，出自於哪一筆資料進行行動？有意識的應用亦不太容易，在 Weiss 與 Bucavalas（1980）的研究中發現能夠清楚說明特定研究用途的受訪者只有 7%。至於主動尋找研究者通常有四種原因，一是碰到新的情況，二是決定的後果相當昂貴或重要，三是對特定事件缺乏充分的經驗，四是在個人的判斷可能受到挑戰時。

玖、教育研究應用的具體途徑、
　　對象與時間

一、教育研究應用途徑

　　Nisbet 與 Broadfoot（1980: 12-13）認為教育研究可以由下列途徑發生影響：

　　1. 實體的觀點（a view of reality）：研究能影響老師的知覺與價值，以及老師用來看待與談論其工作時所使用的語言。例如有關認知理論的研究，影響老師對學生學習的看法；或是多元評量的觀點，影響老師對評鑑的看法。如同我們現在常用的「低成就」一詞，原來是由學術界所產生的複雜概念，現在已成為教師用來解釋或描述學生學習狀況常用的語彙。

2. 可達成事項的願景（a vision of the achievable）：研究影響教育工作的期望，例如本書希望探討教育研究影響力發揮的途徑，以使教育研究者在進行研究的同時，能更注意提升教育研究影響力的問題。例如特殊教育，在過去被認為是不可能做的事，現在則認為是常態，研究成果使得特殊兒童教育成為重要教育工作之一。

3. 工作策略（know-how）：這往往是一般人對教育研究最關心的部分，也就是教育研究究竟提供了哪些政策方針或行動指南，可以作為教育政策的依據。

4. 對行動的認同（a commitment to act）：增加實務工作者對行動的信心，讓實務人員相信什麼是教育上可行的，也願意投入時間從事。

二、教育研究影響對象

討論研究應用的影響對象，如果只是鎖定決策者，那是一個較為窄化的看法，或是一個過於機械式的想法，Nisbet 與 Broadfoot（1980）認為如果我們把研究想成是一個意見的創造，那麼研究社群、實務人員、政策制定者以及研究者本身都可能受研究成果的影響，對教育實務產生改變。再由社會互動論的觀點來看，如果研究社群不僅僅是將溝通互動的對象鎖定在研究社群或是研究的贊助者，而能透過其他正式與非正式的管道傳播研究成果，將可擴大研究影響的對象，也間接擴大研究的影響力。

三、研究影響發生的時間

能夠立即發生影響的多半是政策導向的研究，例如為了某個政策的實施所進行的研究，通常在研究完畢之後，可以很快的轉化為政策。實際上的情形是當決策者需要某種資訊以作成決策時，研究尚未開始或未完成，而其他做得很好、可是與目前政策焦點無關的研究則多半乏人問津。科學研究史上也不乏研究在完成多年後，才受到矚目與應用。Kingdon（1995）的「政策之窗」或是政策決策的「垃圾桶理論」（江芳

盛，1998），也都指出選擇方案（包括由研究發現所產生的選擇方案）能否被採用，要看當時政策環境（如政治潮流、參與者、國家氛圍）的配合，研究能被應用的時間，可說相當不確定。

Nisbet 與 Broadfoot（1980: 20-21）將決策的影響依時間分成三種：

(一)立即或直接的影響

研究者很少能夠提供這類立即或直接的影響，因為教育的爭論很多集中在價值層面而不是事實層面，對於價值層面的問題研究者則很難加以處理。能夠發生立即或直接影響的研究常常是較不具爭議性的，也就是價值方面的問題已經被處理完畢，研究者只要處理技術層面的問題。能夠立刻被應用的研究通常還有另一項特徵，也就是通常不會引起大範圍的改變，因為它們符合現在的假設，不會牽連或改變太多。

(二)中度的影響

發揮中度影響的常是小範圍的例行性研究，這類研究常被用來取代未經考驗的判斷。

(三)長期非直接的影響

研究的功能在建立廣泛的觀點（prevailing view），對人類行為逐漸的改變，可能也會逐漸改變人們談論問題的方式。這些研究的效果需要較長的時間發酵，可是對實務的影響卻可能是根本且重大的。

拾、建構研究應用的分析架構

Alkin、Daillak 與 White（1991）主張由四個成分來判斷研究應用是否已經發生，雖然這三位學者關心的是評鑑研究，不過筆者認為他們的看法也可用來說明研究的應用，對於前面研究應用要素的討論做了很好的整合。

首先是這些資訊是否已經被說明、傳播？這是研究應用的第一步，如果研究的資訊未被公開發表（不論是以研討會、書籍、期刊的方式），讓資訊的可能消費者獲得訊息，就難有研究應用的可能。其次，研究的資訊必須傳播給適當的使用者（appropriate user）。第三，應用資訊的方式有多種，可能是單一的輸入，也可能是多元的輸入。第四是資訊的作用，是用來作決定、充實或決定行動，或是用來改變態度。以下說明這三位學者的看法。

一、研究結果的傳播

　　研究的成果可以多種的方式呈現，研究結果不呈現，是談不上應用的。不過呈現的方式不見得一定是量化的報告，也不一定只能採書寫的方式，正式或非正式口語的溝通（包括走廊上對研究結果的意見交換）、質性的描述，也都是呈現或溝通研究成果的方式。

二、研究溝通的對象

　　一旦研究的資訊公開，還要有適當的使用者使用方稱得上應用。如果一位看到研究報告的人只是採用了報告圖表的繪製方法，或是統計研究方法，而不是研究所欲溝通的內容，則並不能稱得上對研究報告進行應用。例如以評鑑研究來說，可以稱得上應用者的首先是權威結構（發動評鑑的單位）中的人，也就是案主（clients），這些人可以利用評鑑的結果作成某些決定。其他可能的使用者包括了案主同意的對象（sanctioned users），例如學校教師。同理可推，國科會補助的研究案可被認可的應用者（admissible users），可能包括了國科會、學術社群以及相關產業。教育部研究案可被接受的應用者則包括了教育部，以及教育部所管轄的單位或是學校。Alkin、Daillak 與 White 反對將應用者的範圍過度擴大（1991: 273），因為這樣容易造成研究應用的意義過度浮濫。

三、促成應用的研究來源

單一資訊引發行動的情況恐並不多見，我們所做的決定很少只受一項資訊的影響，絕大部分是匯集多項研究資訊，作成判斷而導向一項行動，這些都可算是應用。例如小班小校政策的推動，很可能參考了人口出生率的推估研究，以及班級大小與學生學習成效研究等發現。如果只有單一資訊存在，貿然作成決策較為冒險。

四、研究資訊的作用

研究結果的應用不一定採決策型式，有時研究資訊進來時決定已經做了，資訊便只是用來確認決定或是供微幅調整；有時研究的資訊則是作為充實專業知識之用，沒什麼立即明顯的用途；有時目前尚不急著作決定，但是可以作為未來決定的參考。筆者在進行博士論文研究時，當談到政府對大學聯考的改進方案，其中一個朱匯森部長時代的受訪者指出，教育部已經委託學者完成多種可能改進方案規畫，這些規畫都放在架上，未被實施。但這並不代表研究是無用的，這些資訊之所以被束諸高閣，有多種原因：也許是時機尚未成熟、或許是研究尚未有共識、或許對於可行的替代方案並不了解，當時只是藉研究之便探索各種改革的可能性。這些都不是決策形式的應用研究，但是可以增加我們對問題的了解，發展可能的變通方案，並對各種變通方案進行評估。研究也作為風向球，探索不同方案的可行性與接受度，這些也可以視為一種研究應用。

Weiss 與 Bucuvalas（1980）的研究結果指出研究結果受到應用有不同的目的，有些決策者使用研究只是為了讓自己在專業領域不落伍，有些是為了尋找答案，有些將研究應用當成儀式性的行為（ritualistic），研究文獻分析只是為了幫研究單位寫計畫或申請經費，但未必會付諸行動或產生影響，是較有問題的研究應用，研究應用尚可能作為合法化的工具，或是提升個人地位，或只是裝飾性的用途（decorative function），或是作為彈藥，在第五章中會更有系統的討論。

Alkin、Daillak 與 White（1991: 275）將應用的意義以圖 2-2 說明：

評鑑資訊受到 ｛ 地方的案主
受到同意的使用者
外部的使用者 ｝ 的考量

作為 ｛ 主要的影響
多種影響之一
多種累積影響之一 ｝ 以 ｛ 作決定
充實先前的決定或行動
建立或改變態度 ｝

項目包括了社區學校方案的 ｛ 建立
外部資助
地區資助
某些部分的繼續
課程／教學方法
行政／人事運作 ｝ ＝地區學校方案評鑑
應用實例

圖 2-2：研究應用的分析架構（Alkin, Daillak & White, 1991: 275）

拾壹、政策相關研究

政策領域是研究成果發揮影響力、產生應用結果的主要場所之一。本章最後擬說明政策相關研究的意義，以闡明教育研究應用對政策的貢獻。教育政策相關研究包括了政策研究（policy research）、政策分析（policy analysis）與技術研究（technical research）。政策相關研究是教育研究應用中相當重要的一部分，這是因為能夠將研究結果加以實踐應用者，除了企業界與實務界外，就是政策界了。教育研究應用與企業界的關係因領域殊異而有所不同，例如心理與測驗等領域與企業界的關係或較為密切，其他教育研究成果的主要使用者，則還是鎖定教育決策者，因為唯有他們才有權力擬定政策或推行方案，甚至對教育實務工作者的影響，也要透過教育決策者的倡導或強力推行，因此我們有必要了

解應用性很強的政策研究[3]。

　　一般而言，研究對政策的好處有下列幾點（Nisbet & Broadfoot, 1980: 18）：

1. 讓政策制定者對社會需求具敏感度。

2. 評鑑現有的方案。

3. 建構變通的政策。

4. 實施方案。

5. 合理化政策決定。

6. 在不同的方案中作選擇。

拾貳、政策研究、政策分析、技術研究

　　Majchrzak（謝棟梁譯，2000：17）認為政策研究是「對基本社會問題進行研究或分析的程序，提供政策制定者務實而具有行動導向的建議，以緩和所面對的問題」。依照 Majchrzak 的分類，政策研究是行動導向高的基礎性研究。Majchrzak 的分類是依照行動導向的高低，以及研究重點為技術性或基礎性而成（見表 2-4），其中行動導向強的研究，如技術研究與政策研究，應用的企圖自然也較高。

　　政策研究與學界所進行的學科研究（discipline research）兩者都是屬於基礎研究，可是卻有所不同，依 Coleman（1972）之見，政策研究的特徵如下：

1. 時間限制，也就是必須符合政策制定者的時間要求。截止日前來的不完整資料要比截止日後所得到的完整資料對決策者幫助更

3　當然，行動研究也是應用性質很強的研究，不過多由實務工作人員從事，應用的範圍也比較小，所以本書暫不討論。但有鑑於國內行動研究日益蓬勃，相關的補助也日益增多，其研究的成果如何？對教育領域知識的建構與實務工作產生了哪些影響？也是值得了解與探討的課題，以歸納並解決國內教育行動研究所面臨的問題，或是針對應用性相當強的行動研究加以改進。

表 2-4：社會問題四種研究程序類型

研究重點

		技術性	基礎性
行動導向	低	政策分析	基礎研究 政策分析
	高	技術研究	政策研究

資料來源：謝棟梁（譯）（2000）。A. Majchrzak 著。**政策研究方法論**（頁 18）。
　　　　　台北：弘智。

大，時間是政策研究必須考量的因素。

2. 政策研究預測的正確性比起理論的精美要來得有幫助，政策研究的模型應該儘量的簡單穩固。

3. 政策研究關心的是政策變項（policy variable），而學科研究關心自變項和依變項。政策變項應該是可以作政策控制（policy control）的變項，例如性別就不是一個好的政策變項，就算研究證明性別對所關心的政策問題有重要的影響，可是政府很難「操弄」性別以改變政策結果。相反的，如單位學生成本、學校分軌制度等，就是一個政府可以操弄的政策變項。政策研究的焦點應該著重在政策制定者可以控制的部分，這與學科研究關心自變項與依變項以建立理論體系，不僅僅關心政策上可以操弄的變項，也分析政策作為上無可奈何的變項，兩者旨趣有很大的不同。

4. 政策研究是社會學習的起點，因為政策研究最後成果的檢驗不是對學科知識有沒有貢獻，而是能不能透過研究結果修正政策。許多政策研究的問題是在學科關心的焦點之外，政策研究需要在不失政策問題原意的情況下將其轉成研究問題，雖然政策研究的進行也受到科學研究價值的導引，可是主導政策研究的問題還是行動世界的價值。

一、政策相關研究中的知識與行動

政策相關研究往往必須處理知識與行動兩者的關係。一般對知識與行動的關係約有兩種看法（Reimers & McGinn, 1997）：一是傳統的觀點，另一個是將政策看成是組織學習的結果（policy as the result of organization learning）。

㈠傳統的觀點

傳統的觀點可以分成兩類，分別是較早的理性觀點以及稍後發展出來的實徵科學觀點（Reimers & McGinn, 1997）：

1.理性（reason）觀點

理性觀點相信人同此心、心同此理，只要是具有理性的人，透過思考就可以找到相同的法則、得到相同的答案，並且採取相同的行動。

2.實徵科學觀點

文藝復興時期客觀實徵科學研究興盛，受到牛頓物理定律及實證主義的影響，相信世界是照邏輯規則而形成的，透過對世界運作方式的分析可以了解其運作的法則（laws），一如可以用簡單的數學公式說明複雜的物理現象一般。理性再配合實徵科學的研究，就能解決政治衝突與社會問題，提供理性的答案，至於不能觀察到的現象，實徵科學則將之排除在外，不列入研究的範圍。在研究的過程中首重的是客觀，要達到客觀就要排除個人的興趣與偏見。為政策服務的政策分析者所扮演的是一個中立的角色，不須考慮政治或其他變項，根據這個觀點，研究（政策分析者與政策計畫人員）與行動（政策執行人員）具有如下的特徵：

1. 政策的分析與計畫者、執行者分離，所以不會受到其他力量的影響。

2. 限制或影響執行者的因素相當穩定不變，可以被預測、納入考量。

3. 執行者的行為是由外部決定，因此其主觀性或知覺就不太重要。

Reimers 與 McGinn（1997）認為傳統的觀點忽略政治等力量的影響，持這種看法的學者與柏拉圖相像，都是把政治及政客放在最低層，

因為他們和真理的距離比起哲學王要遠，柏拉圖的想法是只要堅守事實就可以免除所有主義的爭執，只要是講理的人也會同意重要的事實為何。所以政策分析是沒有必要顧及政治的因素。傳統對政策執行的研究也會認為只要找到行動的藍圖，就能夠調整教育的機器。

(二)組織學習的觀點

Reimers 與 McGinn（1997）指出有關教育執行的研究的發現並不支持傳統觀點對知識與行動關係所持的樂觀態度，研究執行的相關文獻顯示出基層的文化或習慣可以讓改革陷入泥淖、一動也不動，事實未必敵得過各種主義，而理性的腦亦不一定有相同的思考，原因是對政策的研究與計畫常常忽略了文化與政治因素的影響。制定政策者很少是執行政策者，知識和行動的二分在概念上和實務上也都有問題，產生知識的人也不是制定政策的人，制定政策的人也不是執行政策的人，如果我們不知道哪些因素影響了人的行為，我們就沒有辦法很有信心地說政策制定者和研究者有相同的知識，或政策執行者和政策制定者有相同的知識（Reimers & McGinn, 1997），自然也不會產生相同的行動。

Reimers 與 McGinn 認為應將政策視為一辯證的工具（dialectical tool），一個政策從被制定開始，就不斷的被改變、被修正──正確來說，政策是被形成（formed），不是被制定的。而受告知政策（informed policy）的知識則是一種社會建構，研究知識要能轉為行動，必須重視社會歷程以及對話空間，所以政策是一個組織學習的結果。準此，如果研究的知識越能夠讓不同層級、不同興趣、不同利害關係的政策參與者分享、討論，就越有益於政策計畫與政策執行品質的改進。

本章說明了研究與科學研究的意義、研究的典範、教育研究的特徵以及研究的功能。這些主題的探討有助於我們了解研究是什麼？又可以做什麼？對教育研究本質的誤解常是造成對教育研究失望的原因。此外本章也由研究應用的傳播、對象、來源、作用等項勾勒出了解研究應用的架構，最後則針對研究應用性質較強的政策相關研究進行討論，分析

其對知識與行動關係不同的看法。

在下一篇中，研究者將以美國與我國為例，說明教育研究應用的現況。

第二篇

教育研究應用的現況

第三章

美國教育研究應用情況

　　美國堪稱教育研究相當發達的國家，對於教育研究應用的議題也有長期的關心，早在進步主義年代，改革者對於透過社會科學研究力量促進社會進步相當具有信心，不過這些信心後來多轉為失望，因而引起有識之士如 R. Lynd 疾呼社會科學界思考「知識所謂何來？」（Knowledge for What?），要求社會科學研究界更重視社會需求（Weiss, 1980: 5-6）。教育是社會科學中的一環，也是影響範圍廣大的社會科學研究，美國對於社會科學研究與政府決策及社會改革之間關係的長期關注與經驗，值得我們了解。

　　以一九七六年為例，美國政府投入了十二億進行社會問題的知識生產，又另外撥款六億元從事研究成果的傳播與應用，涵蓋的研究範圍包括了基礎、應用、政策研究、政策構想的展示（如社會實驗）、方案評鑑以及一般統計。另一方面國會對於社會方案推動的成效亦十分關心，要求聯邦社會方案經費中的一定比例必須投入資料的蒐集與分析，以了解研究與方案的成效，不過即便如此，社會科學研究結果對政府決策以及各單位實務工作缺乏影響的情況仍相當令大眾不滿，國會多場聽證會也針對社會科學研究與政府部門之間「不易的夥伴關係」（the uneasy partnership）進行調查（Weiss, 1980: 4-5）。

　　令人不解的是在對政府官員的調查中，相當高的比例認為社會科學知識對政府政策的改進有貢獻，也同意政府應該儘可能充分利用研究發現（Caplan, Morrison, & Stambaugh, 1975），但是實際的情況卻與此相去甚遠（Weiss, 1980）。就以最簡單的社會指標（social indicators）來

說，應該是政府官員參考的重要資料，Caplan 等人（Caplan & Barton,
1978）的研究卻發現不到 4%的調查對象曾在工作上參考這些簡單的指
標（Weiss, 1980），當時相關指標使用的便利性可能不如現在，不過這
麼低的參考率也著實令人訝異。部分評鑑研究對政策即使產生影響，但
影響的方向也未必在預期中。

　　本章擬先闡述美國教育研究與應用的發展歷史，其次說明近來相關
的研究應用改革措施，最後則討論美國教育研究應用情況的啟示。

壹、聯邦政府研究應用的發展

一、基本教育研究政策

　　美國聯邦政府因為《憲法》的限制，能夠主導全國教育發展的權力
不多，在教育政策的推動上，比較像是苦口婆心的傳教士（Sroufe, 1994），
而研究經費補助是聯邦政府影響全國教育政策常採用的策略之一。

　　研究經費的分配方式對於研究的表現有一定的影響。美國政府的研
究經費分配，通常遵循兩項原則：第一是多重機構贊助，第二是鼓勵個
別研究計畫之間的競爭（戴曉霞，2003：9）。多重機構贊助的原則早已
經確立，例如在一九五四年〈第 10521 號總統行政命令〉中就規定，研
究經費的分配權必須分散，不得由單一的政府機構完全掌握，所以除了
國家科學委員會之外，其他的業務單位（如國防部、教育部等），也握
有部分研究經費分配權。這項規定可以提高研究的相關性，因為業務單
位對該領域的需求與進展情況較為了解，所贊助的研究成果與業務相關
性較高，對於決策的需求、實務的改進，甚至該領域最新的專業發展也
會較有幫助。

　　另一方面，美國教育研究經費有多種來源的補助，例如聯邦教育主
管機關下現設的「國家教育科學研究院」（Institute of Education Science,
IES）、曾設立的「教育研究與改進辦公室」（Office of Educational

Research and Improvement, OERI），或是其前身「國家教育研究院」
（National Institute of Education, NIE）等都是補助一般性教育研究的重要
機構。除了教育部之外，還有特別的單位負責特定教育議題的補助，例
如「國家科學基金會」（National Science Foundation）負責贊助數學與
科學教育相關研究；國防部多贊助學習或是科技在學習上應用等相關的
研究；教育部之下的「特殊教育與矯正服務辦公室」（Office of Special
Education and Rehabilitative Services）則負責發展遲緩、特殊學習障礙、
肢體障礙等研究工作；雙語教育及少數民族事務辦公室贊助相關的研究
事務（Atkinson & Jackson, 1992: 54-55）。

　　就研究經費的來源而言，美國聯邦政府教育研究應用的發展約可分
成四期，有關當代的部分留在下一部分討論，前面三期分別是創制時
期、建制時期、挑戰時期，創制期與挑戰期時間較長，建制期的時間較
短，短短幾年之間，因為經費與人事的快速變化，邁入挑戰期。

二、美國教育研究應用的發展

(一)創制時期

　　美國聯邦政府對於教育研究的贊助始於一八六七年，設立了「教育
辦公室」（U.S. Office of Education, USOE），當時設立的目標如下
（Atkinson & Jackson, 1992: 55）[1]：

　　　　蒐集統計與事實，以說明數州與領土中教育的情況與進
　　展，傳播有關學校組織與管理以及教學的資訊，以便建立和維
　　持一個有效率的學校系統。

1　關於美國的介紹有相當多部分是參考 Atkinson 與 Jackson（1992）對 OERI 所作的機構
　評鑑報告書，該份報告書提供了相當多美國聯邦政府在教育研究工作上的作為與表現
　的歷史資料。

由以上的目標可知資料蒐集與傳播是教育辦公室的工作重點，但在研究贊助這部分則未著墨，這種情況在最初的九十年中都沒有太大的改變，一直到一九五四年的〈合作研究法案〉（The Cooperative Research Act）通過後，才賦予教育辦公室權力以支持由領域發起（field-initiated）[2]（通常為大學）的研究案。一九五五年時研究經費有一百萬，之後成長快速，一九六六年已達七億，到了一九六八年更達到頂峰，當年共設有二十一個研發中心、二十個地區性的實驗室、數千個研究計畫（Nisbet & Broadfoot, 1980），雖然美國聯邦政府對於教育研究投入頗多，不過和自然學科等其他學門相較，教育學門的研究經費補助仍然開始較慢。

　　這類領域發起的研究案因為是研究者各自提出的，所以產生了如下的幾個問題（Atkinson & Jackson, 1992）：

　　1. 研究較為零散，欠缺累積性。

　　2. 未能弭平教育研究和實務之間的鴻溝。

　　3. 無法結合跨學科的智慧，提升領域的研究發展。

　　4. 缺乏改進教育表現與生產力過程的機制。

　　上述這些問題涉及研究的績效與實質貢獻，零零散散、各自為政的研究，對於研究進步的幫助並不大，無法有系統的回答重要的問題。教育研究和實務問題與需求的相關性低，研究歸研究、教歸教、做歸做，三者似乎是沒有交集的平行線。教育研究在學科領域的切割之下，常是見樹不見林，以致所作成的建議無法為實務或決策者所用。最重要的問題是研究對於教育表現的改進似乎沒有幫助，研究的經費固然成長，但對於教育進步發揮不了多大的影響。

㈡建制時期

　　一九六○年中，教育成為國家解決社會問題的重要工具。詹森總統

2　這是有別於由中央主導的研究案，而是由在地，如大學研究人員或是學校提出的研究案。

（President Lyndon Johnson）「向貧窮開戰」（War on Poverty）的政策中，重要的武器之一即為教育，教育研究與相關機構因而紛紛設立（Tomlinson, 1994）。又因為過去的研究產生了上述問題，一九六五至一九七五年間，聯邦政府便在國會的支持下，採取了三種改進措施，分別是（Atkinson & Jackson, 1992: Tomlinson, 1994a）：

1. 建立國家級的研究發展中心，進行大範圍、長期的規畫性工作，以解決教育問題。

2. 建立地區性的「教育實驗室」（laboratories），透過新課程與教學方法的發展與展示，將研究成果轉為實務，並加以傳播。

3. 建立資訊系統，也就是「教育資源資訊中心」（Education Resources Information Center, ERIC），以傳播研究成果。

這三個方案措施對於教育研究應用有相當重要的貢獻，理想上，研究發展中心旨在進行教育研究，並將這些資訊告知決策者與實務工作者，以改進學校的表現（http://www.ed.gov/about/offices/list/ies/ncer/nrdc.html）[3]。由這些中心的名稱可知研究的範圍相當廣泛，從學前階段到成人教育都涵括在內，且全設立在大學之中。教育實驗室則分散全國各地，各自有負責的「管區」，與地區的互動較為密切，除了進行研究發

---

3 在西元二〇〇四年時美國共有十二個國家教育研究發展中心，分別是國家英語學習與成就研究發展中心（National Research & Development Center on English Learning & Achievement）、國家學生數學與科學學習與成就改進中心（National Center for improving Student Learning and Achievement in Mathematics and Science）、教育、多元與卓越研究中心（Center for Research on Education, Diversity & Excellence）、危機學生教育研究中心（Center for Research on the Education of Students Placed at Risk）、國家早期發展與學習中心（National Center for Early Development & Learning）、國家成人學習與識字研究中心（National Center for the Study of Adult Learning and Literacy）、國家中學後教育改進中心（National Center for Postsecondary improvement）、教學與政策研究中心（Center for the Study of Teaching and Policy）、國家提升州與地方教育改革效能中心（National Center on Increasing the Effectiveness of State and Local Education Reform Efforts）、評鑑、標準與學生測驗研究中心（Center for Research on Evaluation, Standards, and Student Testing）、國家資賦優異研究中心（National Research Center on the Gifted and Talented）（在特殊教育之中，殘障兒童也會以gifted稱之，以避免標籤，不知道這個中心是否兼有身心障礙類別）。

展外，也關心研究的成果如何在實務現場推動，扮演研究、政策與實務的橋樑，服務州與地區的教育單位、社區與學校（http://www.ed.gov/about/offices/list/ies/ncee/labs.html）[4]。教育資源與資訊中心所蒐集的教育資訊不但為美國所用，也成為各國教育研究的重要資源。這些機構層面的革新使得教育研究應用的機會獲得改進，也拉近了研究與實務之間的距離。不可否認的，機構層面的改進不等同於實質的改進，現有的這些機構也有許多需要改進之處（請參見 Atkinson & Jackson, 1992），不過機構的設置確實代表了美國聯邦政府對教育研究與應用的重視與努力，這些機構型式到目前為止都還存在，只是因為經費或任務考量，數目有所增減。

這三種機構的定位原先都相當明確，也各自有其功能，不過短短的幾年間，這些新設的機構便遭受許多的批評（Tomlinson, 1994a: 16-17）：

1. 研究中心受到學校和教師的批評，認為他們孤立於學校、教師以及學術領域之外，所進行的研究是狹隘的、學術導向的，與學校的實況及教師所面臨的問題無關。

2. 教育實驗室則有如下的困擾：包括自身與學校的角色（是否應該提供直接的服務或僅作為一般資源中心）、服務區域的範圍（地方、地區或全國性），以及適當的績效責任型式（顧客滿意、學生成就、品質水準）。

3. 教育研究資訊中心的困擾在於所收錄文件的品質控制不易（劣幣

---

4 在西元二〇〇四年時，地區實驗室共有十個，各自負責不同的州，分別是阿帕拉契地區教育實驗室（The Regional Educational Laboratory at AEL, Inc.）、布朗大學東北及島嶼教育實驗室（Northeast and Islands Regional Educational Laboratory at Brown）、學生成就實驗室（Laboratory for Student Success）、中土教育與學習研究（Mid-Continent Research for Education and Learning）、中北地區教育實驗室（North Central Regional Educational Laboratory）、西北地區教育實驗室（Northwest Regional Educational Laboratory）、太平洋教育與學習資源（Pacific Resources for Education and Learning）、東南地區教育實驗室（Regional Educational Laboratory at SERVE）、西南教育發展實驗室（Southwest Educational Development Laboratory）、西部地區教育實驗室（Western Regional Educational Laboratory at WestEd）。

多於良幣）、使用不易、對於研究者與教師的用途不大、回應要
求緩慢等方面。

(三)挑戰時期

雖然聯邦政府在建制時期有明確的體認，期望透過研究改進教育，
並縮短研究與教育之間的差距，不過在執行上卻未能完全實現這個目
標。機構的不穩定、緊縮的研究經費，以及大眾對聯邦政府教育研究工
作的質疑與挑戰，是這個時期的特徵。

對於聯邦在教育研究中的角色，以及教育研發的發展來說，一九六
五年通過的〈初等及中等教育法案〉（The Elementary and Secondary
Education Act）相當具有重要性。拜此法案之賜，聯邦對教育研究經費
的補助急速成長，為了處理快速增加的經費，教育辦公室的功能重組，
另設研究局，不過隨之而來的經費緊縮，反而導致幾個研究中心或實驗
室的裁撤（Atkinson & Jackson, 1992）。

為了因應這些變化，一九七一年國家教育研究院成立，它合併了教
育辦公室與「經濟機會辦公室」（Office of Economic Opportunity）兩個
單位的人事與研究案，旨在進行與支持教育歷程的科學研究。

NIE 全部的方案共分成三大類：

1. 教與學（Teaching and Learning）：包括閱讀和語言、學習與發
   展、在家教育、社區與工作、教學和機構、測驗評量與評鑑。
2. 教育政策和組織（Educational Policy and Organization）：包括教
   育財政、法律和公共管理、教育組織與地方社區。
3. 實務的傳播和改善（Dissemination and Improvement of Practice,
   DIP）：包括資訊資源、地方方案以及研究與教育實務的方案。

其中 DIP 設立的理念，便是認為研究之所以沒有影響，乃是因為缺
乏組織居中連結，傳播研究結果，DIP 的工作就是要確保教育研究成果
能夠以有用的型式傳給需要的人（Nisbet & Broadfoot, 1980）。

不過國家教育研究院的命運相當多舛，終至消失。首先，因為當時

社會氛圍之故，教育研究院的重心都放在「均等」這個議題之上，希望人民不論種族、性別、階級等因素，都能受到高品質的教育。這項任務事實上是最難達成，也註定會失敗，背負了社會重大期望的國家教育研究院，為此受到社會相當大的責難。其次，國家教育研究院被認為有名無實。當時的尼克森總統並沒有提供國家教育研究院充分的經費補助[5]，以至於這個單位在十三年間換了六個主任與四個代理主任，領導階層的頻頻更替，使得國家教育研究院無法有長期穩定的發展。第三，該院的研究不斷受到來自國會、行政單位等的政治干涉，有時更成為政爭的工具而失去了研究單位應有的中立角色，增添了外界對該單位的懷疑與不信任。第四，原先設立的研究中心與實驗室後來改隸「教育發展與研究委員會」（Council for Educational Development and Research, CEDaR）之下，不但不再受國家教育研究院的管轄，而且成為與國家教育研究院在政治影響力上、經費上與教育研究權威上的競爭單位（Atkinson & Jackson, 1992; Tomlinson, 1994a）。

一九七九年教育研究與改進辦公室成立，原先這個單位的功能在總管協調國家教育研究院、國家教育統計中心（National Center for Education Statistics, NCES）、圖書館方案（Library Programs）等等。教育研究與改進辦公室的任務於法有據，在〈美國公共法 96-88〉文中，國會明確主張該單位的政策是（Atkinson & Jackson, 1992: 59）：

1. 提升美國教育的品質與均等。
2. 提升教育實施的藝術、科學與專業性。
3. 支持最高品質的教育專業研究。
4. 加強教育研究與發展系統。
5. 改進教育技術與訓練。
6. 評估國內教育機構與學校的進步狀況，特別是特殊人口的進步狀況。

5　例如在一九七三年國家教育研究院的經費為十三億六千萬元，可是到了次年，經費銳減為六億五千萬元，之後的經費也沒有超過八億元，而同年農業研究服務的經費則為二十億五千萬元。

7.蒐集、分析與傳播美國和其他國家的教育統計及其他資料。

一九八五年，OERI 面臨重大的重組，教育研究院正式廢除，OERI 之下則另設五個辦公室，分別是「研究辦公室」（Office of Research）、「教育研究統計中心」（Center for Education Statistics）、「圖書館方案」，以及「資訊服務」（Information Services）。一九九八年〈霍金斯─史塔福學校改進補充條款〉（Hawkins-Stafford School Improvement Amendments）又撥發學校與教學改進與改革基金（the Fund for the Improvement and Reform of Schools and Teaching），並在 OERI 之下增設辦公室執行這項方案。一九九〇年資訊服務辦公室又被裁撤，業務併入其他辦公室。

負責提供 OERI 諮詢業務的組織是「國家教育研究與發展顧問委員會」（National Advisory Council on Educational Research and Improvement），根據法令規定，該委員會共有五項功能（Atkinson & Jackson, 1992: 60）：

1. 向部長（Secretary）與副部長提供 OERI 的政策與活動建議。

2. 檢討並公開評論辦公室的政策與活動。

3. 進行法令規定功能所需要的活動。

4. 向部長報告辦公室所進行的活動。

5. 每年三月三十一日前向總統及國會提出報告，說明辦公室的活動，以及進行教育、教育研究與一般資料的蒐集。

整個 OERI 的議題設定、經費分配、人事安排等工作的負責單位是 OERI 的助理部長辦公室（Office of Assistant Secretary），該助理部長辦公室的成員是由總統任命，經參議會同意。每隔兩年法令規定助理部長辦公室要在聯邦記錄（Federal Register）上公布預擬的研究優先順序，提供六十天的時間聽取大眾建議，以重新修正原訂的優先順序。除了公眾的意見之外，OERI 的各個辦公室也各自有自己的顧問委員會，提供工作的建議。

貳、當代美國教育研究與應用的發展

一、以證據為本的教育改革行動

OERI在挑戰期面臨了人事異動、經費短缺的情況，二〇〇二年十一月五日布希總統簽署〈教育科學改進法案〉（Education Sciences Reform Act），藉以改進國內教育研究情況，並提高研究嚴謹性的情況，OERI被新設立的「教育科學研究院」（Institute of Education Sciences）所取代──至此，OERI正式走入了歷史（http://www.ed.gov/about/offices/list/ies/index.html? src=oc）。教育科學研究院下設有「國家教育研究中心」（National Center for Education Research）、國家教育統計中心（National Center for Education Statistics）、國家特殊教育研究中心（National Center for Special Education Research）。大部分的單位都是舊有的，和以前一樣，這些單位大多也重視研究資訊的傳播與應用。不過在布希主政的聯邦政府之下，對於研究卻有更為「務實」，甚至「功利」、「狹隘」的態度。

為了因應二〇〇二年小布希總統所公布的「把每一個小孩帶上來」法案，美國教育部針對法案的理念擬定了策略計畫[6]，其中針對「鼓勵被證明的教育方法」這項理念，教育部訂定第四策略目標：「將教育改變為一以證據為基礎的領域」，其下一共列出兩項次目標，分別如下（U.S. Department of Education, 2002: 59）：

目標4.1：提升教育部所資助或進行的研究品質。

目標4.2：提升教育部研究的相關性以符合顧客的需求。

---

6 這六項策略目標如下：創造成就的文化、改進學生成就、發展安全的學校及更佳的品格、將教育轉變成以證據為基礎的領域、提升高等及成人教育的品質與進路、建立卓越的管理。

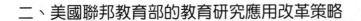

二、美國聯邦教育部的教育研究應用改革策略

因為美國教育部是資助教育研究的重要單位，自然必須回應法案的要求，提出策略計畫，設法將教育改變為「以證據為基礎」的領域。針對上述目標，美國聯邦教育部擬定各個次目標下的策略如下：

目標 4.1：提升教育部所資助或進行的研究品質（U.S. Department of Education, 2002: 60）：

1. 發展嚴格的標準。

2. 落實嚴格的標準。

3. 改善研究計畫同僚審查（peer review）。

4. 發展編輯審查（editorial review）。

上述策略旨在提升美國教育部所贊助的研究及出版品的水準，希望能向一流研究機構的研究水準看齊，美國教育部為目標 4.1 所訂的表現測量（performance measures）有二：

1. 獨立審查者所判定的品質。邀請一流的科學家，判斷美國教育部所資助的研究及出版品的品質。

2. 隨機實驗設計的使用。希望所贊助的研究及所出版品都有清楚的因果關係，並使用隨機實驗設計進行研究（U.S. Department of Education, 2002: 61）。

目標 4.2：提升教育部研究的相關性以符合顧客的需求（U.S. Department of Education, 2002: 62-63）：

1. 對決策者進行調查。

2. 建立並維持「妙解良方交換平台」（What Works Clearinghouse）。

3. 轉化研究結果以便能在教室中應用。

4. 發展以證據為本的教育指引。

5. 選擇焦點。

6. 根據需求分配資源。

以顧客為導向的前提是提高研究的相關性。而以上的六個策略的第1、2、3與6點希望提高研究受應用的程度及對實務貢獻的程度，透過調查、資訊提供，轉化研究結果、資源分配等手段，滿足顧客（決策者、教育實務工作者）對資訊的需求，進而改進決策及實務工作品質。4及5兩點策略則較針對研究的品質，希望教育行動能以證據為本，並保留特定資源，針對具有優先性的政策議題進行紮實的研究。這六項策略的具體表現測量有三（U.S. Department of Education, 2002: 63），第一項是獨立審查者對相關性（relevance）的判斷，也就是合格的實務人員對教育研究是否具高度相關性所做的判斷。第二項是「妙解良方交換平台」，具體的指標是拜訪該網址的人數。第三項是決策者進行調查，以了解決策者及學校行政人員在採用教育產品或方法時，考慮研究證據的比例有多少。

三、策略性教育研究夥伴

對於小布希總統的教育政策，除了教育部的大力配合之外，「國家研究委員會」（National Research Council）下所管轄的「行為、社會科學與教育處」（Division of Behavioral and Social Sciences and Education）也配合提出「策略性教育研究夥伴」（Strategic Education Research Partnership, SERP）方案。小布希政府「把每一個小孩帶上來」這個法案比較注意聯邦教育研究水準的管控，相較之下，美國國家研究委員會的「策略教育研究夥伴」方案，除了關心研究水準的管控外，更強調新教育研究與教育實務之間的關連。該方案的宗旨乃結合科學研究與教師及學校行政人員的專業，鼓動政治支持與研究資源，共同為改進學生的學習而努力。其主要的目標有四（http://www7.nationalacademies.org/bcsse/Summary_and_Frequently_Asked_Questions.pdf）：

1. 建立實務與研究間深入且互惠的連結。

2. 建立一個在一致性與品質上都堪稱一流的研究方案，累積有用、

可用的知識。

3. 在研究與實務社群中累積這項互助合作的關係的智慧。

4. 影響教師的作為及學校的運作方式，更重要的是影響學生的學習。

SERP 方案是一個以應用為主的研究與發展方案（use-inspired research and development），實務問題是該方案關心的重點，在探討理論之餘，還要延伸關心焦點到研究的具體產品（產出）。例如在探討學習理論後，也要關心學習理論如何應用在特定領域的學習。SERP 也是一個組織，這個組織旨在建立「研究－發展－實作」一貫流程的基本結構。根據初步規畫，這項基本結構一共分成三個部分：分別是「中心組織」（central organization）、「分置的研究發展團隊」（distributed research and development teams），以及「實務站」（field sites）。中心組織的功能在於負責方案的設計與協調、品質的控制、溝通、財務的監督、長期的規畫，中心組織中也有研究方案。各種研究及發展團隊則集合國家的專業人士，共同進行研究。實務中心是以學區（或跨學區）為主，讓實務人員與研究者共同努力，針對發展與實務進行研究。這三者共同組成一個互助合作的研究與發展網絡。「策略教育研究夥伴」也是一個夥伴關係，希望透過主要份子的合作，使得研究能對教育改進有更大的貢獻。

這項方案聚焦在利用研究改進教與學以及學生動機兩部分。其主要特徵如下（http://www7.nationalacademies. org/serp/About_SERP.html）：

1. 策略性的焦點：該方案聚焦在幾個主要的議題上，包括了學習、學生動機、有助學習的教室與學校環境。

2. 累積性的研究方案：SERP 特別關注長期性的努力，透過實驗研究與田野研究，吸取教師與其他研究使用者的意見，改進教育研究。

3. 新的互助合作關係：SERP 希望能促進研究社群、教育人員與決策者之間的關係，使得教育研究能夠由與學生接觸密切的教育實務工作者身上獲得洞見。

4. 創造有效需求的工具：SERP 希望能讓州及地區的實務人員有能

074

力得以說明他們所需要的研究協助。

要達成上述目的，SERP 必須要能建立一個良好平順的基礎結構，使得教育研究能順利地受到應用，改善學生的學習。這個基礎結構要能具備下列的功能（http://www7.nationalacademies.org/serp/About_SERP. html）：

1. 使研究社群（認知、行為、組織及教育研究）集中心力在與教育人員需求有關的少數幾個策略性的問題。

2. 提供空間，以累積重要的研究發現，並說明這些研究發現對教與學的啟示。

3. 提供教師與教育決策者便利的場所，獲得經過挑選的可靠知識。

4. 建立實務工作人員對研究的支持與有效的需求。

SERP 關心的面向比較偏向教育研究對教育實務人員的貢獻，一方面透過研究知識的整理與過濾，改進實務人員與決策者取用研究知識的便利性，另一方面也希望研究能多多注意教育實務人員的需求，探討與教育實務相關的問題，特別是與改進學生學習成果相關的教育問題。

SERP 所倡導的是一個新的教育研究模式，共具有六項特徵（Elliot, 2001: 10）：

1. 提倡協同式的與跨學科的研究工作。

2. 核心研究團隊能夠進行持續投入。

3. 與實務與政策社群建立夥伴關係。

4. 建立能夠結合方案取向研究與領域為本的研究 （field-based research）優勢的結構，促使應用研究與基礎研究兩者間能夠有重複的與互動的交互作用。

5. 計畫進行的時間能足夠，累積研究成果。

6. 整體的結構是具累積性的，後來的計畫能夠承接先前的計畫。

現階段的教育研究應用改革，都還在逐步推行之中，成效如何，尚有待觀察，目前美國學界對這波改革的趨勢褒貶不一[7]，不過可以發現

7　二〇〇四年 AERA 年會將以證據為主的改革列入大會討論的重點。

研究應用的議題相當受到重視。

參、美國教育研究應用的特色

由上面的說明可以歸納美國教育研究應用發展的特色：

一、重視教育研究應用

重視並不代表能達到實際的效果，外在因素的干擾或不當的作法可能使得原先的良法美意落空。不過至少聯邦政府與國會都相當重視教育研究應用。美國國家科學院、國家研究委員會及 SERP 的成員 Elliot（2001）在回顧美國四十年的教育研究後，將美國教育研究的發展分成三種觀點（vision）：第一種觀點是以《Gardner 報告書》而來的教育研究觀點；第二種是尼克森總統時代的教育研究觀點；第三種是 SERP 的觀點。《Gardner 報告書》出現在詹森總統時代，強調聯邦政府在教育上的角色，該報告認為過去的研究都是小規模的、很少重新驗證的、研究時期短的、很少在教室中實驗的。《Gardner 報告書》主張應該建立國家教育實驗室，負責教育革新的發展、轉換與傳播（Elliot, 2001: 4）。可惜因為美國傳統對聯邦介入教育抱持戒慎恐懼的態度，國家實驗室的想法改成跨州的地區性實驗室。尼克森時代對教育研究的貢獻是建立了獨立的教育研究機構──也就是國家教育研究院。它的功能是串連聯邦單位教育研究與實驗的工作，以達成國家的教育目標，研究院可以擬定研究的優先順序，測量國家的教育進展，作好協調的工作等等。不過 NIE 卻是雷聲大雨點小，在運作上產生如前所述的困難。第三種對教育研究的看法是國家研究委員會策略性教育研究方案（SERP）所提出來的，截至目前為止，仍在努力實現《Gardner 報告書》與尼克森總統時代未能實現的教育研究目標。

二、提升教育研究應用的機構眾多

第一項特色的最好證據之一是聯邦政府設立了數種提升教育研究應用的機構，這些機構包括了教育研究發展中心、教育研究資訊中心、地區性實驗室、方案效能小組。

㈠教育研究發展中心

國家教育研究發展中心的主要工作是從事基礎研究、應用研究以及發展，相較之下，地區性的實驗室主要的功能是教育的發展、展示、傳播以及技術協助（Atkinson & Jackson, 1992）。

㈡教育研究資訊中心

教育研究資訊中心原先設計的目的是要為聯邦政府所資助的教育研究、教育發展計畫或是出版品編輯索引、撰寫摘要、儲存、接收與傳播資訊，也會選擇性地出版會議論文、課程材料或其他的文件。這些資訊蒐集主要根據分散全國各地的主題，在某些情況下也會針對特定主題的出版狀況撰寫回顧性的評論論文。ERIC 對於研究資訊傳播的貢獻相當大，不論是在美國國內或國外，這項資訊服務都被廣泛地運用，使用者由研究者、教育實務工作者到家長都有，當然這項服務也受到一些批評，例如重量不重質，偏重研究人員的需要，檢索所得結果良莠不齊、更新速度不夠快等等（Atkinson & Jackson, 1992: 68-73）。

㈢地區性實驗室

地區性實驗室也是美國聯邦政府進行教育研究發展的策略之一，顧名思義，地區性實驗室各自有其服務區域，目前這類的地區性實驗室共有十個，聯邦政府仍採契約制補助其經費。為了擴大實驗室的運作，有些實驗室會向其他地方申請經費。這類實驗室與地方的關係較為密切，如果以影響力來看的話，其工作成果或出版品受到引用的次數是最高

的。對於這些地區性實驗室的定位看法不一，部分學者認為應將其提升為全國性的，有些則認為應在各州各設立一個實驗室，前者的優點是人事經費可以集中運用，後者的長處則是可以和學區有更緊密的互動（Atkinson & Jackson, 1992: 73-79）。

㈣方案效能小組

方案效能小組（Program Effectiveness Panel, PEE）的前身為「國家傳播網絡」（National Diffusion Network）。根據法令的規定，這單位的任務是（Atkinson & Jackson, 1992: 79）：

1. 讓全國對具示範性的教育方案、產品與實務感興趣的小學、中學與高等教育機構能夠知道並且實施。

2. 提升各地被認可表現良好者的知識、才能與服務的應用情況，透過訓練、諮詢與相關協助服務，實施有潛力，經過驗證的創新與改進教育方案，致力改進教育品質。

PEE小組成員的專長為評鑑，其成員共有六十名，三分之一來自教育部，其他則來自於大學、學區、教育專業團體，以及其他與教育研究發展相關的組織。這個單位應該是美國教育部中最重視實務改進的單位，任何方案只要自認為對教育改進具有成效，就能申請PPE的經費補助，一旦通過之後，也可以得到協助將方案的成果傳播到其他學校中。它傳播的方式通常有三種，第一種是透過書面資料將方案的相關資訊與聯絡方式公開。第二個方式是聘用地區促進者，由這些促進者協助學校了解他們的需求，明白國家傳播網絡中可用的方案為何，並加以採用。第三種方式稱為「發展者展示者」（developer demonstrator）的途徑，透過經費補助，讓方案的發展者能夠在各區說明其方案，並對採用者進行人員訓練，提供相關的技術服務等等。PEE可以說是美國政府中專責教育研究成果傳播（delivery）的單位，不過即使有這麼聚焦的工作任務，方案在學校中被採用的情況仍然不盡理想，而其原因是多元的，例如在採用之後缺乏後續的訓練與技術服務，無法讓改變制度化；不熟悉評鑑

程序的方案發展者可能不會前來申請，而提出申請的方案本身也只宣揚優點，避而不談其所可能會有的負作用，或可能是學校本身脈絡性的問題積重難返，本就不是一個方案所能夠改變的（Atkinson & Jackson, 1992: 79-84）。

三、政治因素干擾教育研究應用

在 Atkinson 與 Jackson（1992）的評鑑報告書中，明白指出政治因素的干擾是美國教育研究與應用發展不佳的主要因素，雖然有良好的研究應用制度設計與機構安排，可是因為行政機構與國會內部政治因素的干擾，使得上述機構在經費與人事上都不能得到充分穩定的支援，以發揮其功能。利益團體的壓力、國會的期望、政黨的競爭，往往讓聯邦教育研究與應用工作負擔了過多的責任，但政府卻又吝於提供經費，使得聯邦的教育研究與應用工作無法達成預定的目標。舉例來說，由一九八〇到一九九一年間 OERI 的經費少了 21%，但是其下中心的數目卻加倍，使得各個研究案的經費都不足、研究期程也不長，自然沒有辦法有具體的研究成果。一九八九年時，研究辦公室有鑑於經費短缺，所以建議以有限的經費補助五個卓有成效的研究中心即可，不過教育部副部長（under-secretary）卻挑了十二個中心，這個案子最後到了國會及社會大眾耳裡，中心數目最後增加到十七個，在通通有獎的情況下，每一個單位能夠獲得的經費相當有限。在契約制之下，有些運作不良的中心面臨拿不到聯邦補助的命運，為了維持營運，也擴大向其他單位爭取經費，中心的目標因經費來源分散而模糊。

幾位總統與國會議員之間的角力，也讓 OERI 染上了政治色彩，減少了大眾對其的信任。國會責怪 OERI 的研究題目選擇、合約的授予及報告的編輯與釋出時間充滿了意識型態與政治的考量。而 OERI 的人則認為國會對於選民的意願比對計畫品質還關心，強行設立中心或要求進行某些研究等等。其他的問題還包括人員僱用時以政治意識型態而非能力為考量，使得部分進入 OERI 的人無法稱職地做好工作，或是教育部

對於 OERI 報告中不利教育部立場或主張的部分刻意壓抑。不論是來自於何方的抱怨，這些紛擾讓 OERI 的教育研究蒙上了政治化的陰影（Atkinson & Jackson, 1992）。

　　因為上述因素的影響，使得 OERI 人事異動過於頻繁，在缺乏持續領導的情況下，業務推動不易，只能原地空轉（Atkinson & Jackson, 1992）。Atkinson 與 Jackson 評鑑報告書中強烈建議排除政治因素干擾，以便穩定領導中心，致力經費補助爭取。

四、競爭導向的研究補助機制，使得合作困難

　　美國的研究經費補助，包括教育部之下的研究中心或實驗室的經費補助，多採競爭方式，這點符合功績主義的精神，理論上寫得最好的研究計畫可以獲得經費補助，不過這種機制也減少了合作、協調與分享的機會，各中心為了自身的發展與生存，在資訊流通與分享上就較為保留，機構本位主義也重（Atkinson & Jackson, 1992），並不利於研究應用的發展。

　　本章的討論以美國聯邦教育部的教育研究與應用為主。其實美國教育研究影響教育政策與實務的管道很多，也是其特色之一，例如國會的研究工作、政策諮詢委員會的大量運用，以及智庫或研究中心對政策分析的協助等，都是促進教育研究與政策及實務銜接的重要管道。這些部分將在後面的章節中陸續討論，不在此贅述。如果以規模來看，美國在對教育研究應用的重視，以及促進教育研究應用以改進教育的作法可以供我們參考，至於其在運作上所面臨的困難與挑戰，也是我們在規畫或提升教育研究應用時應該避免或預防的。

第四章

我國教育研究應用情況

　　本章旨在說明我國教育研究應用與影響的情況。首先回顧我國行政工作對研究發展的重視情況，其次說明教育研究影響我國教育行政與實務工作的途徑，接著依機構說明研究應用的現況。最後則與第三章所討論的國外情況作一比較，說明我國提升教育研究應用在作法上可再努力之處。

壹、研究發展與行政

　　行政機關固然以政策執行為主要工作，可是為了確保行政工作的適切性，對於研究工作也需要注意（趙達瑜，1998）。一九四〇年，我國創立行政三聯制，建立設計、執行、考核一貫的行政程序，先不論這項作法的成效如何，至少這項設計的目的顯示政府對於施政作為中研究、執行以及檢討的重視。先總統蔣中正先生也曾指示，行政機關的研究發展經費不得少於該組織預算的 3%；台灣省政府教育廳亦規定研究發展經費不得少於經費預算的 1%（江秀聰，1995）。這些規定象徵政府期望行政機關不只施政，還是透過研究，有所本的施政。

　　江秀聰（1995：9）認為行政機關進行研究發展工作，具有如下幾項功能：

1. 推動研究發展。
2. 擴大與學術界合作研究、委託研究，以結合行政實務與學術理論。
3. 推薦諮詢。

4. 提供資料。

5. 建議。

6. 研究創新、促進行政革新。

7. 推動便民服務、建立政府信譽。

上述這些功能大致可分成三個部分：首先是促進研究發展，結合實務與學術理論；第二部分是提供資訊與建議，作為政府的參考；第三則是協助政府做好施政工作，贏取信譽。

為了推動行政組織的研究發展工作，一九六九年三月一日，行政院成立了「研究發展考核委員會」，負責國家行政工作的研究發展考核工作，並於一九七八年起，每年出版《行政院所屬各機關年度研究發展成果年報》，報導行政院所屬各機關研究發展及應用的情況，該會也成為行政院的重要幕僚機關（行政院研究發展考核委員會，2003）。同年並公布〈各級行政機關研究發展實施辦法〉（見〈附錄一〉），鼓勵機關透過研究提升行政品質（趙達瑜，1998）。根據行政院研究發展考核委員會的說明，研究發展工作的宗旨，是「為恢宏政治發展，加速行政革新，擴大為民服務，乃根據國家政策、國民需要、施政方針及院長指示，選擇特定問題加以分析研究，經由科學的理論方法與程序，獲得特定事物或事件之有關因素及其相互關係之客觀知識，並將研究所得之科學知識，實際加以應用，研擬因應對策，謀求解決方法以解決具體問題，加速行政革新及國家現代化。亦即將研究成果轉換成政策上的可行方案，或為政府中長程規畫的基礎，據為擬定確實、客觀可行的方案，使得政策更具合法化，更有廣泛的資料基礎，更和客觀環境結合」（江秀聰，1995：3）。可見求新知、有所本的施政，以促進行政革新，達成國家發展目標，並解決施政問題，是行政機關進行研究發展的主要目的。教育部是行政院下屬的單位之一，其業務與施政自然也列入研究發展考核委員會的管考範圍。在《行政院所屬各機關年度研究發展成果年報》中也可以找到教育部的相關資料。

為了規範各機關的研究發展業務，行政院於二○○○年一月公布

〈行政院所屬各機關研究發展實施辦法〉（見〈附錄一〉），根據該辦法第二條的規定，行政機關的研究發展工作範圍如下：

1. 本機關施政方針或業務（工作）方針之研擬事項。

2. 本機關施政計畫或業務（工作）計畫之編擬事項。

3. 促進業務革新及發展事項。

4. 改進行政管理及提高行政效率事項。

5. 有關民意及國情之調查與分析事項。

6. 有關資訊系統之規畫與協調事項。

7. 有關推動諮詢制度事項。

8. 有關為民服務事項。

9. 本機關組織調整之研究事項。

10. 本機關出國人員報告之審查與處理事項。

11. 奉交辦之研究事項。

12. 其他有關研究發展事項。

由上述工作範圍可知，行政單位研究發展的內容包括了獲取資訊（含研究知識、發展趨勢與民意國情）、規畫組織發展與改進方向，與資訊系統建立，另外還包括了其他較為瑣碎的事項（如第十條）。該辦法第三條也說明研究發展工作是由各機關主管研考業務單位所推行（例如：在教育部為秘書室，另教育部設有委託研究審核小組。見〈教育部委託研究計畫作業要點〉，見〈附錄三〉）。至於行政機關的研究進行方式包括了：

1. 本機關人員自行研究。

2. 與有關機關人員共同研究。

3. 與專家或學術機構合作研究。

4. 委託專家或學術機構專題研究。

政府每年的研究發展工作是常態性的，由〈行政院所屬各機關研究發展實施辦法〉的第四、八、十條可知，各單位每年均需提報研究計畫項目送行政院研究發展考核委員會備查，研究報告的結果及應用情況亦

需回報行政院研究發展考核委員會。第二十一條並規定：「研究報告或研究意見中，經本機關首長或上級機關核交實施之研究建議，應於實施年度終了時，擇要列為考成項目，由主管研考業務單位查證其實施效果，並提出檢討」。

一九九九年公布之〈行政院所屬各機關委託研究計畫[1]管理辦法〉（見〈附錄二〉），這項辦法除了規定委託研究計畫的辦理方式及格式外，並強調研究的成果應予公開，以廣為運用，透過國科會所建立的「機關研究計畫基本資料庫」（GRB檔）（該辦法第五條）、研究成果發表會的辦理、圖書館典藏（該辦法第十條）、電子資料庫建立（該辦法第十一條）等方式，促使研究的成果能公開並廣為運用。

不論是上述機構或組織的設立、法令的訂定等等，都是希望行政機關的工作能有所本，且不斷創新、精益求精，顯見研究發展被視為行政工作中重要部分，企求透過累積並傳播研究發展成果，改進行政施為。

貳、研究知識及我國教育政策與實務

研究知識受到應用，影響政策或實務的管道很多。如果就發動者而言，可分為業務取向與非業務取向，業務取向指由教育業務主管單位（如教育部、過去的教育廳、教育局及學校單位等）所發起的研究應用；就其管道而言，包括研究（如自行研究或委託研究[2]）與諮詢（含公聽）。非業務取向則指非由業務主管單位所發起的研究，如國科會、基金會（含智庫或壓力團體）所進行的研究或諮詢，這些單位都不是教育的業務主管單位。在應用研究知識時，有些是意圖明確的——例如部分基金會為倡導或反對某項政策所進行的研究或諮詢，有些研究則對政

---

1 該辦法第二條定義的「委託研究計畫」是指：「各機關依業務需要，動用公務預算或其主管運用屬政府所有之基金作為研究經費，委託大專院校、研究機構、團體或個人執行具研究性質之計畫」。

2 委託研究也有學者將其列入諮詢方式之一，本書則暫將其歸為研究。

策或實務並無明確的影響意圖，國科會所補助的教育研究大部分都屬這類（見圖 4-1）。理論上，業務單位因為工作需求，所以研究知識影響政策與實務的可能性應該較高，而非業務取向的研究則因為非由業務單位所發動，被業務單位應用的機會較低。

　　教育決策與實務的知識基礎不見得都需仰賴研究知識，Lindblom 與 Cohen（1979）認為更常被應用的是日常知識（ordinary knowledge）。除此之外，公布於報章雜誌上的研究發現討論可能會為決策者或實務工作者所用，決策菁英與知識菁英的私人情誼與非正式互動也有機會成為研究傳播與應用的管道。所謂業務單位與非業務單位的區隔有時也不是那麼明顯，其中教育部是業務單位，主管教育事項殆無疑問，但其他非教育機關或臨時性的組織也可能進行教育相關研究，並根據研究成果影響教育政策。如行政院研究發展考核委員會曾進行與教育事務相關的委託研究，例子之一是二○○○年所進行的《我國大學教授治校問題之探

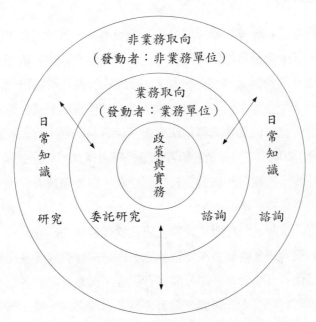

圖 4-1：教育政策與實務的主要研究知識來源

資料來源：研究者自行繪製。

討》（陳金貴、張雪梅，2000）。影響台灣教育發展甚巨的行政院教育改革審議委員會雖是臨時性的組織，非教育業務主管單位，但卻也進行了相當多的研究案，研究結果對我國近期的教育改革更產生一定的影響。其他能夠提供教育政策與實務研究知識的機構還包括智庫，或是大學中所設立的教育研究中心等等。有些單位雖非教育業務主管單位，但是所做的教育研究應用的可能性也頗高，設置條例尚在審查中的「國家教育研究院」即為一例。以下先說明業務和非業務研究與諮詢兩種活動，接著就教育研究的主要業務單位（教育部、國立教育研究院）與非業務單位（國科會）的研究應用情況進行討論。

參、業務研究與諮詢

一、業務研究

業務與非業務單位的研究成果都有機會為決策者或實務工作者所參考或採行，其中業務單位研究的影響經常是較為直接的。依照行政院研究發展考核委員會對其研究的分類[3]，行政院所屬各機關研究進行的方式包括了洽請學者專家研究、與學術機構或其他有關機關合作研究、業務單位自行研究，以及委託專家或學術機構專題研究（行政院研究發展考核委員會，2003：7）。至於研究結果的應用情況，共分三種，分別是報奉行政院核定後採行、送請主管機關參辦，以及繼續研究（行政院研究發展考核委員會，2003）。

以教育部來說，自行研究或委託研究都是常見的研究型式，例如教育部下屬的教育研究委員會主要任務之一即是綜理教育部各司處及教育專題研究工作，其中便有一部分屬自行研究，而教育部的各業務司也會根據業務需要自行或委託研究。教育部為了管理部內的委託研究計畫，

---

3 詳參〈行政院所屬各機關研究發展實施辦法〉。

訂有〈教育部委託研究計畫作業要點〉（見〈附錄三〉），並透過委託研究案審核小組進行把關的工作。這項作業要點除了配合〈行政院所屬各機關委託研究計畫管理辦法〉外，也根據〈政府採購法〉之相關規定，規範委託研究之招標方式（見該辦法第三條），該辦法並且規定部裡應設專人追蹤研究成果之運用。不論行政單位是親自進行研究，或是委託他人進行研究，行政單位都需處理研究工作相關的行政事務，例如研究題目的選擇、評審、研究人員的選定、研究進度的查核、研究成果評獎的辦理等等（江秀聰，1995）。

　　透過研究影響行政或實務並不限於中央層級，縣市層級教育行政單位與學校層級也會利用研究改進政策或實務，只是因為經費限制之故，能夠進行的研究案比較少，在研究的規模上也較受限，在性質上更為應用取向，與目前需進行的業務有較密切相關。其他如縣市政府所辦理的各類型行動研究競賽，旨在透過研究提升教師的專業能力與形象，以改進教學，也代表透過研究應用改進教學的努力。縣市政府教育局也會透過委託研究改進行政措施，例如委請外部單位進行研究，規畫並評鑑縣市轄區內校務評鑑、校長評鑑或制度規畫等事宜。

二、諮詢

　　行政機關利用研究知識改進政策的另一個來源，是諮詢委員會。因為人力限制與時間壓力等等因素，行政機關在制定教育政策時，不得不仰賴機關外的個人或團體提供意見。當然，不是所有委員會都有明顯的研究功能，不過進行研究提出建議的確是部分委員會的功能之一。如果諮詢的對象是學有專精的學者專家時，就能夠將研究知識帶入諮詢過程之中，發揮研究知識的影響力。在另一方面，行政單位的諮詢對象也不限於學者專家，所蒐納的意見更未必都是研究資訊。可以說，學者專家的意見不過是多種意見中的一環，且因為諮詢主題的特性，研究知識在諮詢過程中所扮演的角色輕重也會有所不同。根據行政院研究發展考核委員會的整理，我國政策諮詢制度建立的重要里程碑應該是一九七九年

行政院頒布的〈行政院暨所屬各主管機關建立諮詢制度實施要點〉（黃俊英等，1994：627）。據此，我國政策諮詢制度共可分成三種方式，分別是常設性的諮詢機構、個別延攬以及委託研究。

一般而言，行政單位常常諮詢的對象如下（黃俊英等，1994：2-3）：

1. 機關內常設之諮詢組織（如教育部的教育研究委員會）。
2. 機關內臨時性或任務性之諮詢組織（如行政院教育改革審議委員會）。
3. 學術研究機構（如大學及其研究中心）。
4. 官方資助成立的智庫（如籌設中之國立教育研究院）。
5. 民間智庫（如政黨之智庫）。
6. 機關外的專家學者。
7. 民意代表。
8. 民間團體或利益團體。
9. 民意領袖或一般民眾。

行政院研究發展考核委員會所出之《政策諮詢制度之建立與運用》一書，曾經列出我國政策諮詢制度有如下的問題（轉引自黃俊英等，1994）：

1. 政策諮詢制度常僅具形式，為了保密或行政程序便捷，寧願信任官僚體系。
2. 以中央機關為主要實施對象，地方並無。
3. 以專家學者為主，民間團體一般民眾或民意代表則無。

自一九九四年迄今，國內的政治環境有很大的轉變，民主浪潮興盛之後，意見領袖或壓力團體的參與機會增加不少，這由教育部所舉辦的座談會或公聽會參與者名單就可見端倪，相較之下學者專家的功能就較弱，甚至專家知識如果不符合民意，也可能沒什麼發揮的餘地，所以上述所稱的第三個問題基本上應該已獲得改善。地方政府的政策諮詢制度在〈地方制度法〉實施之後，也漸漸受到地方政府的重視，例如〈教育

基本法〉第十條規定：「直轄市及縣（市）政府應設立教育審議委員會，定期召開會議，負責主管教育事務之審議、諮詢、協調及評鑑等事宜。前項委員會之組成，由直轄市及縣（市）政府首長或教育局局長為召集人，成員應包含教育學者專家、家長會、教師會、教師、社區、弱勢族群、教育及學校行政人員等代表；其設置辦法由直轄市、縣（市）政府定之」。縣市政府多已依法成立教育審議委員會，只是各縣市審議委員會的運作程度不一。這是地方政府建立政策諮詢制度的實例。至於我國教育政策諮詢制度是否仍僅具形式，恐需經過實徵調查研究方能下定論。總而言之，學者及學者所代表的研究發現，在政策諮詢制度中只是眾多意見之一，顯示出現在教育研究的發現要能影響決策，需要學者作更多的努力，對更多的團體進行說明與說服的工作，也需要花更多精力了解實務情況，銜接理論與實務之間的距離。

曹中興（1985：177-189）在研究我國政策諮詢制度後，指出其他面向的問題：

1. 政策諮詢組織類型不夠完整，諮詢方式不夠多樣化。

2. 諮詢功能不彰，諮詢組織地位未受行政機關實質的重視。

3. 缺乏運用中介團體（如民間社團、公會、學會等）以發揮多項諮詢功能。

4. 諮詢組織成員遴選不當，未建立客觀評鑑方式、成員重學理不切實際，以及成員代表性不足。

5. 運作方式不健全，包括幕僚作業有待加強、會議意見難整合且效率低、缺乏聽證制度。

這些問題是否也存在於目前教育政策諮詢制度中，仍有待實徵研究的進行。就第一個問題來說，教育部根據〈教育部組織法〉第五條之規定：「於必要時，得設各種委員會，其組織以法律定之」，諮詢委員會便是其中之一。教育部各類型的政策諮詢組織並不少，大如全國教育發展會議，一般如常設的學術發展審議委員會，或是因應需要而臨時增設的「山胞教育委員會」（黃俊英等，1994：589），此外並常常利用召開

會議的方式蒐集或整合各方的意見，透過委託研究來進行意見蒐集更是常用的方式，在諮詢方式上應稱得上是多樣化的。就諮詢功能來說，在〈行政院暨所屬各主管機關建立諮詢制度實施要點〉的規定中，只有提到行政機關對於諮詢委員的意見應該予以尊重，至於應該尊重到什麼地步，並沒有詳細的規範。而在權責的考量下，行政機關主管握有決策權，並不需要完全聽從諮詢委員會的意見，例如前教育部部長曾志朗在「中文拼音政策」的爭議中，就未完全依照國語推行委員會的建議採通用拼音，而將通用拼音與漢語拼音兩案並陳給行政院（王麗雲，2002）。就第三點來說，壓力團體（如教師會、家長會、振鐸學會、人本教育基金會等）參與政策諮詢的機會均不少，至於學界則以個人或單位的方式參與政策諮詢的情況較多，以學會的名義受邀者較不常見。第四點的批評的確是值得注意的地方，隨著社會日趨民主化，諮詢組織的參與者未必以學有專精的學者為主，利害關係人（stakeholders）也常出現在政府的臨時或常設諮詢組織中，不論是學界或利害關係人，其「代表性如何？」、「遴選的規準為何？」、「究竟發揮了哪些功能？」等問題的確需要加以探討。因為諮詢人士的組成不同，諮詢的結論與建議常常也會有差異，如何讓諮詢告知政策的功能真正發揮，而不只是為政策背書，或作為安撫的工具，乃是諮詢制度改革的課題。最後，諮詢制度的運作方式也需檢討，「拜拜式」、「即興式」、「流動參與式」或是「酬庸式」的諮詢方式對於政策的擬定與改進幫助恐不大，能夠將研究知識帶入諮詢過程的機會更少。總括來說，諮詢的定位及其與決策之間的關係、諮詢組織中專業與民意的平衡、諮詢委員的組成、諮詢的理想運作方式等，都是諮詢制度待釐清、規畫的問題。

肆、教育業務單位研究應用情況

為了解我國教育研究應用的情況，本段先探討業務單位的教育研究應用情形，包括教育部與籌設中的國立教育研究院。下段再分析非業務

主管單位的教育研究情形及其應用情況，以我國教育研究經費補助的主要來源「國家科學委員會」為分析對象。

一、教育部研究應用情況

　　根據行政院研究發展考核委員會每年出版的《行政院所屬各機關年度研究發展成果年報》資料顯示，由一九七八到二○○二年間，教育部一共進行了一千一百八十四件研究案，平均每年進行四十九件的研究案，其中有具體研究成果的共有一千一百一十九件，達 94.5%。一九九二年後可以說是教育部研究案的黃金期，一九九一年度前，教育部進行的研究案相對較少（見圖 4-2）。由一九九二年至二○○二年間，平均每年進行一百零二件研究案，一九九四年達最高峰，當年度教育部共進行了二百一十九件研究案，最低為一九九一年，未進行任何的研究案。

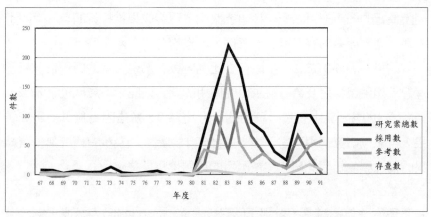

圖 4-2：1978 年至 2002 年教育部研究案應用情況

資料來源：行政院研究發展考核委員會 1978-2002 年出版之《行政院所屬各機關年度研究發展成果年報》。

一九九二（民八十一年度）開始，《研究發展成果年報》的統計區分了不同類型的研究案，包括了「自行研究與共同研究」及「委託研究與合作研究」。一九九二至二〇〇二年間，共進行了一千一百二十一件研究案，在這些研究中，由教育部自行研究或共同研究的只有一百二十七件，而委託或合作研究者有九百九十四件，可見教育部大部分的案子是委由部外的學者或學術機構等協助研究。

一九九四年後研究經費的總數也列入統計，根據研究者整理《行政院所屬各機關年度研究發展成果年報》歷年的統計資料得知，由一九九三至二〇〇二年度間，教育部共投入八十六億九千九百九十二萬元進行研究，平均每年花費近八億七千萬元進行研究，每筆研究案平均的經費數額為八十三萬一千七百三十三元。

行政院研究發展考核委員會對於研究應用的情況要求列表追蹤，根據該會歷年成果年報分析計算得知，教育部由一九七八到二〇〇二年度間所進行的一千一百八十四件研究案中，研究成果被採行的有五百四十六件，列入參考的有五百四十三件，存查的有四十六件[4]（見表 4-1）。

如果由表 4-2 來看，扣除存查比例，教育部研究案的應用情況相當理想，如果將採用及參考視為研究應用的話，則應用率最低也有 83%，最高達 100%。其中有幾年應用的百分比為 0，乃是因為無具體研究結果，自然無研究應用可言，由一九九二年開始，因為少有研究無具體結果的情況發生，因此研究案被應用的比例也趨於穩定。

---

4 筆者所參考的資料為歷年度行政院研究發展考核委員會所出版的《行政院所屬各機關年度研究發展成果年報》，該資料在一九七八年、一九八七年與一九九二年研究案總數與採用情況總數有些許出入，原因不明。筆者的敘述與製表均根據總數而來。所得研究案總數統計是一千一百八十四件，而採用情況的總和則為一千一百三十五件，因研究未完成或未及審查而未列入採用情況計算的案子一九七九年有三件，一九九三年有四件，一九九四年有一件，一九九五年有四件。另一九九九年七月精省，所以一九九九年下半年度的資料併入二〇〇〇年度計算，教育廳也改為中部辦公室併入教育部，教育廳的研究案也改列入教育部，但在一九九九年七月前教育部與教育廳的研究案是分開計算的，所以本表並未包括精省前教育廳的資料，這應該是研究案增加的原因之一。

表 4-1：歷年教育部研究案應用情況統計表

年　度	研究案總數	採用數	參考數	存查數
67	8	4	3	0
68	8	0	5	0
69	3	0	3	0
70	6	3	3	0
71	4	3	1	0
72	3	1	2	0
73	12	3	0	0
74	4	0	0	0
75	2	0	0	0
76	4	0	1	0
77	6	1	0	0
78	1	0	1	0
79	2	0	0	0
80	0	0	0	0
81	75	21	42	6
82	148	102	36	6
83	219	42	173	3
84	182	123	55	0
85	89	67	22	0
86	73	38	35	0
87	39	19	20	0
88	26	16	10	0
89	101	68	24	7
90	100	31	49	17
91	69	4	58	7

資料來源：筆者根據行政院研究發展考核委員會歷年《行政院所屬各機關年度研究
　　　　發展成果年報》（1978-2002 年），自行製表。

表 4-2：教育部研究案應用情況

年度	委託研究件　　數	具體成果件　　數	採用率百分比	參考率百分比	存查率百分比
67	8	7	50	37.5	0
68	8	5	0	62.5	0
69	3	3	0	100	0
70	6	6	50	50	0
71	4	4	75	25	0
72	3	3	33.33	66.67	0
73	12	3	25	0	0
74	4	0	0[5]	0	0
75	2	0	0	0	0
76	4	1	0	25	0
77[6]	6	1	16.67	0	0
78	1	1	0	100	0
79	2	0	0	0	0
80	0	0	----	----	----
81	75	69	28	56	8
82	148	144	68.92	24.32	4.05
83	219	219	19.18	79	1.37
84	182	178	67.58	30.22	0
85	89	89	75.28	24.72	0
86	73	73	52.05	47.95	0
87	39	39	48.72	51.28	0
88	26	26	61.54	38.46	0
89	101	99	67.33	23.76	6.93
90	100	89	31	49	17
91	69	60	5.80	84.06	10.14

資料來源：筆者根據 1978-2002 年度行政院研究發展考核委員會出版之《行政院所屬各機關年度研究發展成果年報》自行製表。

5　三項百分比皆為 0 乃是因該年度具體研究成果為 0。

6　一九八八年度研究案數為六件，具體成果只有一件，該件被採行。

當然對於這些數字的解釋可能也需要保守一些，以免對教育部研究案應用的情況過度樂觀，畢竟所謂的參考，也有程度之分，參考 1% 與 90%，都可算是參考，而「參考的內容為何」（文獻、研究方法、研究發現或研究建議）、「實際應用了哪一些部分」等都可能有不同的定義。而所指「採行」的定義也不明確，是指全盤採行或部分採行？也都需要先明確定義後才能正確調查研究應用的情況。

二、國立教育研究院

設立國立教育研究院的呼聲出現已久，早自一九九六年行政院《教育改革總諮議報告書》（行政院教育改革審議委員會，1996）中就有此建議。不過教育研究院之設立卻命運多舛，除了依立法院之要求需整併教育部相關單位[7]，使得國立教育研究院的發展在先天上就受到限制，籌備已久卻遲未成立。此外，組織定位爭執，也使得相關業務無法完全推動。

依照〈國家教育研究院設置條例草案[8]〉來看，其設立之宗旨乃為：「整合資源、強化基礎、整體、長期性之教育研究，激發人力資源的潛能，提升教育效能，厚植教育發展基礎，提高我國教育研究之國際聲望，特設立國立教育研究院」。草案第三條中對於其業務範圍則有如下的說明：

1. 教育基礎問題、應用性問題與教育政策及制度之研究。
2. 課程教材、學力指標與教育指標、教育測驗與評量工具及其他教育方法之研究發展事項。
3. 教育決策所需之資訊及專業意見之提供事項。
4. 教育人力之研習及培訓事項。

7　國立教育研究院共需整併教育部教育研究委員會、國立編譯館、國立教育資料館、國立教育研究院籌備處、教育部人文及社會科學教育指導委員會及科學教育指導委員會之業務（Http://www.naer.edu.tw/B1-1.htm.）。

8　行政院二〇〇三年十月八日第 2860 次會議通過（Http://www.naer.edu.tw/ B1-1.htm.）。

5. 教育需求評估及教育政策意見之調查事項。

6. 教育資源之開發整合及國家教育資訊系統之建置事項。

7. 教育研究成果之推廣與教育諮詢服務之提供及促進國際學術交流與合作事項。

8. 接受國內外機關（構）、團體、法人委託辦理教育事務。

　　針對教育研究與應用部分，由國立教育研究院設立宗旨與業務說明來看，其定位有幾點值得討論之處。首先國立教育研究院強調的是整體、長期性的教育研究，這些是國科會（見下討論）個別專題研究計畫較難達成的部分，的確需要專責單位加以補足，或由兩個單位共同合作完成。其次，國立教育研究院之設立宗旨與其業務範圍有不一致之處，在宗旨部分比較強調基礎的研究，可是在業務範圍上還強調應用與實務改進工作，包括對決策與實務的影響、教育人力的改進、教育相關資訊之蒐集與建置，與研究成果之推廣傳播。國立教育研究院如果同時要達成理論研究與實務引導兩項功能，則需要仔細考慮不同的人力資源配置規畫。第三，國立教育研究院的組織定位必然影響其所能進行的研究，間接影響能應用的研究成果。如果是教育部的下屬單位，可以成為教育部的智庫，協助教育部進行政策規劃與執行，傳播教育政策，「減少教師對教育改革的抵抗」，不過在政策針貶與革新部分的功能將較弱；如果是獨立研究機構，較能維持中立客觀的角色，只要能夠獲得信賴，也可扮演智庫功能。最後，國立教育研究院所進行的研究與國科會所補助的專案研究如何區隔，也是需要再釐清之處，目前行政院國家科學委員會補助教育相關的基礎研究、應用研究、技術研究等案，與國立教育研究院的研究似有重疊之處，如果以互補來考量，國立教育研究院似可多致力於整體、長期的教育基礎研究與發展工作，特別是具有政策導向的教育問題研究，著重教育研究轉化與應用，以及教育資訊傳播部分（馬信行、許志義、余民寧，1996），特別是國科會較未能關照到的研究應用、轉換與傳播部分，似可成為國立教育研究院的工作重點。

　　檢視目前國立教育研究院研究應用的實況（http://www.naer.edu.

tw/5/01/050308.pdf），其所執行的研究案中，有獨立進行者，有由教育部或國科會委託者，有參與整合型計畫者，且多年期的計畫不少，因為資料有限，對於這些計畫的委審核或委託機制、經費數目、研究報告內容，具體成效，並不十分清楚，惟該單位對於績效考核似十分重視，在評估工作成果時，對自訂目標部分，如能將研究影響或應用情況列入，應能修正研究計畫執行心態與重點。

伍、國家科學委員會教育研究應用情況

一、國家科學委員會的發展與任務

「行政院國家科學委員會」的前身是於一九五九年時設立的「國家長期科學發展委員會」，負責科學發展事宜。一九六七年長科會改組為「國家科學委員會」，一九六九年則擴充改稱為「行政院國家科學委員會」，為政府推動科學技術發展的專責機構。不過國科會的研究發展工作一向以科技發展為重心，歷次的全國科技會議也都以科技為主軸，人文社會研究僅為點綴，直到一九九一年的第四次全國科技會議後，才有改善。

國家科學委員會的任務如下（行政院國家科學委員會，2003）：

1. 推動全國整體科技發展。

2. 支援學術研究。

3. 發展科學工業園區。

由國科會所列的任務來看多以支援「上游」的學術研究工作、推動整體科技發展為主。以二○○三年的統計資料為例，國科會的經費中有63.3%，計兩千兩百一十三億六百萬元，是用在支援學術研究之上（行政院國家科學委員會，2003），至於人文社會科學研究成果的應用與影響力部分國科會並未直接關注。

然而若說國科會不重視研究應用的部分實則並不恰當，因為除了科

學園區的設立外，國科會也致力於產學合作計畫的推動，研發成果運用，以及負責審議、管考評估政府科技計畫等工作。不過這些工作都比較偏向自然、工程、生物等學科，對於人文及社會科學部分研究應用的關注就顯得較少。二〇〇〇年所公布的《中華民國人文社會科學白皮書》中，也發現國科會較關心的是人文社會科學研究的上游情況，對於「下游之應用與創作，基於文化多元、應用普及之考量」推動部分的努力較為不足（行政院國家科學委員會，2000：4）。以教育領域而言，科學教育研究成果的推廣與應用，是少數受國科會重視的領域。

　　國科會除了透過經費補助研究社群之外，還透過培育、延攬與獎勵科技人才、推動科技交流與合作等管道提升國內研究水準。此由研究應用的角度來看，沒有好的研究就不會有好的應用，國科會對研究環境的支持應相當重要。

二、國科會中的教育學門研究

㈠教育學門研究現況

　　教育研究屬人文社會科學研究的一支，我國人文社會科學研究的推動工作早在一九五七年就已開始。根據「中央研究院第二次院士會議建議」，教育部開始研議「學術發展綜合性長期計畫」，一九五九年行政院第五九九次院會通過〈國家長期發展科學計畫綱領〉，於綱領第五條中規定「長期發展科學專款協助之範圍以自然科學、基礎醫學、工程基本科學及人文與社會科學為主」，人文社會科學因而成為國家發展計畫一部分。不過該項綱領也規定人文社會科學經費不得超過總額的 20%（實際上是連這個金額都無法達到），以一九九一至一九九九年度為例，國科會下屬的人文處專題研究計畫預算數只有三年略為超過 10%，其他支處的經費則至少為人文處的兩倍以上[9]（行政院國家科學委員會，

9　科教處例外。不過在研究成果獎勵部分則比例大有提升，人文處占三成。

2000：9），此與其他國家人文社會科學研究經費比例相較，我國尚有許多待趕上之空間（行政院國家科學委員會，2000）。

　　而教育學門在整個人文社會科學學門中，可以算是成長相當快的學門，這可能與師資培育多元化後師資培育中心廣為設立、教育學門的教學與研究人口快速增加有關。因為目前無法取得國科會教育學門統計資料[10]，以人文社會科學的情況代表教育學門又過於籠統，以下的現況說明主要參考楊深坑（1998）對教育學學門所作的評估報告為主。

　　就通過的研究計畫數來說，一九九一年教育學門只有三十二件，到了一九九八年則上升到一百六十五件。國科會教育學門每年投入研究的實際經費並不得而之，但如果以楊深坑（1998）文中的表一及表二反推的話，一九九一年教育學門專題計畫補助經費總額約在一千兩百萬左右，到了一九九八年，教育學門專題研究計畫補助總經費則為六千萬之譜，研究經費的增加快速，不過因為通過的案件數也提高，所以以每一個專題研究計畫能獲得的經費不見得隨著總經費增加而增加。

㈡教育學門研究問題

　　楊深坑（1998）整份檢討報告整理國內教育學門研究的現況，發現有下列值得檢討之處，茲扼要摘述如下：

　　1. 研究的整合不夠，主要的問題包括了：

　　　⑴個別型研究的聯繫問題：多為研究者本著個人興趣所進行的研究，缺乏橫向的聯繫，也無團體的合作，所以**整體研究效果不易彰顯**[11]。

　　　⑵整合型研究整合的問題：「整合型研究」仍需朝「議題的整合」、「評量工具的整合」、「研究資源的整合」努力。

　　　⑶科際整合的研究仍待加強：以單一學科領域研究為主，缺乏跨學科合作。

---

10 目前這項資料不公開。

11 粗體字為本書作者所加。

2. 教育研究整體環境仍有待改善：人力、經費欠缺，使得教育研究工作者在進行研究時尚需顧及教學或行政工作。

3. 缺少明確的教育研究的衡鑑指標：需建立教育學門嚴謹程度之衡鑑指標，以作為學術評審制度準繩。

4. 教育研究的理論與實踐仍待融合：教育研究的成果對於實際教育決策的影響力並不明顯，雖為公家機關贊助研究，但應用情況不佳，研究結果不敵政治考量，研究應更重視實用性的研究，現有的研究所得的成果常是象牙塔中的統計數字，對於實際教育工作並無直接的助益。

5. 教育研究的本土化與國際化仍待加強：目前教育學門的研究內容大多以移植國外理論者居多，本土教育理論體系亟待建立，也需重視國際化的工作，提升國家競爭力。

6. 教育學門獨特的學術造型仍待積極建立：教育學本身有其學術性，是與人有關的學科，也是實踐性極強的學科，但目前教育學門的學術研究成果由一般學術研究的角度來看，仍有進步發展空間，以確立教育學獨特的學術地位。

　　楊深坑對教育學門研究的觀察透露了教育學門研究應用必須面對的兩項重要挑戰：一是學科造型的問題，其次是學科定位的問題。教育學門是個相當龐雜的學門，其中的次領域多各自有其母學科，如心理、行政、哲學、社會、政治、公共衛生等等，彼此之間合作與對話原本就不容易，在求專精的時代，次領域之下又往往再細分，如教育社會學下有關心教育機會均等者、有關心教師文化者，學門之內的區隔可用「巴爾幹化」來形容。本於「專業」所進行的研究成果，應用到教育政策或實務場中難免有見樹不見林的窘境，使得研究結果應用不易。另外一個問題是學科定位的問題，教育學與醫學研究相似，是個理論與實務兼重的學科。醫學研究的成果再卓越，如果對於治病沒有幫助，醫學研究的成果也不會受到太多的肯定，教育學門亦是如此。不過想要兼顧理論與實務，透過研究改進實務並不容易，尤其當我國人文社會科學發展趨勢也

在強調學術水準的提升，將學術研究的績效定義為 SSCI 與 A&HCI 的發表數量時（行政院國家科學委員會，2000），研究應用的部分就很難成為學者的主要考量。雖然楊深坑（1998）認為教育學門研究應用情況不佳或影響力不能發揮，有一部分是因為政治考量之故，不過筆者認為教育研究學者在客觀環境的限制下（學門分化缺乏統整，有學無術，重理論輕實務），無心無力關心研究影響力的發揮應該也是關鍵的因素。

對國科會教育研究應用情況的實徵研究目前從缺，這類研究最大的挑戰在於定義與測量的問題，是未來可努力的研究方向。國科會近年對於教育研究成果的統整與傳播也漸漸注意，例如二〇〇二年所舉辦的「教育學門研究成果發表會」（國科會人文及社會科學發展處，2002）即為一例。而傳播是研究應用的重要步驟，如果這些報告能多就其實務意涵提出建議，對於研究應用應有更積極正面的幫助。

陸、我國教育研究應用情形的反省

筆者在第三章介紹美國教育研究應用情況，本章則說明我國教育研究應用的概況。在蒐集國內資料的過程中，深感國內教育研究與研究應用的相關統計資料獲得不易，部分資料似有出入，資料分類的定義或規準亦不甚明確。如果要改進我國教育研究應用情況，了解現況應是重要的第一步，對重要指標或相關統計資料的整理與研讀為必須之基本功夫，因為資料取得困難，只能就上述資料進行整理。本章最後，則歸納第三、四章的討論，說明我國與美國教育研究應用現況的差異與未來可改進之處。

一、研究知識的來源

我國與美國都有「委託（合約）研究」、「學科發起的研究」、「行動研究」、「政策諮詢委員會」等，在研究知識來源這部分的差異不大。不過美國政策諮詢委員會研究應用功能的發揮似較我國為理想，

部分政策諮詢委員會研究調查的功能較強，政府廣泛應用政策諮詢委員會協助行政與立法機關制定政策，乃為美國行政與決策的重要特徵。部分政策諮詢委員會不但有專門的研究經費，並配有研究助理，邀請跨學科的專家共同研究以提出建議或結論。此外美國的智庫較多，研究之政策導向較強，研究成果對教育政策可以有較大的影響。我國的智庫較少，且似與政黨關係較為密切，中立的智庫較為少見。整體而言，我國教育政策與教育實務研究知識來源的多元性與豐富性上可再加強。

二、研究應用的重視程度

由第三章的介紹可知，美國研究應用的議題早受聯邦政府的重視，雖然政治干擾的因素不斷，不過也成立了幾類轉換與推廣重要教育研究應用的單位或業務機構，諸如教育研究中心，地區性教育實驗室等等，即為明證。相關的研究支援業務，如 ERIC 的設立，各類大型教育次級資料庫的建置，對於研究知識的生產與傳播也有助益。

除了美國政府之外，學界對教育研究影響力的發揮也頗為重視，例如美國教育研究學會（American Educational Research Association）對於教育學門各領域研究成果除不定期回顧整理外，也關心政府與國會的教育政策與教育經費走向等重要問題[12]，並且不定時地利用年會或學會刊物檢討教育研究應用的情況。這點頗為值得我國教育學界參考。

我國對於行政機關研究案的管考也早就重視，不過研究應用情況的分類過於粗略，並不能真實反映研究應用的確實情況。此外對於研究應用有管考、卻無扶植與推廣，也是一項遺憾。目前類似美國教育研究應用的中介機構仍然不多，國立教育研究院的成立或可稍補此缺漏。在市場化的潮流下，原先政府負責的課程研發工作也多轉給出版社負責。政府除了研究經費補助之外，在研究成果的應用與轉換部分（不限於課程），就算不直接涉入，也可以承擔更大的推動責任，以使得教育研究

---

12 例如該學會的研究政策紀要（research policy notes）便討論最近取代 OERI 而成立的 IES 角色（American Educational Research Association, 2003）。

能對教育政策與實務作更大的貢獻。

三、研究應用的專責單位

　　如前所述，不論是就研究應用專責機構的類型與數目，我國都不如美國，國家大小不同，當然不能等量齊觀，不過我國教育研究應用的專責機構或人員，的確有可成長努力的空間。就國立教育研究院的組織與目標觀之，應具有這項功能，未來可致力整合傳播轉換相關教育研究的成果，在推廣上，也不必只限於自身所從事的教育研究。除了國立教育研究院外，國科會對於教育研究結果的轉換與應用，也可發揮鼓勵的角色，提供適當誘因，使教育研究者能更進一步，將研究成果轉換為政策或實務指引，使我國的教育研究，不論是由業務單位或非業務單位來進行，都能儘量發揮研究成果對教育政策與教育實務告知的功能，建構公共教育對話的知識平台。

第三篇

教育研究應用模式與影響因素

第五章

教育研究應用的模式

改變世界的力量乃是蘊藏在深厚的情感而非統計背後，不過必須透過統計引導這個力量，方能使世界朝正確的方向改變（Bulmer, 1982：14）。

做研究做這麼久，我的研究大概只被當局引用過一次，該項研究指出小學二年級到八年級是公民社會化最佳的時機，國會引用我的研究發現作出的結論是這個階段擔任社會科的教師必須是美國人，這是我研究所產生的影響，我無法控制它如何發生影響（一名發展心理學者的告白）。

支持質性研究者可能對上述 Bulmer 的話有些不滿，因為能夠發揮引導力量的研究應不限於量化取向，對於 Bulmer 這段話不應該視為量化與質性研究之爭，而應視為對社會科學研究的重視。熱誠或理念固然是任何改革不可或缺的動力，但不細究事實或因果關係，盲然投入改革工作，卻可能徒勞無功，不但改革的理想不能實現，甚至使教育朝不願見的方向邁進。熱誠還需配合冷靜的分析，才有希望讓世界朝正確的方向改變。

不過 Bulmer 也提醒我們不要對上述經驗主義者的想法過於樂觀，雖然有「統計結果」，可是應用統計結果的方式可能有許多種，應用方式不同，世界改變的方向也會有所不同。經驗主義者認為有資料就能導出決策的看法，乃是對研究結果應用的複雜性缺乏足夠的掌握。為了解研究結果可以怎麼樣被應用，以及在政策制定或實務上又是扮演什麼角色，本章的目的即在分析說明各種教育研究應用的模式。

以教育研究在決策過程中所扮演的角色為例，政策分析的政治化（politicization of policy analysis）讓大眾對研究發現持懷疑的態度，有些研究即使運用了精密的科學方法，但在結論部分卻巧妙地為特定意識型態服務，例如Coleman等人對公、私立學校的研究（Coleman, Kilgore, & Hoffer, 1982），或是Chubb與Moe（1990）的學校效能研究，都曾被懷疑是有特定目的政策研究。更有甚者，部分研究甚至受到政治力量的操弄，用以影響公眾的意見（Cibulka, 1994），研究應用其實具有相當複雜的意義。

筆者整理相關文獻，將研究應用的模式區分為四大類（見表5-1），作為本章中討論的基礎，其中理性模式是研究應用最常被討論的模式，引起的爭議與批評也最多，本章對這些批評將提出詳細的整理[1]。

壹、經驗主義模式

經驗主義模式（empiricist model）認為研究宗旨在於產生正確的資料，並且小心翼翼地加以推論，簡單來說，資料蒐集本身就是研究進行的目的，靠著提供良好的資訊，可以讓政府建立及執行政策。這個模式就是Bulmer（1982）所稱的「權威性事實的研究」，政府統計分析單位的工作即是這類模式的代表，希望透過資料庫的建置、社會調查工作的進行或指標資料的蒐集，以提供施政的依據。

經驗主義模式的研究與政策關係可以圖5-1表示。

奉行經驗主義模式者認為只要獲得好的資料，決策者就會自然而然地產生政策處理問題，也就是「描述帶來處方」（description leads to prescription）。在此思考邏輯之下，研究者的功能就是針對特定社會問題進行資料蒐集的工作，例如對都會區貧窮問題的研究。而只要研究者說明問題的內容與情況，決策者就能擬定政策、改善問題。更有甚者，

---

1 對於理性模式的討論，有一部分曾發表於第四屆教育行政論壇，見王麗雲（1999）。

表 5-1：研究應用模式分類整理

	經驗主義模式	理性模式	表面模式	概念模式
別稱	權威性事實（authoritative fact）	過程模式、直線模式、研究決定模式（research-determined model）決定取向模式（decision-driven model）	政策決定研究臣服模式（policy-determined research subordinate model）自我服務模式（self-serving model）	概念化模式
定義	描述事實即能帶來處方，應用是使用者的權利	本著科學研究的發現採取政策或行動，循直線模式，單一研究即可影響決策	研究只是決定或行動的附庸，不具實質的功能	研究具有實質的影響，但不限於直線式或工具式的應用，還包括了背景資訊的提供、概念上的啟蒙、問題的重新定義或社會知識的提升
出處舉例	Bulmer（1982）	Huberman（1973）；Weiss（1977, 1991a）；Nisbet & Broadfoot（1980）；Reimers & McGinn（1997）	Nisbet & Broadfoot（1980）；Weiss（1991a）；Bulmer（1982）；Nelson et al.（1987）	Weiss（1991a）；Bulmer（1982）；Rich（1981）
次類型		1. 研究發展模式（理論應用模式、知識趨動模式、工程模式）2. 社會互動模式 3. 問題解決模式（工具應用）	政治模式、戰術模式、滲透模式	1. 一般概念模式 2. 啟蒙模式 3. 研究作為社會知識事業的一部分

資料來源：研究者自行整理。

社會研究探討特定問題	→	政策制定者型塑政策處理特定問題

圖 5-1：研究應用的經驗主義模式

資料來源：Bulmer, M. (1982). *The use of social research: Social investigation in public policy-making* (p. 31). London: George Allen & Unwin.

有些持此看法的人甚至認為研究者對於資料都不應多做解釋，資料的解釋權是屬於決策者的，憑著這些資料的提供，就能克服政治人物或行政人員的無知與偏見（Bulmer, 1982）。

Bulmer（1982）認為經驗主義模式在研究者與決策者關係密切的社會中較容易存在，例如英國。在此類社會中，社會學家及政治學家的研究角色往往不如統計學者來得重要，統計學者向決策者說明事實[2]，決策者則自行解釋資料，自然也就不需要社會學家或政治學家多做解釋。

經驗主義模式的問題是只重視學科學者在事實資料蒐集上的能力，忽略了學科學者的解釋能力，降低了社會科學對政策可能具有的知識貢獻，也不重視理論的價值，可以被視為是一種心智的「桶子理論」（bucket theory）。Bulmer（1982）相當反對經驗主義式的研究應用模式，他認為事實是不會證明一切的，事實要能證明什麼，端看事實是為了誰的問題以及為了解決什麼問題而蒐集的。社會科學研究的優點之一就是找問題，並對問題蒐集資料以及加以解釋，呈現問題的脈絡性與複雜性。如果社會研究人員只有資料，沒有問題，亦沒有理論，那就難以稱之為「社會科學研究」人員，只能稱為「社會研究」人員（Bulmer, 1982）[3]。

經驗主義模式的第二個問題是決策者對資料擁有解釋權，並根據其解釋推行政策，但因為決策者本身的限制，很容易造成解釋的「淺碟

---

2 英國有幾個相當著名的統計學會，與政府有密切的互動，如以前的「倫敦學會」（London Society，後改稱皇家統計學會）；其他的研究團體如「費邊社」（Fabian Society）。這些團體因為有公務人員參加，形成與學界與政界互動的自然管道。

化」，形成頭痛醫頭、腳痛醫腳的決策模式，對有效政策的實施造成妨礙。當決策者的道德傾向或意識型態特別強時，資料更容易依決策者的喜好而被解釋，所推行的政策往往根據的不是資料所代表的事實，而是決策者強加在資料上的意義（Bulmer, 1982）。數字（或指標）與數字的解釋在政策制定中常常是兩碼子事，端看決策者要利用這些數據達成哪一些目的（Kingdon, 1995）。社會科學研究者的功能就是提出互相抗衡，或是不同觀點的解釋，擴大我們對資料的認知與詮釋，把看似簡單的問題複雜化，透過資料了解社會現象之間盤根錯節的關係，不至於過度地簡化政策問題與政策行動[4]。

　　經驗主義模式第三個問題是研究知識對政策的貢獻只能在知識界與決策界關係密切的社會體系中彰顯。如果決策者與知識界之間互動的機會很少，研究發現就不容易傳達給決策者了解，類似經驗主義模式的研究應用情況也就不容易發生。

　　英國過去的社會研究是經驗主義模式的代表，Bulmer（1982）評論這種模式的問題，他指出將社會研究定義成資料的蒐集，再利用蒐集而得的資料制定政策，形成英國社會研究政策應用中「有處方，無病因」（too much is prescribed and too little is explained）的現象（Bulmer, 1982: 165）。Pinker對英國社會科學研究應用現況所作的評述或許可以協助我們了解這類研究應用模式的問題：「在英國的社會政策和行政上，我們以事實資料的蒐集開始，卻以道德的說辭結束，缺乏能夠說明全貌的解釋性理論，也不能說明不同問題之間的關連」（引自 Bulmer, 1982:

3　這也是 Bulmer（1982）在其整本書《*The use of social research: Social investigation in public policy-making*》的論證重點之一。Bulmer（1982: 38）有一句話講得很好：「社會科學家是個有問題意識的人，否則他一文不值」（The social scientist is a man with a problem or he is nothing），如果把社會科學研究或教育研究等同於資料的蒐集，而沒有清楚可說服人的問題意識指引資料的蒐集，同時又不能夠對所蒐集的資料提出理論概念與綜合解釋，那只是研究的技匠，也就是Bulmer所稱的「社會研究」，而非「社會科學研究」。

4　如第一章中所提公民社會化研究成果的應用即為一例。

165）。

　　總而言之，對於政策研究來說，所有的政策人員都得在政策的參數下工作，面對資源與時間的壓力，需要能夠決定政策的優先順序，處理不同團體的要求。如果在撥給研究經費時，只是以經驗模式取向蒐集資料，可是不能夠透過政策或方案評鑑的方式累積政策知識與智慧，作為未來施政的參考，對於有限的資源來說便是一種浪費。應用研究和經驗主義式的資訊蒐集不同之處就在於前者可以告訴決策者方案的效果並且估計未來的影響，也可以進行假設考驗，預測未來的結果。這類資訊的分析不但可以建立政策的知識基礎，也能使公共的討論更加理性。研究是不可能取代決策者作決定的，可是有這些資訊，公共討論的基礎會更加厚實，決策也會更理性（Fitzsimmons, 1979）。

貳、理性模式

一、理性模式的內涵

　　「理性模式」（rational model）、「過程模式」（process model）或是「直線模式」是探討教育研究知識如何產生效果、影響決定、促成變遷的傳統模式，行動或決策則是本著研究發現或科學知識而行。其中又包括了研究發展模式、社會互動模式以及問題解決模式，代表一般大眾對教育研究與教育變遷之間關係的期望。

㈠研究發展模式

　　「研究發展模式」（research and development model, R & D），又稱「理論應用模式」（theory-into-practice model）、「知識驅動模式」（knowledge-driven model）或「工程模式」（engineering model）（Bulmer, 1982），是源於工業界或自然科學界的一種歷程模式，主要的過程包括了進行基礎科學探究、選擇特定問題調查、蒐集操作性及計畫

性資料、發明解決問題的答案、擬定計畫或方案以供使用、對解答與方案進行評鑑或考驗。這種模式的特色是由基礎研究而應用研究而發展而評鑑，以邏輯進展的順序，說明改變發生的過程（Huberman, 1973: 14-70; Weiss, 1991a: 173-174）。以美國為例，大型的國家研究機構或是實驗室，就是扮演研究發展模式中的火車頭角色。這種模式所展現出來的影響關係類似刺激反應的聯結：由一個新知識帶動新發明，新發明再帶動應用。另一個這種模式所透露出來的關係，是一個因果或是中央─邊陲模式的擴散關係（center-periphery model of diffusion）──由某個中心負責研究發展，再將成果向外傳播，促成應用（Nisbet & Broadfoot, 1980）。

Huberman（1973: 70）歸納這項模式的特徵如下：

1. 抱持理性的革新觀：這個模式的假設是一連串理性的活動，由研究而發展而包裝而傳播，是一個合乎邏輯順序的變遷過程。

2. 以大範圍的改變為主：研究發展模式是計畫性且勞力分工精密的，將知識分類（如理論的知識、應用的知識、操作的知識），由研究社群（研究）、到生產組織（發展）、到實務人員（傳播）、再到顧客（使用），一路銜接下來。

3. 對象明顯：研發的產品，必然是要被某些顧客所採用，這些顧客多是被動的接受。經過科學評鑑仔細地評估，研發者相信，只要時間、方法、管道配合得當，產品必然會被顧客所接受。

4. 昂貴研發費用：研究發展模式中的發展費用是十分昂貴的，而之所以願意投諸這麼多錢在研發費用上，是因為預估所投入的經費長期下來必然能回收，而且影響廣大。

5. 理論與實務之間關係密切：比方說由生物科學的進展帶動醫學的進步，或是由物理的發現牽動機械的進展，其基本的預設是理論與實務之間關係密切。

6. 以知識的研發者為主：研究人員是革新的開始，他決定什麼東西是顧客所需要的。

美國政策研究專家 Weiss 認為研究發展模式可能比較適用於自然科學，但未必適用於社會科學。在政策制定上，很少決策是遵循研究發展模式所描述的歷程，規畫詳細、協調完善（Weiss, 1991a: 174）。Huberman 則認為大部分的研究，都是在大學中由個人獨力完成的，要不就是以理論為導向，或是缺乏跨科技的合作、經費不足、缺乏素養足夠的人力。至於研究、發展與「行銷」之間的銜接更弱（Huberman, 1973: 71）。研究發展模式因而在教育決策或實務中較為少見。

　　研究發展模式也低估了傳播與採用階段對研究應用的重要性，過度樂觀地認為研發人員能掌握顧客的需要，而實務人員也會對研發結果表示興趣，積極採用。事實上，有一專責的機構來負責宣導服務，對於產品的被接受有很大的幫助。Marsh 曾經比較美國兩套新課程被接受的速度，他發現物理課程的傳播速度很慢，因為整個課程的革新都是以研發者為主，忽略了傳播過程的設計。另外一套數學與科學課程是由美國國家科學基金會所設計的，對於傳播的部分有很完善的規畫，包括教學指引的提供、在職訓練的服務等，教師們在使用這套課程中受到很多的幫助，也使得產品研發被應用的情況較為良好（Huberman, 1973: 71）。

㈡社會互動模式

　　另外一種在鄉村社會學中常用的模式，與農業改革發展有關，稱為「社會互動模式」（social interaction model），例如某地的農民聽說了一種新的工具或是方法後，進行評估，再決定採用或置之不理。在教育領域中，可能是某個學校聽到了一個不錯的方案，這個學校可能正主動地想為某個問題尋找解決的方案，也有可能處於被動狀態，並無任何革新的意圖或計畫，但是對這消息表示興趣，並進一步蒐集資料，接著評估考慮這項新事物是否能為己所用（這個部分的關鍵問題是學校老師是否有權決定採用新的產品，如果權限不及的話，也僅能止於感興趣的階段）。評估通過之後可能先行試用，進行小範圍的嘗試，以判斷其實用性，最後再決定是否採用（Huberman, 1973: 16, 75-76; Weiss, 1991a:

176-177）。這個模式有兩項特徵：

1. 重視傳布的過程：藉由資訊在個人與組織間的傳遞，而促成變遷。研究與應用間並無直接的關連，也無明顯的主導者，所以不是一種直線的過程，而是一個來來往往，複雜連結的過程。

2. 重視傳媒：因為變遷的發生仰賴資訊的傳遞，所以與資訊傳遞有關的傳媒就變得格外重要了，藉由傳媒，方能引起實務人員的注意，進而採用新知。傳媒可以是人，也可以是媒體，重要的傳媒包括了人際關係網路、團體的領導者、大眾傳播工具等。在鄉村社會學與醫學的研究中發現，新資訊的傳播以大眾傳播媒體最有效力，但是否決定採用，往往是朋友、同事、意見領袖、參照團體、專業團體，或是先前試用者的影響最大（Huberman, 1973: 76），這點對於研究的應用有很大的啟示：如果研發的結果希望能廣為接受，就必須注意團體中的墊腳石，因為他們往往是方案能否被採行的關鍵因素（Huberman, 1973: 77）。

對於重視傳播的理性模式研究學者來說，研究應用就是使用現成的結論（utilization as using precooked conclusion），研究應用就是說服（utilization as persuasion）（Reimers & McGinn, 1997），如何能擴大研究被應用的機會，關鍵在於研究者能不能將研究發現所得的結論，以不同的方法吸引決策者的注意，以便將研究結果轉換為政策。所以在完成知識的生產後，傳播或說服（dissemination or persuasion）的功夫就特別重要，教育研究不能影響政策決定的原因可能源於缺乏有效率的傳播，因此探討研究傳播障的障礙就變成重要的課題，可能的傳播障礙原因包括訊息太長、使用不當的術語、使用過於複雜的分析、傳播的頻率與技術等等。此外，提供正確有用的研究資料也是促進研究的重要關鍵，Reimers 與 McGinn（1997）分析決策者如何蒐集資料作成決定時，便指出確實的資料是決策者應用研究成果的第一步，以決策者的觀點來看，關心的是資訊本身合不合用，能不能達成其所預期的目標，如果無法達成目標，或者研究本身方法或技術有問題，被應用的機會就較少。由此

觀之，教育研究是很不容易被應用的，因為教育研究和其他領域的研究比起來，科學性較低，也很容易受到決策者的挑剔，決策者不難找到理由拒絕接受教育研究發現所得的結論。

㈢問題解決模式

第三種模式稱為問題解決模式，亦可稱為工具性應用（instrumental uses）或決定導向模式（decision-driven model），其改革的動力不是因為新發明所促成，而是因為組織機構內部出現了問題（Huberman, 1973: 79）（見圖 5-2），通常先是組織內部發覺有問題需要解決、向外求助（外部專家或專業知識），再蒐集資訊後，作成決定，促成改變，固化新的行為。

上述過程有兩個很重要的部分，首先是對於成員的再教育，例如使成員察覺到組織中效率低落與功能不彰的問題；第二部分則是教育，增加團體或個人的新技能、知識、態度或措施。在問題解決模式中，教育研究可以經由兩種途徑協助問題的解決：一種是實務人員碰到問題，對外蒐集資料，其中包括了研究人員的過去研究發現，準此，教育研究如果要能為決策者所用，溝通管道的效能很重要，確保決策者能看（聽）得到、看（聽）得懂以及看（聽）得完研究發現，而且不費什麼力氣，就能掌握研究發現對政策制定的啟示。另外一種教育研究可以協助問題解決的方式是決策者或實務工作者針對某項問題，委託專案研究，希望專案研究的發現能填補決策者知識的空缺，以作成決定。研究人員在問題解決模式中所扮演的角色是選擇適當的方法，以達成案主的目標，社會研究的功能則是提供資訊（Weiss, 1991a: 174-176）。

圖 5-2：研究應用的決定導向模式（Weiss, 1977:12）

　　Bulmer（1982）所稱的「工程模式」、「策略性研究」或「方案研究」與此處所提的問題解決模式異曲同工，只是Bulmer的討論比較集中在政策領域。依其定義（Bulmer, 1982: 158），策略性研究是為了解決政策制定者所面臨的一些實用性、操作性的問題，研究時通常有一個分析架構，對於現象背後的因果關係也感興趣，不僅僅是為蒐集資料而蒐集資料。至於方案研究則是對因果關係最嚴格的應用分析，希望能達成科學控制目的，也是應用研究中最接近硬科學者，而其目的則在提供知識或進行監督[5]。

　　社會科學提供證據與結論，以協助解決政策的問題（如圖5-3），研究者與決策者之間的關係，是植基於顧客—契約者（customer/contractor）的基礎，顧客大抵上決定了研究的目的與範圍，研究人員則提供技術服務。

　　問題解決模式的特徵如下（Huberman, 1973: 78-79; Weiss, 1977, 1991a: 174-176）：

1. 以實務人員為出發點：改變的起點是因為實務人員覺得有此需要，尋求解決問題的答案。

2. 案主目標的一致性：這項模式假設案主對於問題未必有清楚的認

圖5-3：研究與應用的工程模式（Bulmer, 1982: 43）

5　方案研究的特徵如下：

　(1)是應用社會研究中，最具有嚴謹研究設計的類型，根據實驗邏輯或是準實驗設計邏輯而設立。

　(2)設計的目的是希望了解自變項對依變項的影響，控制影響被觀察的情境。

　(3)研究設計的功能是為了觀察、測量、報導政策干預所引起的實際變化。

識，可是對於社會環境的理想狀況卻有一致的看法（所以才會共同知覺到問題的存在，進而尋求協助），所欲達成的目標是相同的，所缺的只是達成目標的知識或技能。

3. 診斷先於提供答案：因為是以使用者為主，所以首先了解真正的問題，再研擬對策，與前面兩種模式先有方案，再尋找使用者的方式不同。

4. 以問題解決為導向：實務人員有明確的需要，而研究知識的用途即在滿足這項需要，解決其問題。

5. 往往有外部專家的協助：外部專家的角色是提供可能的解決方案與實施策略，不過整個過程仍是以案主為核心，外部專家的角色是合作而非主導。

表 5-2 整理歸納這三種研究應用理性模式過程上的差異，而表 5-3 則說明三種研究的特徵。這三類型所描述的研究與變遷的關係並不相同，在革新的發起者部分，研究發展模式強調「研發者」（developer）；社會互動模式強調「溝通者」（communicator）；問題解決模式強調「接受者」（receiver）。如果以規畫的程度來看，社會互動模式較為自然，改變的產生主要依賴資訊的傳布以及實務人員的自覺，而研究發展模式較為嚴謹，在研發者的主導下，規畫改變的過程。在關心的焦點上，研究發展模式是以研究人員的活動為中心，社會互動模式則關心使用者，問題解決模式則注意外部專家與案主之間的互動關係。在傳播策略方面，研究發展模式是單向的（由研發者到實務人員）；問題解決模式是雙向的（外部專家與案主），而社會互動模式則是多途並進的（利用不同的傳媒）（Huberman, 1973: 64-65）。

這三種模式都是屬於教育研究應用的理性模式，Huberman（1973: 17）認為在實際的變遷過程中，三者可能並行，其共同特色是強調理論世界與實務世界有交集之處，專家與專業媒體扮演了中介觸媒的角色（如研究發展模式中的研發人員、社會互動模式中的傳媒，或是問題解決模式中的外部專家），教育研究可以提供客觀的知識，作為教育決策

表 5-2：教育研究應用的三種理性模式流程比較（Huberman, 1973: 64）

研究發展模式	社會互動模式	問題解決模式
1. 發明或發現新的事務 2. 發展 3. 生產與包裝 4. 傳布 5. 評鑑試用的結果，決定是否滿意	1. 知覺一項革新 2. 引發興趣 3. 嘗試 4. 採行並長久使用	1. 將需要轉換成為問題 2. 診斷問題 3. 尋找與蒐集資訊 4. 採用革新

資料來源：Huberman, M., (1973). *Understanding change in education* (p. 64). Paris: Unesco.

表 5-3：教育研究應用的三種理性模式特徵比較

比較點 ＼ 模式	研究發展模式	社會互動模式	問題解決模式
革新的發起者	研發人員	溝通者	使用者（案主）
研究應用的規畫	嚴謹	自然	介於嚴謹與自然間
主要焦點	研究人員	使用者	外部專家與使用者
傳播策略	單向	多途並進	雙向

資料來源：研究者自行整理。

的依據，改進決策的品質。

二、理性模式的缺失

　　理性模式是否真能說明教育研究和教育決策之間的關係呢？學界提出不少的質疑，實徵研究的結果也發現工程或理性模式的解釋力量並不如預期中的強（Landry, Lamari & Amara, 2003）。研究者將理性模式研究應用觀點的問題整理為五部分：一是屬於教育研究特質，另一與政策本質有關，第三部分由教育實務的角度討論，第四部分由組織觀點進行分析，第五部分則從應用者的角度進行檢視。

(一)教育研究的問題

1.教育研究方法上的爭議

教育研究是應用社會研究的一支，本身也面對應用社會研究所面臨方法論上的問題，影響到教育研究發現的權威性，自然也影響到政策制定者對教育研究發現應用的興趣。教育研究方法上的進展，原本被期望能帶來更客觀正確的知識，供決策者參考，問題是方法上的論辯與進展，往往非一蹴可幾，在發展與辯論的過程中，經常只給旁觀者眼花撩亂的印象，再加上研究方法的日新月異，更使得研究報告難以令人理解，形成 Cohen 與 Garet（1991: 130-133）所描述：「以科學標準而言，教育研究是有進步；以政治標準而言，專家所提供的答案不見得多有權威性；以大眾的標準而言，專家所提供的則是謎樣的答案」之情況。如此一來，決策者對於研究的發現自然興趣缺缺，大眾對研究發現，也持保留的態度（Weiss, 1991a: 180）。

2.研究焦點的轉變

教育研究與其他應用研究一樣，在研究的過程中，往往會有主題或焦點轉變的情況發生，例如美國對補償教育所進行的研究，由探索學校效能轉至對評量工具客觀性的質疑，再演變成對學校課程分歧性與實用性的討論，進而懷疑高成就與高工作表現之間的關連（Cohen & Garet, 1991: 132）。又如美國一九六〇年代 Coleman 所進行的研究為例，原先研究的焦點是學校教育的效果，研究結果公布後在學界引起許多的討論，研究焦點也轉成公、私立學校的論辯，以及對測量方式的論辯，研究的問題在此過程中改變了，研究的方法也有所不同。如果要回答這些研究成果對於改進教育有何貢獻，答案可能不令人滿意，但這些探討焦點的轉變對於研究的發展卻是必要且自然的。Cohen 與 Garet（1991）認為我們不能夠以工具性的角度來看待研究，研究的貢獻就是提供證據讓政治生活更加理性，只要能夠影響政策背後的廣泛假設和信念，就可算是研究應用，不一定非要影響特別的決定不可。只不過對大眾來說，學

術進展宛如學術流行的伸展舞台，造成大眾對學術研究持輕視的態度，認為教育研究與服飾流行一樣，不見得有什麼理性基礎可言。

3.教育研究知識的有限性

第三項教育研究的特徵，是教育研究並未生產出多少獨特的知識。Lindblom 和 Cohen（1979: 1-29）對專家所生產知識的獨特性，提出相當尖銳的質疑。他們指出，日常知識（ordinary knowledge）或因果分析（causal analysis）對問題的解決，往往比專業研究的結果要重要[6]，而日常知識是人們的資產，也是我們在日常生活中用的最多的知識。固然日常知識的品質有好有壞，可是與專家的知識相較，有些見多識廣的行政人員、商業人士、或壓力團體領袖等所具有的日常知識不見得比專家知識差。即使專家知識有時可以指陳部分日常知識的謬誤，可是大部分的時候，專家知識與日常知識並無多大不同，許多專家所產生的「新知」，與大眾的日常知識一樣，都是經由思辯與因果驗證所得到的知識，就算是量化研究也脫離不了這些思考的工具。真正由社會科學研究所生產的知識，在整個知識領域中，不過是滄海一粟，專家知識的角色，頂多是在補充日常知識罷了。真正是專業社會研究專屬的方法並不多，所分析的議題也不外是日常知識的命題，它的貢獻與其說是生產了新的知識，倒不如說是修飾了日常知識。

Lindblom 和 Cohen 對社會科學研究在知識生產貢獻所作的評論，無疑是殘酷的，但是這也正說明社會科學「知識」建立的困難、日常知識的重要，以及專家知識的有限性。準此，教育行政人員或政策制定者與實務人員如果只仰賴專家知識作決定，拒絕了常識性的判斷，或是否定長期累積的觀察與經驗，反而是一種危險。

4.教育研究的無關性

另外一個阻礙教育政策應用教育研究知識的重要因素是教育研究往

6　甚至像達爾文的進化論般的自然科學研究，也不是使用什麼昂貴精密的儀器（達爾文連顯微鏡都沒有）而發現的。許多知識早在專家學者研究之前就已經產生，專家學者其實並沒有生產什麼知識。

往與政策制定無關。大眾經常批評政策制定者不依賴權威性的資訊作決定，反而倚仗個人印象、直覺與信仰作決定。問題是，除此以外，決策者所能仰賴的權威資訊也不多。以現況而言，研究大多是由大學教授所進行，可是大學教授所做的研究，大都是他們自己感興趣的主題，而不是決策者想探討的問題；研究的進行，也多配合大學教授的時間表，而不是政策決策者的需要。上述研究的無關性，是研究結果難為決策者所用的一項重要因素（Cohen & Garet, 1991: 127）。

從另外一個角度來看，正因為並非所有的教育研究都以實務的改進為目標，所以教育研究和政策或實務無關，理應不是一件該被責難的事，有些研究以評鑑為目的，有些研究以資訊的提供為目的，有些研究旨在檢討政策的爭議，並不是所有的研究都以發展出可用於教室或學校中的產品（教學方法、課程）為目的（Atkinson & Jackson, 1992），只是這種情況不免令希望由研究中獲得答案的決策者或實務人員失望。

5.研究的片面性

研究很少是全面性的（comprehensive），也很少有單一研究能夠提供決策者結論性（conclusive）的建議，特別是好的研究因為研究範圍的限制，常常只能夠回答部分的問題，也就不能針對決策者所關心的問題提供正確完整的答案（Bulmer, 1982）。例如一個研究可能認為小班小校確實能夠增加學生學習成效，可是對於決策者來說，因為在經費與資源的限制下，可能無法成為一個可用的解答，更遑論成為政策行動。小班小校的研究可能回答了教學成效上的問題，可是沒有辦法回答實施上的問題。研究因為缺乏全面性，只從單一學科的角度切入（如心理層面、社會層面），常常只能作為參考，不能期望劍及履及，將研究結果直接應用到政策上（Weiss, 1988）。

6.對研究的功能過度樂觀

對研究功能的過度樂觀也是對變革過程的過度樂觀。如果按照理性模式的信念來看，研究不能夠發揮影響力進而改進教育實務，一定是因為研究做得不好，選錯了問題、用錯方法，或是找錯答案。然而，影響

教育研究功能發揮的因素很多，例如假設老師們認為研究是「學界的事」，或是眷戀傳統的作法、抵抗任何改變，研究做得再好，實務上面的策略再明確，也不可能會發揮功效。同樣的，支持研究應用的基礎架構，如人力和經費，如果不夠健全，研究也不會產生多少影響（Atkinson & Jackson, 1992）。

㈡教育政策的本質

認為更多的教育研究必然會導致教育的改進，就跟認為有更多的律師，必然會促進更為正義的社會一樣，是個過度樂觀的想法。事實證明，教育研究發現，不是唯一影響教育政策制定的因素，甚至是一個無足輕重的因素（Rule, 1978: 7）。往往是其他的原因，主導教育政策的制定。究竟教育政策的哪些特質，導致教育研究的結果很難對其發生影響呢？

1.利益與權力衝突

教育政策上所要解決的問題，有些本身並不見得是問題，只是一種利益或權力上的衝突。只因為某些社會事實的存在，不符合特定團體的利益，所以將之界定為問題，然後根據研究（或者也不需要什麼研究），開出藥方，將之解決。決策之形成，固然有時候是社會力的作用，可是主政者的影響力也不容小覷。決策者本身具有裁量權（areas of discretion），可以決定什麼是問題，什麼是該蒐集的資料，或是該研究的議題（Nisbet & Broadfoot, 1980）。例子之一是在我國高等教育擴張中，有很長的一段時間執政者與個人的利益產生衝突，前者唯恐過多的大學畢業生會造成高學歷、高失業率的問題，影響到統治者的權威與政治的穩定性，重演大陸失控的歷史，所以刻意控制高等教育的成長，轉而擴張技職教育。這派的政策主張，把高等教育的擴張，看成是教育問題（品質低落）與經濟問題（教育需配合國家經濟發展），自有其一套完整的說辭與理由，也有部分的證據，支持其高等教育的緊縮政策。例如高等教育成長必須「配合」國家經濟發展，作謹慎的規畫（Wang, 1998: 43-46）。但是在解嚴之後，政府的威權減弱，必須爭取選票以維

持其政權的合法性，主張廣設高中、大學一時間蔚為風尚，高等教育的機會不足，反而成為教育問題，認為高教緊縮政策影響人民受教的機會，也造成社會上高級人才的缺乏，影響到新發明、新工作的產生，「有害」經濟發展（Wang, 1998: 130-139）。這種受國家利益（執政者利益）引導的政策，所需要的不是客觀的研究證據，而是能支持其政策的證據（王麗雲，2000），教育研究真的成為「工具」，只不過不是制定合理政策的工具，而是政策合法化的工具（Cohen & Garet, 1991: 137）。

2.價值歧異

在政策領域，不能避開價值判斷的問題，有關價值的問題是無法完全用實證研究解決的，就跟探討「選擇香草冰淇淋而非巧克力冰淇淋的理性基礎」一樣，有時會是荒謬的討論。硬要對政策制定的價值面向，要求理性解釋或強加理性的基礎，往往是一種無謂的舉動，倒不如把時間用在了解價值選擇的後果如何、又會產生哪些正面或負面的影響（Rule, 1978: 7-8）。例如，我國高等教育應走菁英主義的路線或是大眾教育的路線？在考慮入學方案時，應追求入學管道的公平或是入學管道的多元？這些政策上的爭論都是見仁見智的問題，也都可以有一套說辭（甚至證據）來辯護各方的立場，指出另外一種立場的問題。上述價值爭議，不見得是實證研究能夠解決的，教育研究在這方面對決策的影響也有限。

3.問題或目標的歧異

另外一個重要的問題與問題解決模式有關，我們假設大眾對於所要解決的問題都有共識，社會科學的工作就是對這些問題的解決提供技術性的服務。不過對問題的認知，事實上常常存在嚴重的歧異，如果連問題的認知都不能夠達成共識，研究是不太能夠起什麼作用（Weiss, 1991a）。

4.政策的複雜面向

另外一種對政策與研究兩者關係錯誤的印象是認為教育研究的任務

是提供正確的資訊，供決策者在不同的方案中比較優劣，進而作出最佳的決定。工程模式即是一例。這種看法的問題是把決定與政策兩者混淆了。社會政策不光是由眾多決定所串成的，它還具有另外兩種形貌：一方面它是一套知識與信仰系統，代表人們對社會問題的成因、社會運作的假設，以及適當解答的看法（例如人們是因為缺乏正確的態度與謀生的技能，所以造成貧窮、犯罪與失業，如果學校能夠教導這些態度與技能，就能減少這些問題的產生），這套知識與信仰系統並非無研究證據支持（例如教育成就與職業成就兩者間有高相關，收入高低與犯罪率間有高相關性），不過當這些個別的證據被放在一起賦與意義，加上社會目的，混雜其他的假設或概念，以及政治判斷，就不是一個實證的問題了。另一方面政策也是在一個共同主題（如終生學習）下所發展出來的一組公共行動（回流教育、學習護照、學習型組織……）。準此，很難有單一的研究能影響全面的政策。Cohen 和 Garet（1991: 124-126）也因此把政策與研究之間的關聯稱為無規範的（undisciplined）。很多問題並沒有清楚的定義，決策者也無法清楚安排他的偏好，決策像是一個垃圾桶，最後產生什麼政策，常常要看桶子裡有什麼。

5.政策決定權的模糊

在一項對各階層決策者所作的訪談中發現（Weiss, 1991b），許多實際上看來握有大權的決策者，都不認為自己有什麼決策權，他們認為真正重大的決定，是在別處作成的。他們只是在幹活，不是在作決定（doing their job rather than making discrete decisions）。以 Weiss（1991b）對美國的研究發現來說，受訪的決策者很難能夠清楚的說出自己受到哪一些研究結果的影響，其理由除了研究品質不好，研究語言難懂等等之外，另外一個重要的原因是政策通常都不是一個人決定的，而是多個單位決定的，美國三級政府對於決策都可能會有影響力，民主政治也使得決策的決定權威分散化（the fragmentation of authority for decision），造成少有人認為自己是主要的決策者，這正是政策制定的多中心主義（polycentrism）的看法。過去認為政策是在單一的機構決定

的，所以只關心該組織的特徵，事實上決策是由很多的因素決定的，所以應該採取一個互動反省的模式，因為影響決策的來源事實上是不確定的（引自 Nisbet & Broadfoot, 1980）。Weiss 也舉了一個例子，說明決策權分散的情況（Weiss, 1991b: 191）：要移動兩個電線桿，一共要「透過十五個單位一百個人作一萬個決定，就環境的社會、道德、經濟等面向進行分析與評估，修正目的九千次，更改目的一千次，如果要問負責的決策者是誰，能夠被想起來的可能不到半打，其他人則是不值一提，想當然爾地做自己的事」。有時候理性的觀點可能無法說明決策的歷程，因為決策常常是由不同辦公室中很多小行動所串連起來的後果，在行動的當時各個辦公室不覺得這是一項政策決定，回顧時才發現這一系列的行動已經構成了決策，整個過程不涉及系統性的理性計算。在這種決策過程中，研究發現能夠切入影響的地方就不多了。

另外一種決策者不認為自己有權作決定的原因，可能與組織決定之間的協調有關，某些行政單位雖然有意識地作了一項決策，這項決策所欲達成的效果卻可能被政府另外一個單位或同一單位的未預期結果所抵消，例如教育單位可能希望達成課程統整，可是其他政府單位，如內政部或警察局，可能要求學校配合另外舉辦人口教育或犯罪防治宣導，造成老師必須把這些課程獨立成活動，反而與課程統整背道而馳。

要言之，研究的工具應用或直線應用是忽略了決策的達成，往往沒有：(1)認可的責任；(2)時間或事件的界線；(3)目的性；(4)計算；(5)表面的重要性。

上述的情況應該不是意外，政策的決策過程往往有多元社群（pluralistic community）參與，而不僅是由單一的行動者所決定的。這些人各自有不同的觀點與考量，問題的答案自然也不會只有一個。所以過去的想法：「找出主要的決策人員，讓他們參與計畫與評鑑，確定評鑑處理了他們所關心的關鍵性問題」、「只要研究決策者有能力操弄變項，找些溝通研究的成果，親自和他們談話，寫報告時要寫短些、清楚些、容易些，建議要明確些」、「確保你的建議是組織範圍之內可行

的，寫報告要寫得讓他們覺得舒服具有親和力」等建議，事實上仍無法達成透過研究改進政策的目的（Weiss, 1988: 6）。上述的理想作法，只有在小型方案中有可能奏效，但是在一般或大型的政策決策中，決策歷程往往是個政治歷程，有眾多的參與者，各自有其影響力，事實上研究所能發揮的功效是很有限的。往往決策過程中所需要的是「能夠幫助磋商的資訊，而不是指出正確答案的證據」（Weiss, 1988: 7）。Bulmer（1982）也認為工程模式以理性的觀點來看待決策歷程是不正確的，如果政策制定的過程是混亂、沒有結論，充斥著交互磋商以及不確定的結果，如何能期望資訊的結果能夠順利的引動政策呢？

　　總而言之，如果這些各階層教育行政機關的決策者，都不認為自己能作什麼重大決定的話，當然談不上「徵求專家學者意見，以作出合理的決策」，教育研究自然對教育政策制定無法產生影響，「決定權不在我」，對於行政人員而言，知道專家學者的意見又如何呢？熟悉教育理論或教育研究新知又能做什麼呢？造成決策者這種反應的原因有許多，一方面決策的責任本來就是分散在政府許多單位中，所以沒有哪一個個人或單位覺得自己有主要的決定權；其次，作決策的權威不光是橫向地分散，也縱向地分布在各級政府之中；最後，決策有時是由許多漸進的、模糊的步驟累積而成，很難明確指出決策的發生。政策決定權的模糊，造成教育研究的結果鮮少對教育政策有明確的影響。

6.政策影響的有限性

　　許多教育改革或是教育方案的實施，對於教育政策制定者、立法者，或是倡導該方案的研究者而言，都像是破天荒的盛事，但是對於基層的教育工作者而言，只是在其例行公事之外，再加一樁工作，並未引起劇烈的變化，在評估方案成效時，自然而然會覺得改革或方案沒什麼效果，進而認為專家學者所提供的知識不過爾爾。這是因為改革方案影響的有限性使然，即使是驚天動地的教育改革，對基層的教育人員而言，也不過如石沉大海，頂多激起小片漣漪，產生不了太大的變化（Cohen & Garet, 1991: 128-130）。

理性模式所描述的教育研究與教育政策關係，應該是一個較為理想化的關係，理性模式要能真正發生，必須要有眾多條件同時配合方能達成，所以是不太容易同時出現的情況。例如要有一個清楚的問題，有作決定時所需要的資訊，有一組決策者的確能為資訊作出決定等等，也就難怪只有在比較低層次的政策問題上，才可能看到這類的研究應用模式（Weiss, 1991a）。更多的情況下，往往「不是所有的問題都是個清楚界定的議題，也沒有一組權威的決策者會面商討，相關的意見也未羅列，優缺點亦未進行評估，當然就沒有作成什麼明確的決定」（Weiss, 1991b: 183）。不論是就教育研究或是教育政策的角度來看，教育學者所生產的知識，對合理教育政策的制定，似乎起不了什麼實質的作用（如果教育學者都同意「當橡皮圖章」不算是個功用的話），教育研究應用理性模式中所指的研究知識與教育變遷的關係，與教育研究應用實況相去甚遠。

(三)組織層面的因素

1.組織間的模仿

　　組織之間競爭的壓力有時會讓研究發現沒有影響的空間。組織之間因為競爭的壓力不得不以模仿為目的（如不同縣市相繼推行英語教學或幼兒教育券），政策本身的理性基礎與支持證據強弱已經不是考量的重點，會不會被比下去才是重點，在這種情況下，研究發現告訴我們什麼自然不重要（Weiss, 1988），跟得上潮流或搬得上檯面才是重點。

2.組織人員的素質

　　組織能作什麼決策，也要看組織成員的素質，組織僱用了那一些人決定了組織能做什麼？不能做什麼？成員行事多半根據自己現有的知識內涵下判斷，如果成員的知識內涵有限，對於研究發現的了解與接納程度也會受限，期望他們應用研究成果作成決策自然是有困難的。所以Weiss 認為如果研究的結果要能影響決策的話，就要想辦法讓研究的結果變成組織行動者視為理所當然的假設（Weiss, 1988: 8）。

3.組織對資訊需求判斷的能力

Weiss（1988）指出，組織也並不都能夠判斷自己需要哪一些資訊。就算是有單一的決策者，有清楚的決策流程，可是因為組織本身對資訊需求的判斷能力不足，也將導致組織無法找到決策所需要的資訊。換句話說，對於不會問問題，或是不知道問題在哪裡的組織來說，就算有好的研究發現可供參考，仍然沒有辦法應用。

4.組織的興趣

組織一般都不會也不願意改變，當然對於應用研究結果改變組織的興趣不大，所以組織所獲得的研究的成果（如評鑑研究的結果）常常會是其他組織在使用（Weiss, 1988）。

㈣對研究應用者不當的假設

理性模式認為由研究改進實務是一個合理的模式，不過該模式將研究成果的潛在接收者（實務工作者或決策者等）看成是白紙或空瓶子，被動地被加以填塞，忽略了實務工作者或決策者對研究發現的解釋需求與選擇能力。部分學者認為這種研究應用模式對研究的潛在應用者有不當的假設，比較好的模式，應該是由研究者與實務工作者協同研究，發現問題，尋找解答，改進現有的實務措施較為恰當（Atkinson & Jackson, 1992）。將研究者與潛在的應用者孤立割離，或是使研究者遠離其所要服務的對象，並無法增加研究發現被應用的機會。Reimers 與 McGinn（1997）提出了「研究應用即磋商」與「研究應用即知識建構」兩種觀點，即在強調研究者或規畫者必須肯定研究使用者或服務對象的知識，將其納入研究過程中，才能增加研究應用的機會。

1.研究應用即為蹉商

Reimers 與 McGinn（1997）認為研究應用是一種磋商的過程，在其中不光只有專家的知識參與，還應納入決策者與實務者的知識，例如他們對不同目標的喜好程度等，決策者或實務人員的資訊可以過濾專家的資訊價值。前面所提過的資訊系統、政策調查或單位評估都可以擴展決

策者與實務工作者的知識，不過決策者與實務工作者卻可以形塑這些知識，磋商哪一些主題是重要的、哪一些資料對於某些議題又是比較重要的。和「研究應用即說服」的理性模式比起來，決策者不是一個被動的接受者，而是一個主動的行動人員，有自身利益，也能夠由不同的資訊來源之中選擇，研究的應用問題不能夠等到研究完畢才進行，研究和分析都必須對顧客念茲在茲，才不會淨是研究一些與政策無關的議題。這種取向假設研究者和決策者都有能力判斷哪一些資訊是重要的，研究者負責證明 A 和 B 之間有沒有關係，而決策者則知道 B 和 C 哪一個是其所欲達成的目標，以及達成 B 或 C 所需付出的政治成本。根據這個看法，直線取向的應用模式是有問題的，研究必須有政策取向，才能闡明正確的政策議題。基本上，以研究為基礎的政策必須具有下列的特徵（Reimers & McGinn, 1997: 84-85）：

(1)要透過跨學科的方式分析公共政策：真正的決策是不管學科界線的，決策之中通常都含括政治、經濟與組織的成分在其中，也有法律、教育或生物的意涵。

(2)研究必須要有政策取向：所以分析不只是了解特定問題的情況，也要能說明哪些因素可以影響這些情況，更務實的作法是說明哪些因素是可以受到政策影響的。了解選項的可行性本身是政策分析的要務，也是其與學術研究不同的地方。

(3)由使用者的角度了解問題：這點是尊重決策者的自由度及其決策權威。

(4)根據政策循環的時間以及其他資源的限制進行研究：相較之下學術研究者比較不會關心截止日期，但政策分析者對於影響決定的時機就會相當的在意，所以及時（timely）與相關（relevant）是重要的規準。

2. 研究應用即知識的建構

另一個重視使用者的看法是將研究應用看成是知識建構的過程（Reimers & McGinn, 1997）。教育行政人員或決策者並不是只在乎研究

者，他們可能更在乎有高度影響力的政治人物或是政治過程，政策制定者知道研究無法解決價值衝突，政策形成過程是一個政治與組織的過程。雖然如此，Reimers及McGinn認為仍然可以想辦法使技術分析與政治歷程結合，他們主張由研究者和決策者共同建構出來的知識將會是最棒的。過去的觀點認為決策是由在上位的人所制定的，現在的觀點則認為組織之中任何人以及任何受到政策影響的人都可能制定政策。第二種觀點將參與本身當作目的與手段，參與除了符合民主外，也會影響知識的品質，透過參與，將受影響者的知識和經驗帶進來，檢視各種的變通方案，透過開放的對話，讓我們好好的處理問題。

　　Reimers和McGinn（1997: 109）也指出參與其實有其困難，一般計畫者在進行研究時都避免採取參與的手段，其理由如下：

　　(1)參與要花很多的時間和資源，在一個開放、民主的情境下解決不同利害關係人的利益是不容易的。

　　(2)參與對於參與者而言可能是很累的，顧客和受益者並不必然能充分參與、解決問題。

　　(3)參與需要完全的開放，可是我們知道這點不是完全可欲或可行的。

　　(4)規畫者並沒有受過任何參與管理的訓練，他們不想放棄自己小小的權威，也很擔心他們的專業自主將會受到挑戰。

　　上述的問題不能忽視，不過如果我們把決策的定義擴大，擴展到執行階段，把基層人員或使用者也視為決策人員（Lipsky, 1980），則先前的參與可能可以減少在執行階段所花的成本，讓我們能夠彌補前面階段的成本耗費，未必是不利或不合算的。

　　另一個不利參與的限制是來自於文化層面，很多的組織和政治文化並不強調參與。有些國家的公共行政是相當階層化的，如果要透過參與增加研究應用的機會，必然涉及文化的改變，而文化的改變需花費相當多時間。

　　理性模式是研究應用模式中受到關注與討論最多的模式，代表大眾對研究知識影響行動的企望，理性模式是我們追求的目標，不過在現實

的層面卻使得這個模式的應用不易，本章初步探討了部分妨礙理性模式運作的因素，更周全詳細的探討將在第四篇中呈現。以下則分析教育研究應用的表面模式與概念模式。

參、表面模式

　　表面模式所指的是研究本身並未發揮指導實務或是決策的功能，相反的，研究只是作為實務或政策的工具，不具有實質的影響，類似Nisbet與 Broadfoot（1980）所說的「政策決定／研究臣服模式」（policy-determined research subordinate model），充其量，研究只是決策或實務的附庸罷了。這些不具實質功能的研究應用模式有以下幾種類型：

一、政治模式

　　在政治模式（political model）之下，研究的功能是為個人或機構服務，或是為已經存在的立場服務，研究可以看成是一種「政治軍需品」（political ammunition）（Bulmer, 1982），透過研究作為政治武器，以將議題送回政治場域中要求處理，達成研究應用者的目的。在政策領域中，對於問題的重要性、過去政策的影響、不同政策的效果等問題常有許多的討論。然而，這些討論常被決策者以倡導的型式應用，用以打擊反對者，應用這些資訊以保護勢力範圍，拖延行動或是支持可信度（Cibulka, 1995: 119）。這種方式的研究應用，是把研究當作政治工具，保護特定個人或團體的利益或立場，對於事實的真相或問題的複雜情況，不是研究應用者關心的焦點。

　　對於政治模式，一般人可能會覺得嫌惡，Weiss 等人卻覺得未必全都是負面的，她認為決策或政策立場如果有研究支持，反而是一件值得高興的事。決策如果的確參考了研究的結果，而且沒有扭曲研究資料或是錯誤地解釋研究結果，便是可喜可賀的，而且可以看成是一種研究應用。關鍵點是資訊或研究結果，是否能夠公開且為大眾所分享討論，因

為這個「政治軍需品」（political ammunition）若是每個人都可以取用的（Nelson et al., 1987; Weiss, 1991a: 178），反而是一種很不錯的研究應用模式。不過 Bulmer（1982）則不如 Weiss 那麼樂觀，依其之見，研究應用的政治模式是污蔑了社會科學研究，不同立場之間只有爭執，受到澄清的也只有價值偏見，而非事實。常見的蔑稱，如「御用學者」、「為政策背書」，都是指涉研究應用的政治模式。

二、戰術模式

戰術模式（tactical model）是指在應用研究時，真正關心的是某個研究做了沒有，而不是它的內容為何。這種研究應用的模式常常是面對民意單位資料索取或是要求行動所採的應付策略，當民意機構代表要求採行某種不受行政單位歡迎的政策時，「俟研究告一段落，便提出方案對策」就成為很好的緩兵策略。研究的另外一項戰術用途，是抵消對政策批評的意見，說明政策本身是有所本的。反之，批評或反對的意見是沒有證據的。

有時候研究也可以用來提高行政單位的聲望，特別是當這項研究是由知名學者所進行時，就更能提升行政單位的正當性。有些時候行政單位喜歡請學術單位進行研究，一方面希望在學術界建立支持的力量，另一方面在法案審查時能提供支持。簡言之，在戰術模式之中，研究本身的內容不見得有多重要，研究所發揮的拖延、防護罩、社交、光環等功能才是重點（Weiss, 1991a）。

三、滲透模式

本文所指的滲透模式（permeative model）即 Bulmer（1982）稱之為「互動模式」（interactive model），不過因為和前面理性模式中的「社會互動模式」名稱過於接近，筆者將其改為「滲透模式」。雖然名稱中都有互動二字，但兩者卻有不同。理性模式中的社會互動模式，因為社會互動而接受新的發現、發明或研究知識，是一種自然的歷程。而滲透

模式則是研究者透過與其他參與者的互動，「推銷」研究知識，使研究知識發揮影響力的過程，在這過程中，研究者為了推銷個人研究成果，有時需根據環境脈絡修正研究所得的結論或建議。社會互動模式和滲透模式的共通點則是都強調社會互動的重要性。

例如 David Donnison 曾經研究英國一九六○年代的住屋立法（housing legislation）之形成過程，這項立法主要的參與者包括了政治人物、行政人員、社會研究人員，以及推行這項政策的專業人員。Donnison 探討這些人出現的時間、所帶來的意見與所進行的互動如何導向立法，社會科學家又如何在此過程中與其他參與者互動達成協議（Bulmer, 1982）。

根據滲透模式，互動的網絡也就變得特別的重要，因為這是研究知識被應用的基礎，如果互動網絡因為行政人員對研究知識的不信賴或鄙視等因素而無法建立，就不能指望研究發現可以透過滲透的方式影響決策。根據這點，教育研究與教育行政人員之間是否存在著互動網絡，是影響研究應用的重要因素。

滲透模式因為強調互動網絡的重要性，也就面臨另外一個問題。因為這些脈絡就算存在，往往也會因意識型態、政黨色彩、地位團體（學派、畢業學校）而有所區隔。這種區隔限制了研究應用的機會，也容易對研究造成負面的影響。例如政治人物在運用社會科學研究時，如果只考慮政黨色彩，那麼研究人員所收到的訊息就是必須選邊站，才能指望透過網絡互動（與政黨政治人物互動，期待其執政）使研究發現能作為決策的基礎。常見的結果是政治氣味影響了研究，研究之間意識型態的批評多於真誠的批評，違反了 Popper 所稱「開放競爭機構的多元性」（plurality of openly competing institutions）（Bulmer, 1982）。透過這個管道尋求研究應用的學者，或許的確較容易發揮影響力，但也有可能對研究發現做了過多的妥協與讓步，違反了研究求真的精神。

研究應用的表面模式因為未能發揮研究知識告知的功能，只是讓研究成為研究者、決策者或是實務工作者的附庸或工具，不應鼓勵。不過

如 Weiss 所言，只要研究能夠公開，供大眾討論，本於研究的行動比起無研究基礎的行動應該要好。在研究缺乏，又有行動急迫性的情況下，速簡型的研究答案也比起沒有答案要來得保險些，表面模式仍然有其應用的場合。

肆、概念模式

　　經驗模式強調有資料就會有應用，對於理論的功能較不重視；理性模式認為科學研究的結果，輔以傳播就能導致應用；表面模式的研究應用只是把研究看成政治或組織目的的附庸。最後一種研究應用的模式──概念模式，與理性模式一樣都肯定研究對決策或實務的實質功能，但不認為研究應用是如理性模式那麼直接或順理成章，而認為研究的功能在啟蒙，和促進社會整體的對話。

一、一般概念模式

　　一般概念模式（general consciousness model）認為社會科學研究所產生的概念或理論，提供決策者或實務者重要的背景知識，協助其作決定（Nelson et al., 1987），例如教育經濟學中機會成本的概念、教育政治學中第三團體的概念、教育社會學中文化再製的概念等等，經決策者或實務者了解後，就成為其談論語彙的一部分，也提供其思考政策的一個的觀點。

二、啟蒙模式

　　Weiss（1991a: 179）認為啟蒙模式（enlightenment model）比較能夠說明研究應用的現況。在政策界中，決策很少受到單一的、清楚的研究發現所影響。影響政策的研究常常是社會科學研究中的概念或理論觀點，而不是研究發現。研究對於政策或實務的重要貢獻，是改變或引導人們思考社會問題的方式，不一定是解決問題或提供產品。相反的，研

究的功能可能是形成問題，或是為未來的政策行動設定議題，甚至可以作為一種社會批評，當研究所產生的新觀念及新資料持續不斷地累積時，就能改變決策者所根據的慣例，改變政策的目標與優先順序，也就是Bulmer所稱的「概念化模式」（conceptual model）（Bulmer, 1982）。

由啟蒙模式推論，研究的對話對象未必直接鎖定決策者或實務工作者，也可以是期刊、報紙、學界、立法者及社會大眾。這些研究資訊也會有意無意地傳播到決策圈中，改變決策者對問題的看法（十二年國教），或意識到新問題的存在（如外籍新娘子女教育的問題），把不是問題的變成問題（如能力分班），或是改變對問題的定義（如失業率定義的修正）等等，從而修訂政策或是擬訂新政策，這些研究的貢獻並不是研發產品或解決問題，而是改變他人對現實情況的了解與看法。

當然啟蒙模式也有其缺點，研究應用不當反而會導致「黑暗時期」的形成（Weiss, 1991a）。因為研究資訊在散布時，有效的研究資訊和無效的研究資訊可能同時被傳播開來，其中有些資訊可能被過度簡化或是作片面的報導，品質欠佳的研究結果有時反而受到更多注意，造成誤導。有些好的研究卻沒有及時得到決策者的注意，等到被理解時都已將喪失時效了，這些都是啟蒙模式的研究應用可能出現的問題。此外對決策者或實務工作者來說，「研究上的突破」可能不是個好消息，新的研究推翻先前的研究，不同研究之間的結論又常不一致，對於需要簡單明確答案，以採取行動的研究者而言，研究是發揮不了「啟蒙」的功能，反而有愈看愈花的效果。其最終是「各自表述」，不同立場的政策行動者各自援引符合其立場的研究發現倡導政策。如果要發揮啟蒙之功，除了傳播管道需暢通外，接受者也需有能力區別研究的良莠，或者由學界協助過濾不良的研究。

三、研究作為社會知識事業的一部分

Weiss（1991a）所提出的另一種研究應用模式，是將研究視為社會知識事業的一部分（research as part of the intellectual enterprise of the

society）。研究本身也是社會脈動的展現，反映出社會發展的趨勢（如目前與全球化相關的研究浪潮）；另一方面研究可以影響社會思潮（如對青少年未婚生子的調查研究影響社會對這個問題的關心），所以研究和社會之間的關係是多元而複雜的。如此看來，思考研究貢獻的角度，應該是由研究能對社會智慧有何貢獻來決定。

如 Weiss 所言，研究的影響不見得是直線的，也不見得是工具導向的，研究可能是以擴散的方式影響到政策的發展與修正，研究的影響對象也沒有必要鎖定政策制定者，透過其他社會行動者可能反而更能發揮研究的影響力。所以我們對於研究應用的看法不宜過於狹隘，有時決策者的確採用研究的結果作成決定；有時贊助研究只是一種儀式性的行為。有時研究是輔助決策者了解社會現象的工具，或是決策者繼續教育或專業發展的學習材料。有時研究是用來美化政策或為政策背書的工具；有時政策則是說服的工具——不管研究如何被應用，只要是好的研究，都能提升社會智識。由Kingdon（1995）對政策形成的研究發現，或是由政策形成的「垃圾桶理論」來看，政策問題未必先於答案，有問題才找答案，對政策形成也未必是件好事，政策之窗開啟的時間往往相當短，且無法精確預測，如果研究者對於社會現象具有敏銳的判斷與預測，政府及社會對於研究工作也能持續支持，不短視近利的只資助問題解答式的研究，那麼社會就能累積充分的「研究財」、「知識財」，才不會在需要答案時得從頭開始找答案，也能在政策之窗開啟時，掌握契機，促進社會的進步。

本章說明了研究應用的經驗模式、理性模式、表面模式與概念模式，這些都是研究受到政策界或實務界應用的不同方式。其中理性模式是最受重視，也是被談論最多的模式，不過在社會科學中，理性模式的應用卻受到不少限制，一部分的限制來自於研究界本身，一部分限制來自於政策界。理性模式也忽略組織的實際情況，對研究成果的潛在使用者也有不正確的假設，無視潛在研究應用者的主動建構能力與參與權。經驗模式重視社會研究的價值，不過卻將解釋權交給決策者與實務工作

者，忽視社會科學理論所具有的啟蒙價值。表面模式與理性模式對立，不重視研究成果的蘊義，研究是政治或組織目的的工具。概念模式則不強調直線式、工具式的研究應用概念，教育研究需要對話的對象也不限於決策者或實務工作者，還包括一般大眾，因為研究是社會智識事業的一部分，研究的功能不在直接應用，而是重新定義問題、說明問題的複雜面向並提出新問題。在本書之後其他章節中，研究者將提出綜合模式，說明影響教育研究應用的因素，對於本章所提的一些問題也會有更清楚的說明。

第六章

影響教育研究應用的因素

由教育研究應用發展的縱軸來看，知識應用影響因素的相關研究發展可以分成三個階段（Landry, Lamari & Amara, 2003），各自有不同的研究重點：知識應用的第一代研究比較關注的是研究產品的特徵，第二個階段較重視政策脈絡的因素，第三個階段則是將重點置於其他的解釋因素，例如研究者與研究使用者之機會的傳播、銜接與交換。

由橫軸來看，許多學者都曾就個人研究成果提出理論，以解釋研究應用的變化情況，其中不乏重疊之處，一一列舉則略顯瑣碎，所以在本章的第二部分中僅扼要說明幾個重要的理論。此外，這些理論對於研究應用的脈絡因素與比較觀點較為忽略，筆者因而補充影響研究應用的外圍系統因素與脈絡因素。第三部分則根據筆者的整理的圖，由外圍系統、脈絡系統、教育組織、連結系統與研究社群等五個部分說明影響教育研究應用的因素，這五個部分亦構成筆者解釋影響研究應用情況的「綜合模式」（comprehensive model）。本章旨趣即在說明此「綜合模式」的架構，對此架構各部分更詳細的討論則請見本書之後各章。

壹、影響研究應用的重要理論

影響研究應用的主要理論包括了 Caplan（1975）、Nelson 等人（1987）所提的「雙元社群論」（two-communities theory），Weiss（1980）補充連結系統而成的「三元系統論」，Dunn 主張的「五模式論」，Rich（1981）所提的「官僚過程與政治組織因素」， Landry、

Lamari 與 Amara（2003）提 出 的「工 程 解 釋」（engineering explanations）與「社 會 組 織 取 向 解 釋」（socio-organizational explanations），以及 Wineburg（1991）等人對環境因素影響研究應用的研究。筆者整理文獻後，提出表 6-1 及圖 6-1 作為綜合歸納，並以此為本書第七、八、九、十章論述的基礎架構。因為解釋影響研究應用的各個理論間有重疊之處，歸類也不盡一致，筆者將進一步地提出「綜合模式」，並於以下說明。

表 6-1 所列理論的主要內容如下頁。

一、雙元社群論

雙元社群論的倡導者認為研究者和決策者在價值、獎賞系統與語言上都可能會有所不同，所以研究的成果自然很難轉成實務上可用的知識（Caplan et al., 1975; Levin, 1991; Nisbet & Broadfoot, 1980）。Caplan 等人（1975）經過分析，將研究知識低度運用的因素分成「特定知識論」（knowledge-specific theories）、「政 策 限 制 論」（policy-constraint theories）以及「雙元社群論」。特定知識論認為研究未被應用是因為所提供的知識過於狹隘，政策制定限制論聚焦於政策制定環境的限制。雙元社群論則綜合兩者，強調研究界與政策界彼此的差異，希望透過了解以增加研究應用的機會。Nelson 等人（1987）的雙元社群論討論科學與政治的兩個社群，認為各個社群都有獨立的次文化，以及主觀價值與態度，Nelson 並整理出研究社群與政策社群七點不同之處，分別是：「產生知識的本質」、「決策依據」、「時間概念」、「獎勵制度」、「根本哲學觀」、「邏輯」與「興趣」（Nelson et al., 1987: 570）。這些觀點將與其他觀點整合，並在本書第八章中詳加說明。

二、三元系統論

社會科學和公共政策難以完美結合的原因包括了研究者不了解政策過程的本質、決策者與研究者角色衝突，以及社會科學研究與決策間缺

表 6-1：影響研究應用的因素

理論名稱	外圍系統	脈絡系統	教育組織	研究社群	連結系統	資料來源
雙元社群			政策限制論	特定知識論		Caplan（1975）；Nelson, et al.（1987）
三元系統論			同上	同上	轉換、銜接、傳播	Weiss & Bucuvalas（1980）
五模式論			問題決定模式結構決定模式	產品決定模式探究決定模式		Dunn（1983）
四觀點論			政策研究觀點組織研究觀點		互動觀點	Nisbet & Broadfoot（1980）[1]
官僚過程與政治組織模式			組織因素			Rich（1981）
工程取向與社會組織取向			組織因素（如單位大小、政策領域、組織需求）	研究內容特徵研究類型	互動或傳播方式	Landry, Lamari, & Amara（2003）
環境因素		文化信念社會潮流				Wineburg（1991）
國際比較因素	政治與文化傳統、社會科學發展狀況、教育學地位、研究單位類型					Halpin（1994）；Nisbet & Broadfoot（1980）

註：方格內為變項舉例。
資料來源：筆者歸納整理。

1　政治科學觀點屬外圍脈絡因素，在第三章中討論。

乏適當的制度性連結。兼持相同的觀點，Weiss 與 Bucuvalas（1980）亦提出三元系統論，重視研究社群與政策社群之間的溝通與傳播過程。這兩位學者所提出的理論與雙元系統理論一樣，除了強調研究社群與教育組織之間的差異造成研究應用的困難外，也關注於兩個社群之間的連結系統（linkage system）影響研究應用的重要性。

三、五模式論

研究低度應用有五種解釋模式，分別是「產品決定模式」（Product-Contingent Model）、「探究[2]決定模式」（Inquiry-Contingent Model）、「問題決定模式」（Problem-Contingent Model）、「結構決定模式」（Structure-Contingent Model）與「過程決定模式」（Process-Contingent Model）。其中產品決定模式較屬於研究社群的因素，主要指涉研究成果的特徵，探究決定模式分析研究方式的影響，也屬於研究社群的因素。問題決定模式與結構決定模式則比較偏重政策或實務社群的因素；過程決定模式則關心研究社群與政策或實務社群之間的互動，屬於連結因素。由此看來，五模式論其實可以再化約成三元系統論。

四、四觀點論

Nisbet 與 Broadfoot（1980）認為研究不能發揮影響，可以從四個角度來理解，分別是「政治科學觀點」（political science perspective）、「政策研究觀點」（policy studies perspectives）、「組織研究觀點」（organizational studies perspectives）與「互動的觀點」（interactionist perspective）。

政治科學觀點是一種比較的觀點，主張源於不同國家在支持教育研究的動機、進行教育研究的理由、找問題的方式、研究方法重點、對研究經費的補助等方面的差別，研究發揮影響的情況自然也殊異。此觀點

2　劉澤民（1992）譯為調查決定模式，研究者認為應譯為探究決定模式。

也比較像是本書所指的「外圍系統」因素。政策研究觀點由政策系統的角度來探討研究的影響，關心行政系統，特別是政策研究過程中不同參與者以及其他變項對政策影響所產生的影響力，是「綜合模式」中教育組織的一部分。組織研究的觀點認為影響研究應用的因素，在中央層次與在地方層次可能有所不同，在中央層級政策的政治性可能是主要的考量因素。到了地方層次關心的則是組織層面的問題，也比較接近教育組織。互動的觀點認為研究的影響是動態的、雙向的，不是單線式地由研究發展到應用層次。總的來說，研究有沒有影響，要看研究發現的接受者如何解釋研究發現，可以歸類到本書所提的「連結系統」。

五、官僚過程與政治組織模式

Rich（1981）則是傾向以分析政策制定者採用資訊為研究焦點，關心決策者對資訊的偏好，例如研究資訊能否支持決策者的政策立場、研究結果是否由可靠的來源獲得的、研究資訊是否容易被理解等，可以歸到本書第九章中所探討的教育系統因素中。

六、工程取向與社會組織取向

Landry等人（2003）整理文獻，將影響研究應用的因素分成「工程取向」與「社會組織取向」。工程取向是一種科學推動或技術推動的模式，可能的變項包括了研究內容的特徵與研究的類型。社會組織解釋則可再分成三個理論，分別是：「組織─利益解釋」（organizational-interest explanations）、「雙元社群解釋」（two-communities explanations）以及「互動解釋」（interaction explanations）。組織利益的解釋比較強調組織因素的影響，如單位大小、主要人物立場、組織需求等等；雙元社群論關注的是政府單位中管理文化與專業文化的扞格；互動解釋則重視研究者和使用者互動與連結（linkage）的程度。

七、脈絡系統

Wineburg（1991）的分析有別於前面所提到的幾個理論，而是由脈絡因素探討研究被重視的原因，提供我們了解研究過度應用或低度應用的另一重要面向。因為無法歸類到前面任何一個系統中，也與第三章跨國的比較有別，所以另立，以下的說明將會更清楚闡釋脈絡系統對研究應用情況的影響。

貳、綜合模式——本書的解釋架構

在閱讀整理文獻後，筆者將影響研究應用的因素分成四大類，再加上第三章所提到的「比較觀點」，提出影響研究應用的綜合解釋。雖然是以三元系統論為本，不過各個系統的分類與 Weiss（1980）的「三元系統」略有出入，同時也增加了外圍系統與脈絡系統（內部脈絡），並以圖 6-1 說明。在此先說明各項概念：

1. **外圍系統**：包括政治與文化傳統、社會科學研究發展狀況、教育學科的地位、研究單位的類型。因為這些因素在各國的情況不同，所以教育研究應用的情況也會不同。

2. **脈絡系統**：包括社會焦點、社會潮流、文化信念，是指一個社會中社會、文化或價值等因素。

3. **研究社群**：指從事研究工作者，主要是以大學或研究機構中的學者專家為主，角色較為中立。

4. **教育組織**：包括政策界與實務界，前者包括教育行政人員、立法委員及其助理，這些人是主要的決策者；後者指從事教育實務工作的學校教師及學校行政人員。

5. **連結系統**：連結系統的定義有較大的修正，包括：(1)連結內容（What was delivered?）（研究成果型式、來源、呈現方式、內容特性）；(2)連結方式（How was it delivered?）（包括媒介、方

向、信賴程度等）；(3)連結機制（如中介機構等）。

如果將雙元社群論的看法用來解釋教育研究低度應用的情況，則研究低度應用主要的成因，在於研究社群與教育組織兩者存在著截然不同的文化，使得教育研究的成果無法為政策界與實務界所應用。一些學者也根據雙元社群論的看法描述這兩個社群間的差異所在，筆者將這些差異先表列如下（見表 6-2），再於第八章與第九章中討論。扼要來說，這些差異是因為成員背景（如成員的研究消費能力、對研究知識應用的取向）、知識觀（處理知識的範圍、對知識的態度、關心知識的類型、知識與行動的關係）、組織系統、獎勵系統、時間概念不同所致的。這些鴻溝有些是無法改變的（例如知識觀），可是卻可以透過彼此的了解而規畫運作協調的空間，增加研究知識應用與影響的機會，也提升教育政策與教育實務的知識基礎。

再者，過去討論影響研究應用因素者多以政策社群為主，另一部分則探討實務社群對教育研究應用的情況。本書的討論則包括教育組織中

表 6-2：研究社群與教育組織的差異

	研究社群	教育組織
成員背景 ・研究消費能力 ・對研究知識應用的取向	・具研究消費能力 ・較為一致（學術取向）	・未必具研究消費能力 ・不統一的，視組織領導者的偏好
知識觀 ・處理知識的範圍 ・對知識的態度 ・關心知識的類型 ・知識與行動關係	・明確聚焦 ・典範觀，重知識的內部邏輯 ・基本變項、抽象的 ・科學知識引導行動	・複雜多元 ・廣義知識觀，重外部邏輯 ・可操弄變項、明確的 ・科學知識是行動依據
組織系統	・專業的	・科層的、政治的、中
獎勵系統	・學術認可	・不出錯、繼續執政
時間概念	・長期	・當下

資料來源：筆者自行歸納編製。

的政策社群與實務社群。政策社群包括了決策人員，如教育決策者、教育行政人員及立法機關（立法委員及其助理），這些人決定教育的方向與策略、人力與經費的分配方式等等；實務社群則以從事教學工作的學校老師為主，雖然在決策的權力上不如教育行政機關或立法機關的決策者，可是卻是「基層官僚」（street-level bureaucrats），是真正的執行者（Lipsky, 1980）。由影響力發揮的角度來看，上述人員都是研究企望直接影響的對象，也應該列入討論。

參、結論

本書所提出的綜合模式可以圖 6-1 加以歸納。

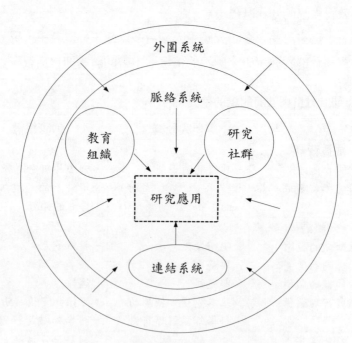

圖 6-1：影響教育研究應用的綜合模式

資料來源：筆者自行繪製。

外圍系統是結構性的因素，與國家的政治與文化傳統、社會科學研究水準、教育專業地位與主要研究單位類型有關，決定教育研究本身到底重不重要，哪一類型的教育研究（結論取向或決定取向）成為主流。脈絡系統是指國家之內社會焦點、社會潮流、文化信念，這些因素的變化影響了哪一種研究結果在什麼時候受到重視。研究社群與教育組織兩個系統各自有不同的成員背景、知識觀、組織系統、獎勵系統、時間概念，如果要讓這兩個系統「互通有無」，有一定的困難。不過在了解彼此的特性與限制後，可以預作因應，例如教育組織不要等到問題發生了才做研究，研究社群對於研究可能的應用方式或啟示也可以更進一步討論，減少教育組織在接收資訊並加以應用時所必須再投注的成本，提高研究的影響。學界的獎勵系統也不應只限於對學界的貢獻，還應包括對實務的影響。連結系統是在體認研究社群與教育組織間根本差異的情況下所發展出來的第三系統，關心傳播與溝通的內容及傳播與溝通的方式。這是一個解釋模型，不過除了了解與描述的功能之外，也可以由其中看到改變的契機，本書最後一篇中將有更詳細的討論。同樣的，這個綜合解釋模型也不是提升教育研究應用的萬靈丹，但理解這個模型，對了解各部分的限制，並可以發揮作用的部分多多著力，朝這些方向努力，應可以減少教育研究成果的低度運用情形，讓教育研究、教育政策與教育實務都能彼此互相告知（informed），提升教育政策及教育行動的知識基礎，改進教育。

第四篇

教育研究、政策與
實務的銜接

第七章

外圍系統與脈絡系統

　　一旦問題被確認後，政治急迫性便排山倒海而來，整個國家就忙著通過法案……，當大家一窩蜂忙著解決問題時，只有極為微弱的聲音問了不能問的問題：「我們真的知道我們在做什麼嗎？我們真的具備有效的方案與技術，以補救教育不利的兒童嗎？」（Evans, & Berls, 1979: 20）

　　本章將說明影響研究應用的兩個重要背景因素，分別是外圍系統與脈絡系統，前者是由國際比較的觀點分析影響研究應用的因素，因為是最外圍（但不見得不重要）的影響因素，所以稱之為外圍系統。後者是探究國家內部影響研究應用的因素，隨著社會脈絡的變遷，教育研究成果受到應用的情況也有不同，所以稱之為脈絡系統。研究之所以無用，有時候不見得是研究做得不好，而是因為根本的社會架構與社會動力所致。了解這些因素，有助於改進教育研究、實務與政策之間的銜接。

壹、外圍系統

　　要對教育研究應用情況的國際差異進行描述與比較無疑是件大工程，本文尚無法系統性的回答這些問題，目前針對這個主題進行的系統性研究也是鳳毛麟角。不過根據文獻整理結果，國際間社會研究應用情況有明顯的差異，Landsheere（1975）就將歐洲國家的社會科學研究應用的情況分成兩大類，一類是有國家的政策與協調機制，例如芬蘭、法

國、愛爾蘭、挪威、英國、瑞典及土耳其；另一類則是協調機制較不易產生的，如比利時、德國、義大利、荷蘭、瑞士。一九七四年 OECD（Organization for Economic Cooperation and Development）調查歐洲國家研究應用的情況（引自 Nisbet & Broadfoot, 1980），將之分成三個類型，分別如下：

　　1. 研究孤立於教育實務之外。

　　2. 研究向中央與地方教育主管直接回應。

　　3. 以學校老師們教育需求為主的教育研究。

　　不同國家間教育研究應用情況的差異，主要是因下列幾項因素所造成的：

一、政治與文化傳統的影響

　　國家的政治與文化發展是影響研究應用的重要因素，包括了國家民主化的程度、政治與文化傳統的影響，亦即 Nisbet 與 Broadfoot（1980）所提的政治科學觀點。這個觀點主要是透過國際比較而來（Halpin, 1994），認為教育研究的影響程度往往是主流意識型態、政治合法性以及系統維持需求下的產物。

㈠政治民主化程度

　　政治民主化程度越低的國家，對於實徵研究就越不歡迎，因為深怕事實或資料的呈現會影響主政者的施政權威，在這種情況下，研究社群多只能專注在哲學研究，較少蒐集事實資料與描述現況的實徵性研究，因此研究應用的機會也較少。教育改革往往是本於意識型態或哲學而來的運動，不是基於實徵研究的結果，英國與瑞典是一個最好的對比（Nisbet & Broadfoot, 1980）。瑞典重大教育政策的決定多本於研究的結果，研究是為了實踐民主；英國的教育改革則多受意識型態或哲學思潮引導。只有在民主化程度較高的國家，實徵研究才較能被主政者接受，並根據研究資料或研究發現進行具體的教育改革（Landsheere, 1975）。

㈡政治傳統

　　政界與學界之間的傳統關係也會影響到研究應用的情況，例如英國政界人士和部分學界有密切的互動，或者政界人士本身也是學界人士，組成正式或非正式的團體，透過兩個社群的互動來往，研究結果被納入政策考量的機會較大。中國學而優則仕的傳統，也使得學用合一的機會增加。黃俊英等人（1994：297）所進行的政策諮詢研究訪談資料中，部分學界出身的首長採取「自我諮詢」的方式決策，應該是提升研究應用相當方便的管道。不過Bulmer（1982）認為少數學界與政界密切互動的情況可能為英國的社會研究帶來危機，因為當政治能夠對社會問題作出快速反映時，社會研究的深度也將受到這種社會結構的影響。如同Abrams所言：「在社會結構中對社會問題的簡單政治回應唾手可得，且看來合理時，應用社會研究就會大行其道，忽略了社會問題往往比其表面所見的問題要來得更根本些」（轉引自 Bulmer, 1982: 28）。

　　再以研究應用的重要管道「政策諮詢委員會」為例，當行政官僚體制強，官僚間同質性高、封閉性強（例如出自少數幾間名校，有較嚴謹的出身要求或經歷要求）時（如日本與英國），往往因為輩份關係或是同學同事情誼，使得外部人士參與決策或提供諮詢的機會較少，諮詢也以建立共識為主，新的觀念或不同的意見不易受到歡迎，諮詢委員的知名度比起其專業性要來的重要，如此一來，研究意見就不會是最重要的考量。相反的，如果在政治文化與文官體系較開放、政黨競爭也較為明顯的國家（如美國），行政體系就比較歡迎專家的奧援以制定政策[1]，在這種情況下，研究能夠發揮影響的機會就較多了些（黃俊英等，1994）。

1　以諮詢制度為例，英國與日本的諮詢方式可以稱為「集中型的政策諮詢制度」，諮詢對象少數集中，諮詢方式固定有限，諮詢組織一元控制（行政體系）。相較之下，美國的諮詢政策可稱為「離散型的諮詢制度」，諮詢對象多元分散，諮詢方式彈性多樣，諮詢的組織則平等對立（行政院研究發展考核委員會，1994：16）。

(三)文化傳統

國家的文化傳統會影響研究應用的情況，因為文化傳統會影響研究進行的目的，進而影響研究應用的機會。例如英國支持研究是出自於技術主義，進行教育研究是希望讓老師教得更好，研究人員的工作是協助老師發展出更有效率的教學和考試。瑞典進行研究是為了實踐民主、法國進行研究則與其理性計畫及經濟有關，其他部分歐洲國家所強調的教育研究則較著重在意識型態而不是方法，所以對於研究應用也不太關心。因為進行研究的目的不同，社會科學研究被應用的程度也會不同（Nisbet & Broadfoot, 1980）。

文化中的學術研究傳統也會影響研究應用的機會。以英國為例，雖然政界會向少數學界人士尋求建議，不過大多本於私人情誼，整體而言，社會行政和社會研究兩者是二分的，這是因為英國社會行政對於學界社會學的大套理論頗表不滿[2]，英國知識社會學傳統所隱藏的對客觀知識的不信任，以及有意無意所衍生出來的相對主義，也讓英國行政體系對社會科學研究的成果不表信任，再加上英國社會科學的實徵研究傳統也較弱，在提供資料作為決策參考上較為不足，所以行政界對研究界可說抱持著放任的態度（Nisbet & Broadfoot, 1980）。雖然英國也有幾個重要的社會科學研究對決策形成影響，如 J. Floud 或 A. H. Halsey 等人對教育機會均等的研究，或 Plowden Committee 的報告書，都是教育研究影響教育決策的實例，但是和美國社會學研究與社會政策關係的比較來看，英國行政與研究連結的情況毋寧還有改善的空間（Bulmer, 1982），在行政權獨大的情況下，研究能夠發生影響，常常是研究者與決策者熟識的結果（Nisbet & Broadfoot, 1980）。

2　當然英國也不乏政界成功引用學界「大套理論」的例子，如柴契爾夫人（Margaret Thatcher）執政時成功的應用新自由與右派知識份子的理論施政，可是其他時候社會學的理論，如當代馬克思（Marxism Today）主義者所提供的卻比較像是「模糊的、定義不清的大套理論」，難以落實到政策上。

同理我們也可以推論，在一個重視知識、敬重學術的環境中，研究知識必然會受到一定的重視，研究者的意見也較容易被接納；相反的，如果是在一個政治凌駕知識，倫理勝過真理，金權強過證據或理性思維的社會中，要發揮研究的影響力恐怕是緣木求魚了。

㈣中央政府集權情況

中央政府的集權程度也會影響研究應用的情況，越是中央集權的政府，就會越重視政策導向的研究，也較能順利的讓政策導向的研究成果落實到政府的政策上。相較之下，由研究者所發起的研究空間會比較少。如果是地方分權的情況，就較難見到政策導向的研究，研究受到應用的機會也會較少（Nisbet & Broadfoot, 1980）。

㈤專業與民主的平衡

研究應用的機會還與主流的社會價值觀有關，當社會價值認為專業知識固然重要，但民意的重要性卻更高時，研究知識就只能先靠邊站。以 Jasanoff（1990）的分類來說，這是民主模式（democratic model）凌駕技術模式（technocratic model）的表徵，民主模式的倡導者認為任何政策應該藉由民眾廣泛的參與，才能有效的防止專家濫用其專業上的權威，所以研究雖做得正確，不符合民意的趨勢仍然不容易有被應用的機會。前游錫堃院長的名言：「專業不能凌駕民主」，正是民主模式的代表，認為專業應為民主服務，而不是引導民主。

扼要來說，國家政治與文化傳統影響大眾對研究價值的看法甚巨，當整個政治或文化系統是以人脈為主，對理念、意識型態或民意的重視高於對事實或真正因果關係的興趣，決策者或實務工作者對於研究發現的內容自然興趣不高。相反的，中央集權的政治體中，政策導向的研究會較強，研究應用的機會會較高。

二、社會科學研究發展情況

　　國家的社會科學發展水準，會影響教育研究應用的情況，教育研究是社會科學研究的一支，如果國家整體社會科學研究在研究方法、理論建構、研究人才培育等部分都未能有適當的發展，教育研究的水準也相去不遠，如果沒有好的教育研究，自然談不上研究應用（趙達瑜，1998）。研究的好壞與研究社群的基本結構有關，其中量與質是兩的關鍵因素。研究往往要累積到一定的程度才能有較為共同的結論，如果研究人口稀少，研究者又跨多個領域，就不易維持研究的延續性與累積性，創造對話批判的空間，足夠提供政策的參考（Nisbet & Broadfoot, 1980）。由質的角度來看，如果研究人才的培養落伍，欠缺研究方法的教育，自然也問不出好的研究問題，產生不出好的研究（Bulmer, 1982）。

　　對社會科學研究的關心與國家發展狀況有關。社會研究的起點，迄今說法不一，有人認為普查工作是現代化社會研究工作的起點，美國在一七九〇年開始進行普查，英國則是在一八〇一年開始。有些人則推論得更早，認為十七世紀人口統計學家 John Graunt 與 William Petty 是社會研究的先驅。不過不可否認的，近代社會研究和社會情況、工業化與密集都市化間關係密切（Bulmer, 1982）。

　　以英國來說，一八三〇年代是英國社會研究開始盛行的時候（Bulmer, 1982）。主要的原因是為了解與解決工業化與都市化所帶來的問題，最早也最有名的研究之一是英國皇家委員會為檢討〈伊莉莎白貧窮法案〉（Elizabeth Poor Law）所進行的調查研究，該研究兼採問卷調查與田野訪談，雖然結論的嚴謹性以及研究本身所含的道德主義使得該項研究受到批評，不過這份報告已經成為西方社會的經典文獻，也是把社會研究帶入政府決策中的重要著作。之後的研究，如 Chadwick 對 Labouring 人口衛生狀況的研究報告、Henry Mayhew 對工人階級的研究、Charles Booth 對倫敦貧窮的研究、Seebohm Rowntree 對 York 市貧窮問

題的研究、Sidney 與 Beatrice Web 夫婦對社會問題所作的一系列研究，協助行政界了解社會問題，都有其貢獻。值得一提的是英國這些研究的來源是多元的，有由皇家委員會所進行的，有由國會委員會所進行的，也有由公務人員進行的，有負責督導各地的政府觀察員所做的報告，有一般戶政單位所所進行的統計調查，也有私人（如記者或商人）所進行的統計工作。

早期的研究當然與社會「科學」研究還有一段距離，不過不能否認的，這些研究的確在協助英國政府了解社會問題的實際情況，有其一定的貢獻，連馬克思都曾讚美這些研究，他在《資本論》（*Das Kapital*）中就提到：

　　……英國工廠的檢查員、女皇公共衛生中的醫療報告員、女皇的特派人員對婦女及小孩，對房屋及食物的研究，這些人有能力，不受政黨影響，也尊重人。（men as competent, as free from partisanship and respect of persons as are the English factory inspectors, her medical reporters in public health, her commissioners of inquiry into the exploration of women and children, into housing and food.）。（引自 Bulmer, 1982: 6）

由英國社會科學研究的發展可知，社會科學研究「了解」、「解決問題」的性格原本就很強，使得「問題導向」[3]、「改良導向」、「事實導向」[4] 成為社會科學研究的重要特徵，「研究應用」也就成為社會科學的重要部分之一。當然隨著社會科學的發展，這些特徵也受到檢討，如改良導向常蒙上濃厚價值判斷與道德主義的陰影；問題導向則被認為過於敷淺求速效；事實導向的研究也遭受零碎、缺乏理論引導的批評，不過回顧社會科學發展的歷史，這些卻是社會科學進展的重要動力。

3　指研究多出自於對社會問題（貧窮、老年照顧、婦女及青少年福利等）。
4　指強調事實資料的蒐集。

三、教育學科的地位

　　教育學科雖然是社會科學的一支，可是不同國家對於其學科的地位，以及教師職業的社會聲望並沒有一致的看法，學科地位或職業聲望的高低，也會影響教育研究應用的情況。以歐洲國家為例，部分國家因為教師的地位低落，教育學科在大學中的地位低落，教育研究不受重視，研究結果的傳播也有限，教育研究結果的影響與應用也就令人不甚滿意（Landsheere, 1975），所以教育研究結果的影響與應用就是不受重視的事。瑞典是個例外，其決策當局在作成決策之前，多會收到研究者所蒐集到的資料，然後才作成決定。

　　學科地位也影響了學科能夠吸引到的人才，一流人才通常是往地位聲望高的學科跑，教育學科如果研究地位不高，研究水準也會因人才的因素受到影響，降低大眾對這個學科研究結果的信任，減低研究發現被應用的可能性。

四、研究單位的類型

　　國家研究單位的類型也會影響研究結果應用的情況。一般而言，研究影響政策的管道很多，例如學者在報紙上的論述，或是媒體所報導的研究新知，都有機會影響政府的政策，不過制度化或機構化的研究單位，可以成為推動研究應用的系統化管道，比起零散或隨機的接觸影響力要來得大。如果進行研究的機構經費來源多為政府（Nisbet & Broadfoot, 1980），或多數進行研究的機構都較重視研究影響力的發揮（如智庫），研究應用的情況就會提高，如果這類的研究機構較少，研究應用的情況自然不會太理想。值得留意的是研究經費來自政府固然可以提高研究應用的機會，不過另一方面來說，研究受到控制的機會也大。

　　Landsheere（1975）對歐洲教育研究與發展的情況做介紹時，將研究單位區分成大學、國家單位及政府部門（national agencies and governmental departments）、國家機構（national institutions）、私人基

金會（private foundations）（如智庫）、機構中的研究者（researchers in institutions）。以下則分成大學、國家單位、政府部門與國家機構以及私人基金會進行討論。基本上大學所做的研究較不重視研究應用的部分，如果研究進行的單位多為國家、政府部門、或是懷著濃厚政治應用興趣的智庫，研究應用的機會就較高。了解各國主要研究單位類型有助於預測其研究應用的情況。

(一)大學

大學多為學術研究的重鎮，由大學所進行的研究，其影響力或研究應用的情況並不確定，如果從事研究的大學機構或人員本身應用意圖就很強，研究結果應用的機會就提高，美國有一部分大學所設的研究中心，如加州柏克萊大學的「加州教育政策研究中心」（Center of Policy Analysis for California Education, PACE），除了進行學術研究外，也致力於利用研究成果影響加州的教育政策[5]。不過如果研究者只以學界為對話的對象，或是研究目的以升等或教師評鑑為主，研究應用的機會就不大。

大學不專注於應用性強的研究並不完全是壞事，因為基礎研究本來就有其重要性，得以保存研究的自由度與中立性，所以一些國家雖然補助大學研究經費，不過對於研究自由仍然相當尊重，並不要求每個研究都需為政策導向。例如英國因為 Clapham 與 Heyworth 兩個委員會所提的報告書，於一九六五年成立「社會科學研究委員會」（Social Science Research Council, SSRC），和另一研究經費補助單位「大學研究經費委員會」（University Grant Committee, UGC）負責大學研究經費的分配工作。雖然經費都來自政府，可是經費分配的主控權在 SSRC 與 UGC，這兩個單位在分配經費的考量上，是以研究價值為考量，而不是以政府的命令或需求（Bulmer, 1982），給予大學研究自由度。

---

5 筆者在二○○二年春參訪該單位，該中心進行了與加州教育相關一些研究，當時該中心在州議會附近並設有一辦公室，僱用一名博士，其工作即是將中心的研究成果轉化成政策說帖，向州議員說明。

口國家單位、政府部門或國家機構

政府或政府相關單位所作的研究可以分成兩種，一個是由業務單位（如教育部下的特定單位）所自行進行或委託進行的研究，美國過去「教育研究與改進辦公室」（Office of Educational Innovation and Improvement）所主管的研究，或是特殊教育單位所委託的研究即為一例，此在介紹美國教育研究情況時已詳述。另一類是由政府所資助的基金會所進行的研究，例如英國「國家教育基金會」（National Foundation for Educational Research, NFER）。一般而言，由政府經費所委託進行的研究，研究成果受到應用的機會較高。

以 NFER 為例，該基金會成立於一九四六年，其經費約 69% 成是來自於政府部門、慈善組織以及英國與海外政府機構合約所進行的研究、評鑑、測驗發展與資訊服務而來的；另外 14% 的經費是來自於地方政府協會（Local Government Association）教育研究方案；17% 則是由本身的基金及其他收入支出。NFER 雖然是個國家基金會，與中央和地方簽署合約進行教育研究，但是也替商業組織服務，基金會的工作內容包括研究、評鑑、測驗發展、出版、專家資訊服務。該基金會的任務如下：「透過進行研究、發展與傳播與資訊服務，改進本國與國際的教育與訓練工作」。由以上的說明可知，研究發展與傳播應用是這個國家單位的工作重點。該組織的價值聲明中有幾點也說明了該組織對教育研究應用的重視，茲就其相關者說明如下（National Foundation for Educational Research, n. d.）：

1. 專注於對決策者與實務者有實用價值與應用性的應用研究與測驗發展，同時透過這些研究對理論與概念發展有所貢獻。
2. 本機構以顧客導向為榮，並且有自信能彈性地配合贊助者的需求。

由 NFER 組織價值中的其中兩點可知，這類由國家所資助的研究基金會，在研究題目上，尊重委託者（主要是政府單位）的意願，研究的態度上也著重研究結果的應用與影響力的發揮，自然研究應用的可能性

會較高。

(三)私人基金會

　　私人基金會進行教育研究應用性的強弱也不一，其中由學者所組成的智庫（Think Tank）常常是研究影響決策的一個管道，部分智庫不僅僅是以作研究為目的，還從事政策工程（policy engineering）的工作，推展研究的成果，其中有些智庫意識型態鮮明，在研究成果的推展上就比較像是特定意識型態的倡導者，如例如英國「亞當史密斯研究院」（Adam Smith Institute）就是一以自由經濟的理念為機構核心的智庫，該機構所設計的政策對柴契爾夫人的施政影響很大，是智庫研究影響決策的實例（Denham, 1996）。如果該國希望影響政策的基金會或智庫較多，研究應用的機會就會較多。

貳、脈絡系統

　　研究能否被應用，有時與研究的品質好壞無關，一個影響研究應用的重要變項是研究社群與政策及實務社群所共處的脈絡因素，包括了社會焦點、社會潮流、文化信念、政治意識型態等。

一、社會焦點

　　研究發現的確定性與其被應用的機率並無太大關係，有時影響研究運作的是研究的相關性而非其確定性。研究雖然已獲得確定的結果，可是與社會所關心的議題無關，不是媒體或社會大眾關心的問題（Weiss, 1998），就不容易受到應用。相反的，有時研究所獲得的是一個暫時性的結論，甚至結論本身也並不可靠，可是因為與社會上關心的事情有關，所以研究受到廣泛運用（Horowitz & Katz, 1991），所以提出研究成果的時機便顯得相當重要（趙達瑜，1998）。政策辯論很少會等待研究報告完成，如果研究不能及時產出，就應該提早產出，等待政策之窗開

啟時成為備選的政策方案（Kingdon, 1995）。

　　一個相當有名的例子是一九五四年布朗與教育董事會（Brown vs. Board of Education）的訴訟爭議，該案例在判決討論過程中除了引用〈憲法第四修正案〉外，也曾經引用社會科學研究證據，基本上該案審理過程中所引用的社會科學證據都尚未有最後的結論，對於隔離的效果也沒有清楚的答案，一般研究者對法院引用研究發現做為證據抱持懷疑的態度，可是法官 Earl Warren 卻選擇性的採用證明隔離負面效果的研究。Horowitz 與 Katz（1991）認為這是因為在美國當時種族紛爭的情況下，教育被大家當作是一個萬靈丹，期望利用教育解決社會問題，法院受到社會風潮的影響，也成了政策制定機關，反映政治體的需要，而不是判斷真假與是非對錯的單位。

　　另外一個著名的例子也說明社會焦點如何讓研究結果在政治氛圍前啞然失聲。美國在一九六〇年代中期後，教育不利兒童的處境受到注意，成為舉國關注的社會與政治焦點，聯邦政府因而發動了大規模的方案行動解決這項眾所矚目的問題，其中〈初等與中等教育法案〉（Elementary and Secondary Education Act, ESEA）下的〈第一法案〉（Title 1）獲得相當多的經費投入，以進行補償教育。雖然美國社會對於聯邦政府介入地方教育事務有所顧忌，但是在社會熱潮與解決問題之殷切期盼下，不論聯邦或地方都失去應有的謹慎態度。詹森總統（Johnson）便指示其幕僚人員先設法讓法案通過再說，細節再談，對於這樣的作法能否解決貧苦兒童教育不利的相關研究或討論，則付諸闕如（Evans & Berls, 1979）。

　　後續眾多的評鑑發現聯邦政府的努力徒勞無功，第一法案或其他的補償教育計畫如起頭平等計劃（Head Start program），對教育不利兒童所產生的效果不但相當微弱，而且無法持續。雖然懷疑漸起，但是聯邦政府對補償教育的經費投入卻不見減少，說明了當社會關心特定問題的解決時，有無行動比起如何有效行動更為重要，政治壓力也往往壓過理性思考（Evans & Brls, 1979）[6]。

社會及歷史氛圍也會影響（甚至誤導）研究的發展，或使研究結果受到誤用，讓研究成為有害的事業。優生學的概念使得測量智商的研究大行其道，希望透過智力測驗找出好的「品種」，多生產一些聰明的人。對智商的關心與「研究」，也使得某些族群的人常常被標記為智能低落者，在移民政策上限制某些種族移民機會（Kamin, 1991）。重視智力的氛圍甚至影響了教育機會，「中立的」智力測驗成為政治或道德行動的幫兇（Apple, 1991），將文化不同、特定族群或低社經地位的學童標記為需要協助的對象，接受「另類」的處遇，在這種情況下，科學工具成了特定意識型態的抬轎者，達成該意識型態所希望建立的權力關係。

　　社會的焦點不會完全決定研究的題目，不同心智架構的研究者仍然會由不同角度進行研究[7]，可是社會焦點可以影響在特定時間點中，哪些研究會大行其道，哪些研究結果會受到重視或引用（Horowitz & Katz, 1991）。研究報告或是具體的研究發現可能早已存在，可是什麼時候才會受到重視、進而影響實務或決策，有時端賴社會的鎂光燈何時照過來。教育常常成為解決社會問題的萬靈丹，只要社會問題不斷，擺在教育上的焦點也不會移開（Evans & Berls, 1979），端視哪一個問題受到處理？有哪一些教育「良方」唾手可得？

二、社會潮流

　　與社會焦點相關的另外一個因素是社會潮流。在社會潮流變動快速的環境中，研究成果的半衰期（short half-life）也會比較短。在一九六○年代，社會科學研究關心男女在成就動機起源上的差異，但是在一九七○年代女性主義興起時，這些研究就少被提及，更遑論應用。建構主

6　當然，補償教育徒勞無功，原因很多，例如沒有找對方法，做對事，或是做對評鑑，可能都是原因。隨著補償教育的持續推動與修正，後來方案成效對於教育不利兒童有較佳的效果。

7　例如美國民權運動者已經立法保障種族平等，可是仍然有研究者致力於證明黑人的智商是比較差的。鐘型曲線（The Bell Curve）的爭論（Herrnstein & Murray, 1994）即為一例。

義興起，行為主義研究冰封，上一個十年中的重要研究發現，在下一個十年中可能因為環境變遷而變得無關緊要。男女研究或行為主義研究未能被應用，不盡然因為它們是壞科學，或者是不好的研究，而是因為社會文化與知識環境的改變否定（negate）了這些領域的科學研究成果，也使得這些研究成果失去了被應用的機會。在社會科學領域及教育學中，社會潮流如果變遷快速，研究成果受重視的半衰期短，研究應用更為不易（Berliner, 2002）。

三、文化信念

研究有沒有影響力，也要看研究發現的接受者如何解釋研究發現。往往研究知識消費者的解釋會受到社會環境的影響，權力和控制可能運作其中。我們常常發現某些文化假設成為主流，其實背後反應出的是一套權力關係。一些未經說明的或是無法知覺的喜好，決定了我們所想要的資料、所想要聽到的話，因此影響潛在應用者詮釋的文化信念就相當重要（Nisbet & Broadfoot, 1980）。社會中主流的文化信念會影響研究被應用的機會，通用拼音與漢語拼音的爭議即為一例（王麗雲，2002）。

心理學中「比馬龍效應（Pygmalion）」研究的爭議也可以說明這種現象，比馬龍這個淺顯易懂的研究概念，廣受美國人的支持與談論，可是在研究上，比馬龍現象所受到的支持是有限的，這個研究測驗的工具，以及比馬龍效果的持續情況，都被後來的研究者質疑。相關的研究指出，老師比較相信的不是專家告知的學生智力，而是教師自己的判斷。如果研究的正確性受疑，為何比馬龍現象仍然廣受美國人談論呢？Wineburg（1991）認為比馬龍現象所反應出的是美國的文化觀念（cultural ideal），美國人相信只要有正向思考，就能夠成功，比馬龍的概念正好支持了美國人的信念，也提供了一個方便省錢的答案：「改變老師的期望就能改變學生的表現」，與大眾利用學校作為社會問題解決的期望相符，所以這項研究發現就輕而易舉地受到社會大眾的引用與支持。

四、政治意識型態

　　另外一個影響教育研究應用的因素是政治意識型態，傳統的研究典範採實證主義的觀點，主張研究價值中立、利用最好的方法追求科學真理。這種研究觀目前已受到挑戰（Randall, Cooper, & Hite, 1999）。部分學者認為研究本身是一個政治活動，研究的角色除了發現真理外，還擴大到倡導或對抗（adversarial）。對教育研究政治面向的體認與教育活動的本質有關，因為教育本身就是一項政治企業（political enterprise），它是傳遞世界觀、再製文化、生活方式傳遞的手段，自然不可能是價值中立的（Apple, 1991）。正因為對研究政治面向的覺知，使得「科學化」的教育研究結果及其政策意涵受到挑戰，當這些研究上的紛擾持續不斷時，研究結果的應用自然會受阻。最有名的例子之一，如 Coleman 在一九六六年代發現黑人學生在種族融合的教室中學習進步較佳時，自由派對其熱烈致敬，他的研究結果也間接促成了反隔離運動。但是當十五年後他指出天主教私立學校比起其他學校對於黑人小孩的教育成就幫助較大時，自由派群起而攻之，批評他的研究方法、統計、研究發現，甚至其本人是否夠資格成為知名社會學者。其他政治意識型態影響研究應用的例子如 Chubb 與 Moe（1990）對公私立學校的比較以及對學校市場化的主張，這兩位學者因其研究建議受到公立學校擁護者的嚴厲撻伐。再如對教育券效果的爭議，也是贊成與反對雙方各執一詞。對事實的接受與否，似乎是循著政治意識型態的路線決定，在這種情況下，不論教育研究的方法再妥善，依然可能成為爭議未決的懸案，這對教育研究的進展不見得都是壞事，不過對於研究結果的應用卻可能減緩。

參、啟示

　　外圍系統，例如國家民主化的程度，社會科學研究的水準等因素，影響研究應用的基本架構，脈絡系統是較近的社會動力，諸如社會焦

點、文化信仰等因素，影響哪些研究受到注意。如果我們認為儘量扣緊教育研究、教育政策與教育實務之間的關係是值得努力的方向，研究外圍系統與脈絡系統對研究應用的影響便有必要，以下討論本章這兩部分所帶來的啟示。

一、外圍系統

(一)建立有利教育研究應用的政治文化傳統

1.創造教育研究應用與政治民主化良性互動關係

民主是公共思辯（public deliberation）的過程（Gutman, 1987），不只是代議制，不等於是投票，也不等同於少數服從多數。在機構層次，公共思辯的意義是「數位代表考慮與討論特定事件贊成與反對的理由」（Gutman, 1987: 52），以這點來看，教育研究應用不僅僅是民主化的成果，本身也是實踐民主的要件，因為討論或考慮特定事件贊成或反對的理由需要的不僅僅是理念或價值，還需要事實與證據，需要知道看待事件不同的觀點。這些研究的成果可以告知（inform）充實我們的考量與討論，不但有助於教育決定，也是民主深化的表現。如果不願透過資料了解現況，或是雖然蒐集了資料，但卻讓資料為特定意識型態服務，或是尊崇特定類型的研究，排斥其他類型的研究觀點，或是讓研究知識和資訊成為少數人的禁臠，不認為別人有需要或有能力消費研究知識，這些都是反民主的表現。能根據教育研究成果討論教育事務，是一個國家民主化的表現，也能強化民主的根基。

2.促進政界、實務界與學界開放性互動

學界與政界如果能互動頻繁，研究轉化為政策的機會就能提高，學而優則仕，或是培養政界、實務界人士的研究素養，研究界人士多了解政策過程或實務狀況，都是為研究與政策及實務搭建橋樑的好方式。不過這種互動必須是開放式的，如果「出仕」的學者只關心或相信自己的意見，或是決策或實務諮詢對象只限特定人士，即使有研究應用，也不

見得有利於決策與實務。在實質的討論部分，「大拜拜式」的參與實質效益可能有限，不過整個問題界定、議題設定、變通方案選擇、執行規畫等過程，如果侷限少數學界人士（如特定背景、特定經驗）的參與，亦可能會面臨 Bulmer（1982）擔心的研究知識與政策及實務銜接淺碟化的情況。

美國的經驗可作為參考，例如開放教育研究優先順序供大眾討論，或是政府諮詢管道採開放方式，廣納不同學者意見，都是可行的，整個政治體系的文化，如果具備研究素養，或是能以開放心態，廣納不同研究意見，對於決策的品質或實務工作的改進應有重要貢獻。

3.政府在研究領導上的角色應有所規畫，求取平衡

政府的集權狀況與研究應用的機會關係密切，因為經費運用效率的考量與政策實務推動的需求，政府應發揮研究領導的角色，針對國家教育重要議題，規畫研究，以作為決策或實務的依據。不過政府研究領導角色應有所規範，不宜壓縮一般研究空間，這是因為一般研究在研究主題上較開放，不至於集中在應用研究、政策導向或技術導向的研究。也因為研究主題的開放，其觀點可以更多元，問題便可能重新被定義。由第五章所提概念化模式的觀點來看，這也是教育研究的另一種功能，不宜全以理性的直線模式觀點期待研究應用的展現，作過度的規畫。

4.專業與民主

專業與民主之間的平衡，視國家本身專業導向與民主導向孰重而定，不過兩者間有必要密切對話。教育研究者需有耐心地向一般大眾及教育決策與實務者說明研究發現的結果，研究工作也應該邀請決策者及實務工作者參與，以適度提高研究與決策及實務的相關性。前面提到的作法，例如邀請非教育研究界人士表達對教育研究優先順序的意見，就可適度增加專業與民主間的對話，增加研究影響力發揮的管道。

(二)協助社會科學的發展

教育學是社會科學的一支，社會科學發展的情況與教育學的發展有

一定的關係，政府宜致力協助社會科學的發展，使得社會科學研究不論在研究方法的提升、研究人才的培育與研究資源的支持上都獲得必要的協助。社會科學研究是公共事業的一部分，不僅僅是個別學者或機構個別的財產，「問題導向」、「改良導向」與「事實導向」原本就是社會科學研究特徵的一部分，也是社會科學研究進展動力之一。

(三)提升教育研究發展狀況

教育研究成果要能提高被應用的機會，研究品質要達到一定水準，不良的研究成果就算被應用了，也非值得慶幸的事。研究社群的發展與研究人口的多寡、研究社群學術規準的建立、政府對教育研究經費的多寡等因素有密切的關係，教育研究需受到大眾注意與信賴，才能發揮研究的權威性，影響決策與實務。政府或社會大眾若視社會科學與教育研究為點綴或附庸性質的研究，是研究應用發展不利的因子。

(四)提升教育學科的地位

教育學科如果被認為是「術」而非「學」，有沒有教育研究、教育研究的水準如何、有無積極進行研究傳播的工作等，就不是令人關心的事。我國教師及教育學科地位較高，與歐美國家有所不同，社會大眾的支持與尊重，較有利教育研究成果應用。

(五)教育研究單位多元化，其中應包括以應用研究或決策為主的研究補助或執行單位

教育研究單位有很多種，有從事基礎研究者，有倡導取向的，有問題解決取向的，功能各自不同。將研究限定在大學校園內，並不適合，因為大學的研究取向較偏基礎或理論研究，難以聚焦式地回應政府或實務對教育研究的需求，因此業務單位所委託或進行的研究，或是基金會所進行的研究，只要有良好的研究品質，反而較大學研究能更有效率地發揮研究告知的功能。

外圍系統因素的改變並不容易，例如國家及社會大眾對教育學科的態度，政治與文化傳統等，乃為長期累積的成果，不易撼動改變。不過我們可以將教育研究與外圍系統的關係視為一種互動關係，例如可以透過研究提升民主，或因為實行民主，所以重視研究成果的告知功能，持續下去，外圍系統的發展會較有利於研究成果的應用。

二、脈絡系統

(一)主動引導而非被動跟隨社會焦點與潮流

　　社會焦點或社會潮流是變動的，由這點觀之，要教育研究根著社會潮流跑，並不見得就能增加研究應用的機會，研究有了成果，社會關注的部分可能又轉向，研究再度被束之高閣。

　　比較好的配合方式是利用 Kingdon（1995）「政策之窗」（policy window）的概念，平時累積研究成果，等到問題出現，政策之窗開啟時，研究成果就有機會成為現成的備選方案之一，提供政策資訊或解答。

　　有時研究成果也能創造社會焦點或引導社會潮流，因為研究者指出了社會大眾平時忽略或誤解的部分，扭轉常識性的認知。所以學界除了被動等待研究被應用的時機外，也可以透過主動溝通，引導社會焦點或潮流，發揮研究啟蒙或再概念化之功。

(二)發揮研究反省與批判功能，提升社會智識

　　Weiss 認為研究是社會智識事業的一部分，研究的可貴處之一，是引導社會大眾由不同的角度來看問題。前面的討論指出，固有的文化觀念常讓我們傾向於相信某些研究成果，忽略其他研究成果，由知識社會學的角度來看，知識或研究原本也是社會的產物，當然會反映社會中的權力關係與價值信念。而這就要靠學者自身的反省批判功能，了解研究知識生產的社會基礎，並且與社會溝通，挑戰既有的文化信念、權力關係或價值信念，以提升社會智識。

第八章

教育研究社群

公共領域中充斥著學術研究，我不記得有任何一個大型組織會請教育學術界對管理提供建議……。研究者唯一達成的結論往往會是：「需要進一步的研究」（英國教育部長 Hence Kenneth Clarke，引自 Pettigrew, 1994: 46）。

學界是專精化取向的受害者，也是一種怪異的專業主義（前英國公共政策研究院主任 Gerry Holtham，引自 Llyod, 1998: 12）。

總結來說，我個人對於……研究在支持決策的過程中能夠扮演何種角色這個問題的答案是：「這個角色大概比你所能理解的要大，不過比你期望的要小」（荷蘭教育與科學部長 Wim Deetman 1989 年對教育研究者的演講，引自 Nuttall, 1994: 31）。

「如果研究者不能堅持把研究發現公諸於世，那他就是在助長民主的傾頹」（Gipps, 1993）。

教育研究有什麼用處嗎？如果教育研究的用處不大，是因為教育研究或研究社群中的哪一些因素所引起的呢？Finn（1991）以在美國教育研究與改進辦公室（Office of Educational Research and Improvement）中審核研究計畫的經驗來看，認為大部分的研究計畫都具有草率、預算編列浮濫、研究假設落伍、推論有限等特徵，這些研究基本上都沒有產生什麼作用，或是看起來可以用的知識，教育情況的惡化並沒有因為研究而改善。這些教育研究充其量是教育流行趨勢（educational faddism）或者是一種尖頭知識主義（pointed-headed intellectualism）。Finn 對教育研

究的責難當然立刻引來教育學界的反擊（Shavelson & Berliner, 1991），不過他所責難的教育研究無用性只是因為研究品質不佳所引起的嗎？

影響教育研究應用的因素有一部分是存在於教育研究社群之中，因為教育研究社群在成員背景、知識觀、組織系統、獎勵系統、時間概念等部分與教育政策及實務社群有很大的距離，並影響教育政策與實務能受惠於教育研究成果的機會。本章將說明教育社群的特質，並根據分析提出改進的建議。

壹、對研究社群研究應用的批評

教育研究社群是社會科學的一支，Weiss 與 Bucuvalas（1980），曾經歸納對研究生產機構的批評，基本上研究社群對決策過程幫助不大，這些社會科學研究生產機構有如下的問題，茲摘述如下（Weiss & Bucuvalas, 1980: 17-19）：

1. 社會科學家（特別是服務於大學者）關心的問題對決策者而言常是無關緊要的，這些研究者所關心的常只是學科中的核心知識。
2. 研究者對問題的定義常常與決策者的定義不同。
3. 研究者常將問題簡化以便進行研究，決策者所面臨的則是複雜的世界。
4. 社會科學能夠提供政策研究的架構的理論或法則並不多，可推論性不佳。
5. 社會科學方法的限制很多，資料亦有限，有時不正確。
6. 研究者通常根據自己專精的研究方法思考問題，而不是根據問題的本質或是決策者的需要思考問題。
7. 研究花時間，議題產生時往往研究尚未完成。
8. 社會科學所根據的概念對於決策者是陌生的，使用的術語或寫作方式也讓決策者難以理解。
9. 許多社會科學家所研究的變項（如種族與社經地位），常是決策

者無能著力的。

10. 許多研究的結論常是未完成的，不是「一方面如何如何……」，就是「從另外一個角度來看如何如何……」，這些研究很少提供正確的指引。

11. 研究常常只是說出大家早已經知道的事，沒能提供什麼新的東西。

12. 社會科學研究常說指出哪裡有問題，不過卻沒說明該採取什麼行動。

13. 研究常是根據過去的經驗，未必能處理未來的問題。

14. 在應用研究中，由資料到建議是一大跳躍，這項跳躍可能受到研究者意識型態的偏好、政治可行性及服務對象的興趣所影響。

15. 社會科學家較多自由主義者、左派或改革取向，這些因素影響他們所做的研究，以及其研究對政策的啟示，並不受政府歡迎。

16. 社會科學家追求原創性，喜歡不合直覺或矛盾的東西，挑戰傳統或老舊的東西，令決策者不舒服。

17. 有時同一領域的研究結果並不一致，不同研究結論常是不同或不合的，研究過程又常發現新的問題，決策者所收到的訊息常不是答案，而是更多的問題。

　　上述評論恐怕不止政策界的人覺得如此，實務界的人亦心有戚戚焉，覺得研究無用，應不感到意外，就教育研究社群而言，有哪些因素使得研究結果難以為決策者所用？

貳、教育研究社群影響研究應用的因素

一、教育研究社群成員背景

　　教育研究社群是受過長期研究訓練的成員，理論上具備獨立研究與消費研究成果的能力，所以對於研究水準要求較高，也能判斷研究品質的好壞（雖然學界看法不見得全然一致），有能力蒐集和消化研究成果。不過部分教育學界人士對於研究方法有所偏好，或鍾情於理論與哲學分

析，或長於量化研究，或只對質性研究抱持信心，這種因研究方法偏好所造成的分隔現象，難免影響教育研究的品質及其與外界對話的機會。

　　教育學門另外一種分化情況是因學科分科較細所造成的。由本書第四章的分析可知，教育學門中學科林立，雖然都關心教育現象與問題，可是彼此間同質性較低，這些研究領域的分隔固然是學科專精化所需，但在另一方面也使得教育研究呈現零散分化的現象，跨學科間的溝通與合作機會不多，困難度也高。也因為隔行如隔山，有時連同儕互評都有困難，例如教育行政學群便難以對特殊教育研究置喙、體育學門亦鮮少能對科學教育表示意見，可以說是相當「巴爾幹化」的學門。學門內部零散分化，可是學門研究所要處理的教育政策或實務問題卻是全面且環環相扣，所以各領域的研究成果對解決教育問題而言，常是片面且無用的。

　　另外一個教育研究社群異質性的現象，表現在研究者的研究取向。有些研究者是走硬科學（hard science）取向，主要興趣在於建立科學知識，有些學者則獨衷於社會批評。這些觀點差異對於社會科學其實都有貢獻，不過社會大眾不一定能了解這些異質性的團體所產生的「異質性」意見應如何受到應用（Blalock, 1991）。對於某些走基礎研究取向的教育學者來說，研究是否能夠發揮功能，改善人類的生活並不是其研究的目的，頂多是其研究的效果或副產品，談改進、談應用，不是基礎研究者的事，而是應用學科的事，這些學者未必有興趣討論，也沒空花時間鑽研，因此研究應用這個議題根本不在其關心或討論的範圍（Kerlinger, 1991）。對於基礎研究的成果，一般人只能望之儼然，難以親近，除了肅然起敬之外，大概只能束之高閣。

　　教育研究社群不見得每個人都有從事教育行政與決策，或從事教育實務工作的經驗，在將研究成果轉換為實務上與政策上之可行政策或行動時，難免力有未逮，使得教育研究影響力的發揮有限。再者，教育研究的成果應用到教育政策或實務上時，常昧於實際的政策與實務，可行性低，予人教育研究是象牙塔內的知識之印象。

　　教育研究社群之間的學術討論多以學術術語進行，因為教育學門之

下分支較雜，這些學術用語對於非屬同領域的學者來說，理解可能都有困難，對於非教育研究社群的人來說更形成障礙，遑論應用。

　　量化與質性研究之爭，學科內部研究的專精分化，理論與實務間的落差，基礎研究的不食人間煙火等現象，其實也存在其他學科之中，不過教育學門因其專業學科特質，理應較理論學科更重視理論與實務的銜接，所以對教育研究應用持較高的期望，再加上教育學科內部分化較細，卻要處理牽一髮動全身的教育問題，就使得教育研究應用更具有挑戰性。

二、教育研究社群的知識觀

　　教育研究社群與實務及政策社群在知識觀上也有差距，影響教育研究應用的機會。這些差距表現在處理知識的範圍、對知識的態度、關心知識的類型，以及知識與行動關係的看法。

(一)處理知識的範圍

　　特定知識論認為研究未被應用，是因為研究所提供的知識過於狹隘。這與教育研究社群處理的知識範圍有關，因為研究者必須系統性地回答問題，所以選取的研究問題的範圍不能過大，儘可能排除干擾因素，以求得到較為確定的結論。其次，因為學科專精化之故，研究者多由單一或少數學科面向進行研究，甚至部分學者終其學術生涯只專攻一個或兩個主題，成為該主題的專家，也只能由該主題討論研究的建議。這種明確分工與研究專精化的結果，使得其所提出的建議在現實的社會中可行性不高（鄭麗嬌，1992a；Caplan, 1975），研究成果被應用的機會自然不大。

(二)對知識的態度

1.內部邏輯與外部邏輯

　　研究界探討現象的內部邏輯，也就是問題的本質，對於行政與經濟

等外部因素的考量較不關心。相較之下，決策者或實務工作者卻較重視外部邏輯（Nelson et al., 1987）。Nisbet 與 Broadfoot（1980）曾舉了一個例子說明這種差異：如果社會上討論十四歲的小孩應該多晚回家，發展心理學的學者或其他領域學者可能由多種角度來探討這個問題，可是決策者面對社會的質疑，便必須立刻提出答案，而答案的政治正確性可能比科學正確性更令他們關心。又如受到眾人所關心的幼兒英語教學問題，專家可以由學習心理學、語言發展、情緒與人格發展等角度探討這個問題，所得到的答案不見得一致，對於幼兒英語教學問題的答案可能是「看情況」，這是因為幼兒英語教學問題原本就是多面向的，不過決策者除了關心研究發現外，可能還關心如何取得不同利益團體政治壓力的平衡。教育實務工作者的關注焦點則可能是招生率升降問題，或是擔心下一分鐘誰來上課。研究者與決策者或實務人員關心的問題的確相當不同。

2.研究典範

探討問題的本質涉及採用研究典範的問題，不同典範對於本體論與知識論的看法也會有所不同。以實證主義為例，相信心智之外有世界存在，科學的工作就是描述這個世界，一旦掌握法則，就能有完美的預估。反實證論者則認為社會科學的預測不若物理現象那麼容易，在社會科學研究中要得到解釋力 $R^2=1$ 的預測，現有的理論是做不到的，甚至連為了提高 R^2 而過度加入變項都是不應被鼓勵的，因為這違反了精簡（parsimony）的原則。研究的可推論性也是有限的，硬要提升其可推論性的後果是使得理論更加抽象，對於特定情況的預測力也會減低（Finn, 1991）。

因為典範不同，教育研究所得到的發現與提供的資料，可能會有所不同，甚至彼此衝突。研究常常需要經過長期的累積檢核，才有可能獲得較為一致的看法，這種現象容易令有心從研究知識中找答案的人感覺挫折，而且這種知識觀很容易讓有確定答案需求者產生不耐與懷疑，接收者無法信任研究成果，當然不會應用。不過對研究者來說，他們的角

色原本就不是作出決定，而是說明世界的複雜性和知識探索過程中的模糊性或不確定性（Nisbet & Broadfoot, 1980）。

3. 預測的問題

教育或社會研究不比自然科學或物理研究般容易了解、預測、控制（Berliner, 2002; Blalock, 1991），並生產確定的知識或定律。Blalock（1991: 62）認為描述及預測社會現象本身就不是一件容易的事，其原因包括了社會現象的複雜性、測量誤差的控制不易、因果關係的不易釐清、執簡御繁說明現象所伴隨而來的過度簡化現象、測量實體的變化性（社會科學版的「Heisenberg 測不準原理」）、變項的跨學科特性、社會科學研究資料蒐集工作的不易等等，以及在升等及申請研究經費對研究速度所造成的壓力下，無法蒐集有效的資料，在在都增加預測的困難。

教育研究往往長於解釋卻無法預測，或是能夠預測卻提不出解釋。前者一如 Willis《學習成為勞工》（*Learning to Labour*）一書，雖然生動地描述了英國烈德族青少年文化的現象，可是在另一方面，儘管描述再生動，一般大眾仍然不會接受這批青少年文化為主流文化，反而因為這些描述而為那些青少年貼上文化標籤、擴大了文化差距（Nisbet & Broadfoot, 1980）。這種現象讓人不禁質疑研究究竟能做什麼？

就算有預測的企圖心，教育研究的預測也不是一件容易的事。Berliner（2002）稱此為教育研究互動的普遍性（the ubiquity of interaction），各個變項之間常有互動關係，這些交互循環的關係使得因果關係的釐清十分困難，就如同進入「佈滿鏡子的走廊」（Cronbach 所言，引自 Berliner, 2002: 20），難以分辨何者為真，或何者為因。此外，社會行為的決定因子變化也很快，可推論性往往不理想（Biddle & Anderson, 1991）。

就算能預測，社會科學中的預測也非無限制。熟悉量化取向的研究者都知道，即使以統計方法建立良好的解釋模型，對於在資料範圍之外的任何解釋或預測，仍需相當保守謹慎，這是實徵研究的特徵，長於描述及解釋現況。所以當一個研究告訴我們，教師的知識與經驗對學生的

學習沒有影響時，我們不能天真地驟下結論，認為教師培育或專業發展
工作是沒有必要的，因為這個研究所描述的可能是現況，而不是師資培
育或專業發展工作的可能性。研究因為有此保守性與限制，謹慎的學者
當然不會率然根據研究發現，建議廢除師資培育與教師專業發展制度，
因為師資培育與專業發展工作究竟對學生學習有沒有幫助，不是單純一
個研究所能回答的問題。不過別有用心或是不小心的研究者，則會讓研
究發現為自己的主觀意願服務，得到現有研究所不應該得到的結論與建
議。細心謹慎的研究者則知道他還有好幾個問題有待回答：教師的培育
與專業發展課程沒有幫助，是不是因為教師都已經接受了夠多的教育，
所以看不出來顯著的增長？還是因為師資培育與專業發展課程設計不
當？研究過程中有沒有忽略重要的變項？是不是有其他的限制讓師資培
育與專業發展的成效無法顯現？特別是教師無法控制的結構性或政策性
的因素，如過度擁擠的教室或強大的升學壓力（Reimers & McGinn,
1997）？在提供結論與建議上，受夠良好研究訓練的研究者毋寧是謹慎
甚至「膽怯」的，而未受過研究訓練或別有用心者則不忌諱輕率作出結
論與建議。

　　另一個著名的例子是教育機會均等的研究，Coleman（1968）發現
學校在促進教育機會均等上的貢獻不大，之後的研究也支持 Coleman 的
發現（Jencks, 1973），使得美國對公立學校作為偉大平衡器的功能抱持
悲觀的態度，甚至主張應將學校私有化，或透過市場機制管理學校
（Chubb & Moe, 1990）。不過跨國比較研究卻發現，這樣的結論卻可能
只是因為自變項（學校相關變項）分布範圍較窄所致（只以美國社會為
範圍，學校品質的差異變化有限）。在未開發國家中，公立學校的相關
變項對於教育機會均等有相當重要的影響。由研究發現到結論或建議
間，還可能有其他的解釋空間。

　　由另外一個角度來看，研究界由不同研究典範進行研究，如果長期
研究後能累積獲得一致的看法，往往可以成為決策者或實務人員工作的
基本面，成為不得不採行的研究依據（Nisbet & Broadfoot, 1980）。英國

十一歲考試的興起與廢除，就是因學術界研究的共識形成壓力，迫使政府修正政策的產品。

4. 關心知識的類型

社會科學研究者較為關心基本、抽象的因素，追求執簡御繁，例如階級、種族、性別等因素，便是社會科學家常常討論的變項。然而這些理論變項（theoretical variables）與政策變項（policy variables）有時並不一致，也就是研究的歸納或發現有時不是政策上可操弄的策略，或是不易操弄的策略。例如在教育機會均等的研究中常討論性別、種族、階級、父母教養態度等因素在此議題上所產生的影響。不過政府如果想改進教育機會均等，是很難由改變學生的性別、階級、種族等變項下手的，就連改變父母的教養態度都不容易。也因為研究者所生產的知識類型，不是一般決策者或實務人員感興趣或能操作的部分，所以研究的成果只能藏諸名山，無法應用（Nelson et al., 1987）。

5. 知識與行動的關係

學術社群多認為行動或決策應本於科學知識，也就是說科學知識是引導行動的重要依據（Nelson et al., 1987）。研究應用理性模式甚至認為這種銜接是直線的或必然的，其他「非」理性模式，特別是表面模式，是不可遇的。

三、組織系統

Cohen、March 與 Olson（1972）認為美國的大學像是一個有組織的無政府狀態（organized anarchy），大學之所以具備這些組織特徵，與大學強調學術自由、追求真理有關，除非接受委託研究，否則大學中的研究人員有很高的自由度，以適合的方式進行個人感興趣的研究，提出個人研究發現的看法。進行的研究題目大多是與過去學術研究銜接為主，盼累積學術研究成果，創造新的知識或理解，不見得是社會上認為應優先研究的題目。

雖然是無政府狀態，但學界並非沒有規範，只是這些規範主要不是

靠科層控制或是法律規定而來的，較多是學界長期互動與溝通所得到的共識。漫長的研究訓練過程與同儕審核制度，有助於建立學術研究規準。求真是學術研究的基本共識，整個社群文化則是專業取向、學術取向。這種社群組織特徵使得學界較關心知識的生產而非應用，肯定知識對行動引導的價值。

四、獎勵系統

大學的獎勵機制主要是以研究成果的發表為主，不論國內外，期刊論文或研究著作的發表數量，一直都被認為是研究或升等評比的重要依據（Weiss & Bucuvalas, 1980）。雖然教學、服務、技術轉移或研發在許多學校中也列入升等考核的評比項目之一，不過所占的比重仍然無法與研究成果相比。大學的功能雖然日趨多元，可是研究型大學或卓越大學的競爭壓力，以及審核及評鑑制度，仍然使得研究著作而非服務或技術轉移，成為大學教師主要的獎勵系統。

這種獎勵系統的具體影響是導致大學工作的優先順序不能配合研究應用的需求。Dunn、Gibson 與 Whorton（1985）的調查研究顯示大學在工作的優先順序上，是以傳統的工作為優先，包括了基礎研究的進行與設施的擴充，學校設備的改進、捐款或經費的爭取等等。服務部分的優先順序便往後移，這些服務項目包括了非學分教學、應用研究、提供技術協助，在這三項工作中又以應用研究的得分較高。在應用研究部分，政府單位卻不是大學優先服務的對象，而是專業或商業團體。這項研究結果是根據對大學校長調查而得的，說明了提供服務，包括為政府進行應用研究或提供政府技術協助，並非是大學任務的優先考量[1]。

---

1 他們的發現還指出即使是「捐地大學」（land grant university），在機構工作的優先順序上也與一般大學沒有太大差別。

五、時間概念

Nelson 等人（1987）認為一個研究計畫花三年才完成是一個很正常的事，如果再加上資料整理及撰寫與發表的時間，耗時五年才產生具體研究成果也不足為奇（當然，在學界也不乏花費時間更長的長期研究[2]）。在時間概念上，學界是長期的，以年為單位的，時間是獲得可靠資料與研究成果必要的投資。這樣的時間概念，與政治人物短暫的政治生命相較，難怪決策者常常無法消受研究成果。

參、學科研究與政策研究

上述學界與政策界的差距的確存在，問題是我們有必要在兩者間搭上橋樑，促成兩者更好的銜接嗎？部分社會科學家認為社會科學研究涉入決策是不智的，其理由可歸納如下（Weiss, 1977: 2）：

1. 當政府因為政策目的贊助社會科學研究，社會科學研究的心力便會由知識的擴充上分心。

2. 當社會科學家接受了政府的資助，往往不得不在知識不充分的情況下提供建議。這種情況對政府或對社會科學界都沒有好處，事實上倉促而得的結論往往讓社會科學界陷入爭議之中。

3. 社會科學界接受了政府官員所訂的研究問題後，也就使得社會科學研究分岔，政府所關心的領域受到提倡，而對學科理論核心來說更重要的議題則被忽略。

4. 社會科學家若不但處理政府官員所設定的研究問題，且接受其價值取向，無疑是放棄了科學家的角色，淪為當權者的技匠。

5. 社會科學家運用其知識與技能為任何政府服務——不論是保守

---

2 如 Entwisle 與 Alexander（1997）花了五年的時間蒐集巴爾地摩地區學生成就資料，完成「夏季失落」（summer loss）的研究，再加上分析與撰寫的時間，整個研究的時程相當長。

的、自由的、改革的或社會主義者的政府——都是讓社會科學家淪為國家的僕傭，而非扮演社會科學家應有的角色——亦即成為所有社會中中立不受拘束的批評者。

上述主張社會科學界不應涉足政策研究的主張有其道理，指出部分問題，是社會科學研究者需要自我戒慎恐懼之處，不過主張兩者應「一刀兩斷」的看法似乎過於保守，其理由如下（Weiss, 1977: 2-4）：

1. 所有的社會科學中都有分工的情況，要擔任社會批評家者有其空間，希望擔任政府職位者也能找到機會，每個人的興趣與技能都不同，各自進行不同類型的研究並無問題。

2. 社會科學的研究與實務的關係一向密切，亞當史密斯的國富論，馬基維利的君王論等，都是學科研究，但是對實務也發生重要的影響，社會學科研究如果對周遭的情況沒有學習或了解的動機，或是無意對周遭的情況發展洞識，對人類生活改進缺乏興趣，是件奇怪的事。

3. 雖然有部分看法認為政府所資助的研究會引導學界的研究方向，不過其他的觀察也指出學界也會引導政府資助研究的方向，使得政府的研究資助投入學界關心的研究議題，情況並不像部分學科研究者擔心的那麼悲觀。

4. 所有社會科學的研究都是價值選擇的結果，包括研究題目的選擇或是分析變項的挑選，如此一來不論是基礎研究或是應用研究，都受到價值的影響。

5. 政府的政策對人民有重大的影響，而政府工作內容又相當的複雜，的確需要學界的協助，提高政府的效能。學界對政府的協助也不必過於狹義，概念的啟發、資料的提供或問題的解決都是協助政府的方式。

Weiss 的討論指出政策研究亦是學科研究不能迴避，也沒有必要迴避的問題，相反地學界應該更積極地參與研究應用的工作，包括參與政策相關研究。以下便提出研究社群促進研究結果應用可行的作法。

肆、教育研究社群促進教育研究應用可行作法

一、教育研究真的無用嗎？

「本性難移」，教育研究社群有其獨特社群文化，這些文化與大學或學術研究在社會中所扮演的獨特角色有密切的關係。如果沒有學術界投入研究，探討一般人認為抽象、無關的主題，不肯妥協地追根究底、自我挑戰，一步一步地改變我們對社會的了解與認知，社會的進展必然延遲，宗教、政體、傳統、疾病以及文化偏見等因素會繼續主導我們的生活。

教育中的基礎研究或理論研究，常被認為是應用性最低的研究類型，然而即使是這類的研究，對於教育實務的改進也可能產生根本性的影響。Getzels（1991）引用杜威的話指出：「沒有什麼比純理論的研究更實用的」（nothing as practical as research that is merely theoretical）（Getzels, 1991: 109），教育中的基礎研究事實上對教育的實施產生了重大的影響，例如心理學的發現，教室的設計對教育就有重要的影響。

早期的教育觀是把學生當作白紙（empty organism），學習是透過操弄獎賞的刺激反應聯結而達成的，所以教室的設計是長方形的，以教師為中心（teacher-centered），教師站在講台上，代表一切學習的來源。格式塔（Gestalt）心理學的發展，強調對學習材料統整性的了解，老師是材料的提供者，對學習材料的統整要靠主動的學習者（active organism），以學生為中心（student-centered），教室設計改以學生為主，椅子也可隨意地移動。後來心理學的發展視學生是社會動物（social organism），教室改為圓形，學習則是以團體為中心（group-centered），在每個人都能看見對方、進行互動的情況下學習。爾後則是視個人為尋找刺激的動物

（stimulus-seeking organism），渴望探索外在的世界，透過與環境的互動與好奇心的滿足而成長，開放教室就成為教室設計的理念。這些教室設計的變化未必經過實驗證明其效果後才開始推廣，乃因心理學中學習理論的進展影響所致。

如果如第二章中所言擴大研究應用的定義，或者採取第五章中所提的概念模式觀點來看待研究應用，則教育研究社群或學術研究機構的功能，有時並不在於扮演類似醫院的角色以解決問題，而是「製造問題」，往往問題的形塑比起問題的解答可能更為重要（Getzels, 1991），問對問題對於現象的了解，或問題的解答比找對答案幫助更大，這也是研究的重要功能，雖然看不出來有什麼直接的工具價值，可是重要性卻更高。

如前所述，教育研究社群的文化有些並不利於教育研究應用，研究工作的機構化，特別是大學與研究申請制度的設立，以及學術社群分工日益精細，更使得教育研究應用的困難增加。作為一個具備專業特質的學科，教育研究社群不能失去其學術研究的獨特功能，但也必須思考如何能夠擴大教育研究成果的影響力。Weiss 與 Bucuvalas（1980）的調查研究歸納出有用社會科學研究的特徵如下：

1. 研究品質（research quality）：研究在方法上、樣本上、分析上、資料解釋與推論上都符合科學研究的水準。
2. 研究發現與使用者期望一致：研究發現不會與使用者個人的經驗、判斷或信念差距過大，或是與機構政策背道而馳，政治可接受度高。
3. 行動取向：研究能夠提出具體可行的建議，具可實施性，讓使用者知所遵循。
4. 挑戰現況：研究能改變對現況的觀點或作法，引發變革。這項特徵在因素分析中與行動取向成負相關，不過兩者都是應用性高的社會科學研究特徵。
5. 相關性：研究發現與使用者關心的問題相關，是使用這所想知道的資訊。

上述特徵 Weiss 與 Bucuvalas（1980）進一步歸納成兩個面向，分別是真實性考驗（truth test）與應用性考驗（utility test），前者包括了研究品質，研究發現與使用者期望一致的程度，後者則包括行動導向與挑戰現況。

　　在教育研究社群部分，有哪些可著力之處，以提升教育研究應用的可能性，改進教育政策與教育實務呢？

二、提升教育研究應用的可行作法

㈠確保教育研究的品質

　　Landry、Lamari 與 Amara（2003）的研究都指出，教育研究的品質好壞與研究是否受到應用並沒有多大的關係，好的研究並不一定受到青睞，差勁的研究人員反而可能成為「入幕之賓」，這個研究發現的確令人努力要做好研究，描述現象並提出解釋的教育研究人員挫折，不過由另外一個角度來看，也提供教育研究人員一個自我反省的機會，為什麼研究品質的好壞與研究是否受到政策與實務社群的應用無關？由教育研究應用的角度來看，研究社群是否可以不必再管研究的品質？

　　Landry等學者（2003）描述的是教育研究品質與研究應用的實然，卻未必代表應然的關係。Atkinson 與 Jackson（1992）認為研究工作的品質保證（quality assurance）可以讓大眾與立法機關有理由也有信心支持研究工作。如果研究做不好，非但不足以解決社會問題、發揮啟蒙的效果，還可能為教育帶來黑暗時代。大眾一旦對教育研究失去信心，就會減少對教育研究工作的支持（Biddle & Anderson, 1991），教育研究也吸引不到一流人才加入，研究社群將因此凋蔽，所以研究社群應致力建立品質保證的機制。Rich（2001）對美國智庫的研究也發現，行銷傾向強（意識型態強）的智庫所做的研究受到國會信賴援引的程度，比不上非行銷傾向（較無特定意識型態色彩）的智庫。這兩類對研究品質與研究應用相衝突的發現給我們兩項啟示，首先是品質的確不是決策者採用

研究與否的唯一因素，研究界如果不滿這個現象，就必須體認到除了作好研究之外，還需要在別的面向努力，才能提升研究應用的機會，不能一味地等待伯樂識良駒。至於研究界對研究品質是否需要有所要求，這涉及到研究社群文化與風氣的問題，Rich（2001）的研究發現「路遙知馬力」，研究界的作法會影響大眾對研究社群的判斷，而這個判斷的後果也將影響研究被應用的時機。概括來說，研究的品質保證機制可以透過下列方式來達成：

1. 研究訓練部分

目前研究所的教育功能日益多元（王麗雲，2001），研究訓練只是現行研究所的教育目標之一，不過如果研究訓練在研究所教育的比重日益萎縮，不斷與其他功能妥協時，國家的教育研究人才庫將會乾涸，影響到教育研究與教育學科的發展。如第七章中所言，在這種外圍系統情況下，「教育研究」如果真的被應用了，也沒有多大的意義，或是值得教育研究社群欣喜之處。Bulmer（1982）反省英國社會科學研究的危機，指出研究所研究方法的訓練不足是一大隱憂。大學乃為學術研究重鎮，在機構功能快速擴張的同時，也應該「固本」，思考機構要如何提供研究生研究訓練，不要讓學生「一招半式闖江湖」，或者只用一種研究方法進行所有的研究（只在有亮光的地方找鑰匙，而不是在鑰匙掉的地方找鑰匙），甚至沒有辨別研究好壞的能力，或是消費同領域其他研究的能力，不能堅持學術研究的精神，或不能理解自身研究的限制。學門也應建立共識，共同規畫下一代研究生應該具備的研究素養，這種素養不僅限於量或質的研究方法，還包括理論分析及批判反省的能力，套用Bulmer（1982）的觀點，教育研究不僅僅是教育經驗研究，否則教育研究者也只稱得上是技術人員而已。

2. 研究人員的專業成長

第二個部分是教育研究人員的學術成長機制。研究者的學術成長是長期的，目前國內促進學術成長的「紅蘿蔔與棍子」（carrots and sticks）都逐漸建立，包括出國進修機會、學術研討會、研究方法工作坊

等，並配合升等審查、教師評鑑制度以及研究案申請等，使得大學教師不斷自我策勵成長。另外也要注意學術社群封閉與壟斷的現象，維持學界的開放性，才能促進學界學術水準的進展。

3.透過同儕審核提升研究水準

第三個部分是教育學術界的同儕審核（peer review）制度，教育研究的品質有賴學界共同努力，值得注意的是並非同儕就能審核研究成果，因為同儕的領域、學術水準與訓練背景不盡一致，為確保教育研究的品質，學界對於同儕審核的標準應該逐漸建立共識，以目前巴爾幹化的學界來看，這個部分還有可再協調與謀求共識之處。

(二)增進學門跨領域的合作、對話與統整

由各研究領域的觀點對教育改革提出建議，即使研究結果再有科學根據，也常因教育現象的複雜性，以及研究範圍較小、控制變項多、推論情況有限，使得所提供的建議不但不能解決問題，反而造成更大的問題。所以研究者應該了解學科研究本身的限制，在建議的提供上儘量審慎，並對重要教育議題促進跨學科領域的合作、對話與統整。例如目前教育評鑑制度的設計可能相當完善，也符合學理，但是忽略了學校行政方面配合的可能性（找誰來做評鑑工作？要花多長的時間執行評鑑的程序？），也未考慮教育經費運作的效率，以及各校情況的差異。要由單一學科的單一研究獲致可行的教育政策，有其實際上的困難。解決這個問題，應該增加跨領域合作或對話的機會，提出一個較統觀的行動建議。

教育研究中的典範之爭，其實有其正面的功能，這些爭論或歧異使得我們能由多元的角度理解教育現象，了解各個典範的限制，但是學界除了各自做研究之外，也應該致力於不同典範間觀點與研究發現的統整。這些工作由個別學者來做，較為吃力，可由學門或領域定期針對重要教育議題，且累積有一定研究成果者進行統整，歸納出暫時性的結論，討論其在政策上與實務上的蘊義，並提出具體作法，對於尚未有共識的重要議題，則可共謀未來的研究重點與方向。

大學或學界呈現有組織的無政府狀態是社群特徵，不宜以科層控制的方式強加規範，以免妨礙研究的自主與創意。不過學界應該建立穩定的機制，如學會、相關學科的領導者（所長或系主任）會議、研討會等，增進彼此間密切的互動與對話，建立起學界能夠接受的學術規範與水準，確保學術的進展與知識的提升。

㈢增加對教育政策過程與教育實務的理解與參與，尊重實務知識及專業藝術（professional artistry）的價值

　　教育學院在某些學校中被歸為專業學院，對於專業學科來說，實際應用是這個學科價值的最後檢核。土木或機械的研究再好，但是蓋不好房子或是無法製造出可運作的機器，便算不上一門成功的專業學科。教育學門也是一樣，教育研究者如果對於學校生活的實際不了解，也不關心研究的成果究竟在學校中能不能用，有沒有用，所得到的抱怨與土木研究者會寫期刊文章，可是在建築上派不上用場相去無幾。雖然不見得每個從事土木研究者都應該是建築或工程高手，不過至少應該關心研究成果在實際場域中的應用性，藉以反省學科研究的進展。

　　研究型大學中的專業學院，受到技術理性的引導，過度強調有系統的、科學的知識，與實務所面臨的複雜、不確定、混亂現象有很大的差距。如果大學中的專業學院只以建立系統化的知識自滿，不考慮所生產的知識是否能夠描述並解釋實務工作，符合實務運作的需求，解決實務運作的問題，這種專業知識就不具有太大的價值。了解並尊重實務知識，可以促進專業學科知識的修正與革新，不論是對學科的發展或實務的改進都有莫大的幫助（Schon, 1983, 1986, 1991）。

　　對教育實務影響最大的來源之一是教育政策，所以研究者也應該透過個人或學術組織的力量，關心政策過程，盡可能在政策過程中提出學界的觀點，以影響教育政策。知與行在政策界未必是直線的關係，「知識就是力量」的邏輯也未必全然成立，如果要強化這兩者間的關連，學界就得先了解這兩者不能產生關連的原因，找出容易發揮影響力的管道。

學界所提的觀點應有基本的共識，以免在政策過程中造成決策者或一般大眾更大的困擾與混淆，如果沒有共識，也應該各種觀點並陳，促進公共論辯與對話，並在學界整合應該努力的研究方向，回饋公共對話。簡要來說，研究界除了關心現象的內部邏輯外，也要儘量參與外部邏輯對內部邏輯的詮釋與討論。

在研究題目的選取上，也可多關心決策者或實務工作者的需求或所面臨的問題，以增加研究應用的機會（Levin, 1991）。在研究變項的選取上，對於決策者或實務工作者能夠操弄的政策變項，也應多注意，因為這些部分才是決策者或實務工作者可以採取行動，據以改進教育之處。研究所提供的發現和建議最好是在目前的政治限制下能夠運作的（Levin, 1991），過於大刀闊斧的改革意見，往往需要大型政治或社會改革的配合，運作的機會較小，也容易受到保守政府的抵制。

㈣修正大學或研究機構獎勵系統，鼓勵研究應用

我國近幾年不論是大學內部的升等或考核，以及研究經費的申請，都相當強調學術著作，特別是刊登在知名期刊上的文章。這個制度可以稍加修正，將在研究應用上有卓越貢獻者也列入評分的考量，研究者會較有意願於研究完畢後再往前進一步，考慮研究應用的部分。大學的獎勵制度是影響研究應用傳播的根本因素，研究者如果不處理這個部分，研究成果轉換所需耗費的成本就會移到資訊接收者身上，無疑增加研究應用的困難度。

㈤考量委託者的需求，規畫研究時間

研究者的時間觀與實務工作者與決策者相當不同，如果研究者接受委託進行研究，就應該對委託者在時間上的需求多加考量，或與委託者磋商達成研究目標所需要的時間，以善盡接受委託的責任，提供及時的資料或建議（Levin, 1991），如果所給予的時間與所期望的答案落差過大，可以婉拒接受研究委託。

(六)釐清研究的定位

如第二章中所述，研究的類型相當多，可能是基礎研究，可能是速簡研究（quick and dirty research），研究者在進行委託研究時，應該先與贊助者溝通，設法釐清研究的定位，以免彼此期望落差過大。釐清研究的定位還包括說明研究的限制，使得閱讀這份研究報告的人清楚了解這份研究能告訴我們什麼，不能告訴我們什麼，由研究發現中可以作出什麼推論與建議，有哪些又有待進一步研究。

(七)重視研究結果的應用

對許多研究者來說，研究是其工作的重心，研究應用則否，使得研究成果只能侷限在學界，難以對教育產生實質的影響。如果研究者，特別是政策研究者能體認到研究結果的推廣應用也是其工作的一部分，必然能增加研究應用的機會。Huberman 所稱的「持續互動」（sustained interactivity），就是研究者可以採取的作法，只要能撥出時間與潛在的使用者一起工作，就能提升研究應用的機會，對科學研究的量與質也不會產生不好的影響（Louis, 1981）。

如本章一開始 Wim Deetman 所言，持工具性的角度檢視教育研究對決策或實務所發揮的告知功能，可能會得到令人失望的結果，如果擴大應用的定義，並且採取縱深的角度檢視研究的功能，教育研究的貢獻可能比我們理解的要大。本章先說明教育研究界中影響教育研究應用的因素，並且根據這些討論，提出具體的建議，雖然教育學術研究社群有其獨特的文化與特徵，不過，其中仍有研究界可以再加努力或稍加注意之處，就能對提升教育研究應用有很大的幫助。這個方向值得教育學術界努力，因為這項努力的受益者不會僅是教育實務界或政策界，還包括教育研究界本身。同時，如本章一開始所言：研究者如果不能堅持將研究結果公諸於世，是在助長民主的傾頹，也無法為 Weiss 強調的社會智識事業建構盡力。

第九章

教育組織

　　「許多研究都告訴我們，大部分的選民是意見紛歧的，對政治也沒什麼興趣，所以要贏得選舉靠的是較好的形象，而不是較好的政策。所有成功的政治人物都了解這個原則，也遵循這個原則而行」（前英國公共政策研究院主任 Gerry Holtham，引自 Llyod, 1998: 12）。

　　當我們談論一波一波教育改革時，我們真正談論的是改革文獻上的發展趨勢，而不是真實學校中真正發生的事，當然潮流的確存在，不過通常都是表面驚天動地，對深海處卻私毫沒有影響（William W. Cooley[1]）（引自 Colley, Gage, & Scriven, 1997: 18）。

　　「研究是跟著錢跑的」（Nuttall, 1994: 39）。

　　總統對著幕僚吼：「可不可以幫我找到沒有兩隻手的分析家！」幕僚納悶著問：「為什麼要沒有兩隻手？」總統回答：「這樣他就不會說一方面如何……，一方面又如何……！」（On the one hand……, On the other hand……）（廣播節目片段）

　　延續第六章所定的架構，本章將分析教育組織的文化以及影響教育組織應用教育研究成果的因素，最後提出具體的建議，說明有哪些作法是教育組織可以考慮採行，以提高教育決策與行動的理性基礎。基本上的分析架構與前章類似，以為對照。

1　一九八二至一九八三年 AERA 理事長。

本章中所稱的教育組織包括了教育政策界與教育實務界，其中教育政策界包括了決定教育政策的教育行政人員與立法委員（及其助理）；教育實務界則指實際從事教育工作的學校行政人員與教師。這些人的決定與行動，都影響教育的後果，也是教育研究希望影響的主要對象。

壹、對決策單位研究應用的批評

政府機關在應用研究結果上，不盡理想，主要的問題可歸納如下（Weiss & Bucuvalas, 1980: 20-21）：

1. 公家單位的決策常是分散的，沒有哪一個單位能完全掌握決定，因此也就很難有哪一個單一研究能說服全部對決策有影響者。

2. 決策者經常易位，前一決策者感興趣的研究，下一任繼位者可能興趣缺缺。

3. 決策者通常缺乏耐心等待研究結果出爐，往往急著解決問題，以便處理下一個問題。

4. 決策者對於世界現況往往得概括承受，對於社會科學將這些現況視為問題並不能接受。

5. 政策議題轉換快速，研究完成時恐已時過境遷。

6. 許多決策者在方案或政策領域經驗豐富，也有一手的資料，研究能產生的貢獻其實不大。

7. 社會科學研究建議未必是決策單位職權範圍所能決定。

8. 社會科學研究所提的建議超越了組織資源範圍。

9. 社會科學所提的建議可能超越了行政單位或社會大眾意識型態的範圍。

10. 決策者的興趣未必是用最好的研究成果解決問題，而是要消弭差異，整合歧見。

實務界對於研究應用的情況應該較決策界更不樂觀，理由有三：首先，研究資訊傳送到決策單位的機會比到實務界要多，決策單位比實務

界更有機會參考研究發現。其次，決策單位較實務界可能更有能力消化研究發現，決策單位人員通常素質較高，較有可能理解研究發現。第三，實務界通常被期望聽命行事，執行政策，沒有太大自主權，也就不必費心關心研究。教育決策與實務界的哪些特徵導致研究應用不易呢？茲分析如下。

貳、影響教育組織應用教育研究的因素

一、教育組織成員背景

　　教育人員的經驗、背景、訓練、所占據的決策位置（如職級、服務層級、自主性），對研究的接受度（receptivity to research）、接觸研究的情況（exposure to research）等，都有可能影響教育研究結果被應用的情況（Weiss & Bucuvalas, 1980）。

　　教育系統中的人員無法消費教育研究成果似乎是令人匪夷所思的事，但它卻是事實。教育組織成員不應用教育研究的理由之一，可能是他們根本不接觸教育研究（Berliner, 2002），或者對其有不正確的認識、期望教育研究能提供速效的解答（Shavelson & Berliner, 1991），或是壓根兒不信任或重視教育研究。這些成員的養成教育中不見得受過教育研究或社會科學研究的相關訓練，對於研究品質良窳的判斷、研究限制的洞悉，以及研究結果的理解與轉化都力有未逮，更有甚者，有時候連是否有問題，或問題究竟是什麼都不一定能夠正確地掌握，自然也不太可能主動地消費研究成果。在缺乏專業脈絡（professional context）與問題情境（problem situation）的情況下（Nisbet & Broadfoot, 1980），教育組織中的成員要不是依據個人經驗或價值喜好作成判斷，就是被動地接受上級指示採取行動。

　　Landsheere（1975）也提到，社會如果將教師視為教書匠，認為老師只需要具備學科知識及教學技能即可，自然而然在師資培育階段就不

會強調研究方法的相關課程，包括如何作研究、如何蒐集資料解決問題、如何閱讀研究報告、評判研究的限制與好壞等等。無疑的，在欠缺這類能力的情形下，教師也只能聽令行事或照本宣科。Atkinson 與Jackson（1992）對美國的師資培育也有類似的批評，他們認為師資培育的內容過於實務取向，在課程的設計上就只想讓那些準老師們學會教書，想當然爾教出來的老師只懂得學科內容，不能了解教育研究的價值，缺乏能力閱讀、理解與評判教育研究的優劣，也沒有追蹤教育研究進展，或是自己進行教育研究以解決問題的習慣。如此一來，教育研究的成果自然失去了一群重要的消費對象。

再往上一層追溯，負責制定或推行教育政策的教育行政人員或立法者（及其助理）如果也沒有消費研究知識的能力，所制定的教育政策也難以考量教育研究的發現，研究對政策和實務的影響力自然就愈來愈弱。部分決策人員雖然重視研究，也會委託專家進行研究，可是有時問錯了問題、政策目標錯誤，或是目標模糊不清，即使研究者盡心盡力地作好策略研究，其結果對改進教育研究與實務的貢獻仍然有限（Reimers & McGinn, 1997）。其次，負責立法的國會議員或其助理如果缺乏專業訓練，也會影響立法的成果，國會立法的考量層次不只法律層面，如果立法相關人員皆只懂法律或政治，卻缺乏教育專業背景，所制定出來的政策可行性往往也不高（Weiss, 1989）。

如果教育行政人員對於研究有不正確的觀念，當他們關心研究、進行研究或應用研究時，還可能帶來更大的災難。美國政府及主管教育研究的國家科學委員會，最近被批評「房子著火了，卻沒人喊失火」，即肇因於近來美國政府教育研究政策的謬誤（Erickson & Gutlerrez, 2002）。筆者在本書第三章中曾提到，小布希政府所推動的「把每一個小孩帶上來」法案，其中第四策略目標，是希望改進教育成為以證據為基礎的領域，不過法案的細節卻將教育科學研究狹隘地定義為教育實驗研究，引起美國學界的一片嘩然。Erickson 與 Gutlerrez（2002）便批評將教育科學研究狹隘地定義為教育實驗研究，是對教育研究的誤解。正

如同其他研究方法一般,實驗研究並不是沒有限制的:他們以醫學研究中孕吐治療為例,原本經過實驗證明可以治療孕吐的藥劑卻在後來被發現導致了嬰兒的畸型!實驗研究雖然嚴謹,但因控制的條件過多,研究焦點過窄,反而可能失去全貌,造成研究結果不堪應用。主政者如果缺乏教育研究的基本認識與素養,會制訂出令人跳腳的教育研究政策或教育政策,自然也就不足為奇了。

二、教育組織的知識觀

(一)處理知識的範圍

完善的研究發現可能是實務上的夢魘!這是因為研究者處理的知識範圍通常較為狹隘,畢竟處理過大的問題是不容易作好研究的,再加上學術研究日益專精化、研究分工精細,跨領域的整合型教育研究是較少見的。但是決策者或實務工作者卻不能像研究人員一樣,只由單一的角度來處理問題,法律、經費、心理與社會等層面都是決策者必須加以考量的知識範圍(趙達瑜,1998;Cohen, 1991)。簡單的政策較容易辨識出特定研究的影響,可是政策中複雜的遠比簡單的要多(Stevenson, 2000)。公共政策制定者經常會碰到資訊不完整、不確定與歧義的現象,造成決策上的困擾。這些不確定包括了狀態的不確定、效果的不確定及反應的不確定三方面[2](鄭麗嬌,1992a)。再者,面對複雜的問題,本就不易得到仙丹式的徹底解決,個別的研究頂多只能解決問題的一小部分,以至於研究常常看來是無用的,而社會問題也依舊(謝棟梁譯,2000)──做研究比不做研究似乎好不到哪裡去。

---

2 在美國社會科學研究一個相當有名的例子是 Coleman 的「教育機會均等研究」。其中一項研究發現種族隔離是一種教育機會不均等的現象。這項結果被直接轉換成政策,除了催生教育反種族隔離政策外,還促成了「校車接送制度」(busing),以激烈的手段促成學校的種族融合。無奈上有政策,下有對策,此舉也造成「白人逃離」(white flight)的現象,白人紛紛遷移到郊區,形成更嚴重的種族隔離情況,也使得教育機會更加不均等(Hallinan, 1988)。

教育政策領域中的研究，理想上應該由決策人員提出清楚的問題，再透過研究提供政策解答。不過政策議題的釐清卻並不容易，決策者往往沒有時間、或是沒有意願、或無法向研究者清楚溝通進行研究的目的，以及自己所遭遇到的困難，以至於雖有委託研究，但是究研究結果對決策沒有多大的幫助。Caplan（1991）以指標研究及評鑑研究兩個領域為例，說明研究知識的可用性如何受到政策議題清晰度的影響。舉例來說，Caplan 指出目前指標的蒐集相當廣泛，可是對於蒐集指標的目的卻並不清楚。評鑑研究也是一樣，評鑑研究者有時並不清楚決策者所要處理的問題是什麼，例如：為何評鑑？是為了蒐集資料？為了改進？或是為了獎懲？致使評鑑成果對決策沒有多大影響。許多時候，之所以會發生上述的情形，是因為決策者在政治壓力下，不得不採取行動，但是對於行動的目的又不能清楚地說明或堅持，導致研究成果只能被冷凍。以「起頭平等計畫」（Head Start Program）為例，一開始這個計畫希望能夠促進兒童的情緒、社會與學業發展，可是評鑑者並不清楚這個目標，以至於後來的討論與評鑑多集中在知識發展的部分。經過一段時間後，不論是決策者或評鑑者都忘了方案原先的目標，只在狹小的目標內爭論。

釐清研究目的的責任一部分在決策者或委託者身上，一部分也是研究者該負起的。進行研究，特別是委託研究時，研究者應該花時間了解委託研究背後的動機與背景，協助委託者或決策者釐清問題的關鍵以及其所需要的協助，或是提醒決策者或委託者修正研究問題，研究成果才不會被束之高閣。

(二)對知識的態度

1. 政策界對知識的態度

研究者重視知識的內部邏輯，可是決策者應用研究知識時，卻可能有不同的目的。Caplan（1991）研究美國行政單位裡二百零四位上層行政決策者，以了解研究應用的情況。發現他們處理資訊與決策的態度可以分成三類，分別是「臨床取向」（clinical orientation）、「學術取向」

（academic orientation）以及「倡導取向」（advocacy orientation）。

　　臨床取向者使用科學資訊的目的通常是為了解決問題，一般來說，他們有兩種處理資訊的方式：一是蒐集與閱讀資料，以便對政策議題得到更為清楚且不偏倚的了解，這麼做是為了處理政策的內部邏輯（internal logic）；其次則是蒐集政策議題的政治和社會細節，如此則是為了處理政策的外部邏輯（external logic），這兩個部分的協調整合權重，就形成了政策。

　　學術取向者通常是該領域中的專家，關心政策議題的內在邏輯，比較不願意面對或處理外在的現實，深怕傷害了他們的學術領域，所以常運用科學資訊來形塑問題或評鑑政策。

　　倡導取向者對社會科學的應用相當有限，他們較關心的是社會政治或是經濟的實體，如果有必要應用社會科學的發現，也是為了政策合理化，而不是關心政策的內部邏輯。這種情況在國會議員或立法委員的身上看得更清楚，對國會議員而言，研究價值重要的一部分是在支持議員或委員現有的立場，對於自己立場不利的部分，則持防衛性的心態加以攻擊或忽略（Weiss, 1989）。由傳播的角度來看，訊息能否為接收者所接受，接收人的立場便顯得很重要，因為接收者可能會源於個人立場因素，選擇接收某些資訊，或是忽略其他資訊（Knott & Wildarsky, 1991），資訊變成為接收者的意圖而服務。

　　上述的討論顯示，誰來辦教育、誰來作決策，對研究應用的情況會產生很大的影響，如果行政界與實務界以倡導取向的人士居多，研究的功能多只能背書，很難持平地發揮資訊告知的功能，進而引導政策或實務。令人遺憾的是，政策界中對知識採倡導取向的行政或立法人員可能是較多的，因為對於決策者來說，資訊除了需要通過真實性考驗（truth-test）外，還必須通過實用性考驗（utility-test），而後者對決策者而言可能比前者重要（鄭麗嬌，1992b）。再以英語學習為例，小孩子應該幾歲開始學英文這個問題，可以由政治學、心理學、社會學、行政學、法律學、經濟學等角度進行研究。不過這些研究的答案常非行政人員最關心

的部分，他們用以衡量答案的標準，多以其是否引起最少衝突與攻擊為考量。而國會議員則關心選民或利益的團體的答案（Who is in favor of what?），也就是所謂的「政治資訊」（Weiss, 1989）。對於國會議員來說，「真理『未必』能創造美好」（謝棟梁譯，2000：20）。或可以說，行政人員與國會議員關心問題的外部邏輯，希望所提的答案除了「科學正確」外，更能考量外部環境，特別是政治壓力（Nelson, et al., 1987）。

我們需要因此對研究在教育組織中被應用的情形感到灰心嗎？其實不必，即使是政治立場最強、最不可能應用研究的國會議員，都還是有可能成為研究的消費者，Weiss（1989: 417-420）對國會議員應用研究成果的研究發現，國會議員有相當充分的理由注意研究成果：

(1)對行政單位的不信任：當國會議員在質詢行政官員的施政情形時，如果所依恃的都是行政單位所提供的資料，是有問題的，因為行政單位很有可能提供無關緊要的資料、或是隱瞞了重要的問題，受到資訊不對稱的影響，國會監督的功能便可能會大打折扣。因此，議員本身的研究能力更顯得相當重要，除了必須具備資料分析與判讀的能力，以了解行政單位所提供資料的正確性之外，也要有辦法引用數據或資料，發掘出行政單位企圖加以掩飾或是忽略的問題。

(2)研究與分析的社會名聲（societal repute of research and analysis）：「理性」是眾人所崇尚的，大眾也期望國會能本於理性作出決定，而研究與分析都代表對理性的追求。體悟到社會大眾對研究光暈的尊重，國會議員自然也不能忽視。如果有愈多的學界人員進入國會見習或工作，為了表示自己對理性的尊崇，國會議員自是不能忽視研究的意見。

(3)不喜歡驚奇（dislike of surprise）：如果研究的發現提供支持對方政黨的證據，而國會議員本身又不知道，在議會中就會看來很無知，減低了國會議員的公信力。在另一方面，國會議員的職員（或助理）有責任也有壓力去替「老板」蒐集這些不利於己的資

料，預作準備。

(4)專業主義（professionalism）：國會議員中也不乏期許自己成為專業立法委員者，希望能夠得到好的名聲；相對而言，這些國會議員也會比較重視研究的發現，加以引用以突顯本身的專業性。

(5)權威地位的衰落（declining status of authority）：在過去美國的國會中，「年資」是議員所具有的國會地位象徵，可是近年的國會改革已經使得年資不再那麼重要，年輕的國會議員不必然要遵循資深議員的意見。為了要建立自己的威信，處理法案、監督行政的專業性就更受重視，為求建立自身地位的正當性與專業性，國會議員也愈來愈重視研究與分析能夠提供給他們的協助。

(6)大量的分析訊息（high volume of analytic communication）：國會議員是不缺資料的，一般而言，想要影響國會決定的人，都會自動地把資訊轉給國會議員，所以國會議員手上掌握了相當多種資訊。再加上以支援工作為組織目標的國會支援單位，也建立了各種供國會議員參考的資料，在這種情況下國會議員或多或少都會應用到這些資訊。另一個國會議員獲取資料的重要來源是媒體的報導，國會議員對於媒體的報導，以及民眾對於這些報導的反應十分重視，部分媒體的報導雖然簡短，可是提供了相當正確的資訊，而這些資訊也常常引起大眾的關心與回響，迫使國會議員不得不加以注意，並深入地了解議題內容，評估這些資訊對自身及選民的影響，以備隨時可以發表意見。

(7)學術團體的努力：美國有相當多的學術團體，持續維持與國會的關係，並注意國會的表現。有些學術團體也為國會議員及其職員舉辦研討會，說明目前該領域的研究成果，提出該學會認為應該處理的事情，例如「美國教育研究學會」（American Educational Research Association）、「美國心理協會」（American Psychological Association）、「美 國 社 會 學 學 會」（American Sociological Association）、「布魯金斯研究所」（Brookings Institution）以及

「美國企業研究所」（American Enterprise Institute）等。他們的辦公室離國會辦公室很近，可以利用午餐等零碎時間，向國會議員或其職員進行簡報，發揮專業研究團體的影響力。

(8)同儕的壓力：國會議員固然必須注意選民或利益團體的需求，可是如果其他議員同儕引用研究資訊問政，對於國會議員本身也會形成壓力。只要有一個委員會或委員採用研究資訊以支持某個議案，其他反對的委員多多少少得援引研究資訊，予以回應。

2.實務界對知識的態度

政策界對知識的態度，使得研究結果的直接應用困難，教育實務界對知識的態度也與傳統上生產知識的研究界有別，使得大學或學術機構所生產的知識應用不易。

表 9-1 比較研究知識與教師知識的差別。由該表可知，教師知識是以實務的、解答與行動導向為主的，重視知識在學校或教室脈絡下可運作的程度，不見得像研究知識那麼有系統，甚至是無以名之的，對於知識的抽象化較不感興趣，知識的可推論性也不是首要的關注焦點。

教師知識有無價值？值不值得應用？關於這個問題的看法約可分為四種（Hargreaves, 1996）：第一種看法認為教師知識對於其他教師而言並無多大的價值，因為這些知識大多是依教師個人經驗、價值觀與目的而定的，所以也沒什麼應用及推廣的價值。第二種教師知識的看法則著重在發展教學的知識基礎，特別是教學內容知識（pedagogical content knowledge），不過因為忽略了道德、情感等因素，不太能構成教師的知識基礎。第三種看法主張教師是反省的實踐者（reflective practitioner）（Schon, 1983），所有的教學工作都需要反省性與深思的判斷，透過反省（包括行動中的反省與對行動的反省），教師可以與他人分享他們的知識，所以教師知識是可以廣為應用的。第四種觀點則認為教師是研究者（Lytle & Cochran-Smith, 1992），教育專業工作應該本於不同的知識理論，教師本身即是教室內的研究者，可以經由自身的探究發展知識。對於教師知識看法的演變，說明對教師知識所持的態度不同，也代表過

表 9-1：教師知識與研究知識的差別

	研究知識	教師知識
認識論	一般性的	特定脈絡的
	可編碼的（codifiable）	難以編碼的
	理性的	理性外，也是道德與情感的
	公共的	私人的或人際的
	文字的	口頭的
	明顯的	潛在的
	理論的	實務的
	問題導向	解答導向
	命題式的	隱喻式、敘事的、故事為本的
政治	存在大學及政府所資助的機構	存在學校與教室中
	學術專家的財產	學校實務工作者的財產
	地位高	地位低
	根據出版上的成就獲得生涯肯定	根據人際上的成就獲得生涯肯定

資料來源：Hargreaves, A. (1996). Transforming knowledge: Blurring the boundaries between research, policy, and practice. *Educational Evaluation and Policy Analysis*, 18 (2), 110.

去以研究知識指引實務知識的知識階層關係受到挑戰，能夠被應用的不僅僅是研究知識，還有實務現場中的教師知識。

(三)關心知識的類型

　　決策者關心在決策層面能夠操弄或改變的變項，而社會科學家則較注重如階級、種族、性別等基本的變項。許多社會科學上顛撲不破的發現對於決策者而言反而可能是窒礙難行的解答，例如教育社會學的研究發現性別對於學習成就、教育機會、數學能力等因素有影響，在不能改變（操弄）學生性別的情況下，如果照著研究者的建議去改進，無疑地是要決策者或實務工作者去對抗整個社會文化傳統與制度，不但工程浩大，具體的策略也不明，所需投注的經費與其成效也不確定，是決策者與實務工作者不太能夠應用的知識（Nelson et al., 1987）。再舉例而言，

國會議員所關心的知識可能是明確的修法建議，清楚地說明法案第幾條必須修正，或是哪一個法案應該立法，所以研究報告如果僅止於呈現研究結果，沒有具體說明立法或修法應依循的方向，就不容易被納入修法或立法考量，當然更不可能成為政策（Nelson et al., 1987）。

承表 9-1，實務工作者關心的知識是解答導向的，所以研究做得再好、描述教育現象再真確，或是模型預測的 R² 再高，若不能具體地建議教師在其工作的環境脈絡下應採取哪些行動，研究受到應用的可能性不會太高。這當然不是因為教師愚笨或是偷懶，而是因為教師的專業培育背景、工作環境、組織文化、工作需求等因素所致。

㈣知識與行動關係

對於決策者與實務工作者而言，科學知識不是行動的唯一依據。首先，研究知識只是決策需要參考的眾多知識之一，其他經費、法律、人事等因素，也是必須蒐集與考量的資料（Nelson et al., 1987）。

對於決策者與實務工作者來說，有些時候研究知識是根本不必要的。以政策制定為例，其主要仰賴的是公共理性，有些決策公共理性強，不待研究成果完備，亦不論有沒有研究支持，即可以直接納為政策。例如教室中科技應用對學習的影響在獲得研究證據支持前，就已經廣受大眾的接納，列為政策也是再自然不過的事，所以將資訊高速公路引進教室、教學 e 化、教學軟體研發等政策都較容易獲得預算的支持（Stevenson, 2000）。

研究知識真的那麼有效嗎？我們在解決社會問題中所用的最基本知識往往是日常的知識（ordinary knowledge），每一個人都擁有這些日常知識，也不斷地在應用它們，只是不可諱言的，這些日常知識的內容歧異性頗大，以至於有一些人的日常知識比起其他人要來的真實、可靠、有用些。Lindblom 與 Cohen（1979: 10-17）甚至指出大部分的專業社會研究（professional social inquiry, PSI）所生產的「新知」非但不見得有獨到之處，甚至是許多人早就具備的日常知識——換句話說，從事專業社

會探究者所生產的知識只不過是眾多社會問題解決知識中的極小部分。對於經驗豐富的決策者或實務工作者來說，研究知識因較為聚焦，也罕能整合各個學科意見提出建議，反而不能提供全面性的分析，如果依照其建議行動，則會造成更大的危機，造成 Weiss（1991a）所稱的「黑暗時代」。

三、組織系統

教育行政機關科層體制明顯，行政倫理受到尊重，獎懲權在長官手中。如果首長對於某個議題已有定見，行政人員參考的主要資訊（知識）可能就是長官的意見，不必要再委託或自行研究（趙達瑜，1998）。

在西方立法機關中，多元主義式的競爭是組織主要的精神，其中的「選民委員會」（constituency committee）以服務選民為主，很難因為客觀證據的考量而作出違背選民利益的事，受選民干擾較少的「政策委員會」則因為涉及實質的法案內容，多多少少必須考慮研究資訊。不過立法機關次級委員會權限的糾結，可能讓研究應用較為不易，例如 Weiss（1989）發現由於國會次委員會互相競爭法案的控制權[3]，導致一個政策議題可能被分割，交由數個次委員會負責，也就不會有哪一個委員會有興趣看問題的全貌。政治取向是立法機關組織的特性（Stevenson, 2000），被研究說服的可能性更低。不過這並不代表我們就必須因此放棄向國會議員溝通研究的發現，因為 Weiss（1989）發現研究結果對國會議員還是可以發揮警告、指導與啟蒙的功用，而先前的討論也已說明國會議員仍有很強的動機來應用研究資訊。

另一方面，學校是一個科層文化與專業文化並存的鬆散連結組織，雖然教師在教室之內享有一定的自主權，可是整個工作架構（如課程進度、時間等）卻是由外部的教育行政機關或董事會決定，再加上外部評

---

3 在九十九屆國會時，眾議院有一百三十九個次委員會，參議院有九十個次委員會（Weiss, 1989）。

量或評鑑制度、繁忙的教學工作、非功績導向的薪級制度，以及中庸的文化（Lortie, 1975），使得教師消費研究知識的機會不大。Fullan（1994: 100-104）提出老師在工作上存在著六大問題，使他們不能夠有效地處理資訊。這些問題包括了：

1. **工作量大**：老師要上的課程範圍愈來愈多，對老師績效責任的要求也愈來愈高，使得教師無暇顧及研究知識。

2. **孤立**：學校教室的結構就像是「蛋盒」（egg-crate structure of schooling）般，一個個彼此孤立，而這種孤立也形成保守與抗拒變革的溫床。

3. **團體思考**（groupthink）：由一九九〇年開始，同僚合作（collegiality）已經成為教育改革的重點，但是同僚合作也並非全無缺點，例如團體會趕流行，或是壓抑創意，對於研究知識消費未必鼓勵。

4. **不受監督的能力**（untapped competence）：另一個與孤立伴隨而來的問題是教師在教室中的作為不受監督，也鮮少受到更正，對利用研究或進行研究改進教學效能的興趣也不高。

5. **教師角色狹隘**（narrowness in the teacher's role）：教師的工作沒有職業階梯，數十年如一日，缺乏強烈競爭的動力，自然不會需要引進研究知識創新教學。

6. **差勁的解答與失敗的改革**（poor solutions and failed reform）：大部分的教育改革似乎都是失敗的，不論是由上而下或由下而上的改革都面臨類似的命運。其原因是多重的，例如改革所要解決的問題是複雜的，改革的時間表不切實際，改革趕流行、求速效，改革只著重在結構層面，忽略教學或教師發展等實質性的問題；改革不提供政策執行的支持性機構等等。其結果是老師與改革愈行愈遠，沒有興趣消費改革所提供的解答。

教育行政機關的科層體制，立法機關的政治考量，以及學校機構的中庸、孤立、控制特質，都與研究界以求真為主的學術專業文化不符。

當然，教育組織不是不重視研究知識的價值，只不過研究知識要和其他的科層、政治與中庸文化考量競爭，才有可能被列入決策或行動的參考。

四、獎賞系統

教育組織成員的成就感或獎勵，很少是來自於期刊論文的發表、研究計畫的申請或學術地位的建立，不同的教育組織成員其實有相當不同的工作誘因，影響著他們對研究應用的態度。

整個教育系統不論其內部或外部環境都相當的複雜，使得政策改變困難度較高。以教育的外部系統來說，其複雜性表現在目標、人事、預算與經費上：什麼是教育的目標？教育的內容該是什麼？誰應該上學？誰握有教育事項的決定權？誰可以當老師？誰該為教育付費等等的問題，伴隨著價值觀的爭執，持續困擾著教育系統（Stout, Tallerico & Scribner, 1995）。教育系統內部系統的複雜性則表現在不同利害關係人與利益表達上（Reimers & McGinn, 1997）。公立學校系統中政治干擾的複雜性更高（Chubb & Moe, 1990）。教育系統的目標是多元的，甚至有些是互相衝突的，使得學校經常陷入兩難的局面。而教育系統鬆散聯結的特性，更加深了目標多元的負面影響，組織之間的協調經常出現問題，以至於左手並不知道右手在做什麼事或不做什麼事。如果教育主管單位的資訊系統不良，也將使得目標檢核不易，無法掌握目標達成的程度（Reimers & McGinn, 1997）。對於身在教育系統中的人，與其要做新的事，不如繼續去做以前的事，畢竟這是比較保險的作法，不必解決隨著變革而來的衝突，或是承擔不確定的風險。教育組織的穩健作為不一定是壞事，因為教育改革牽連甚廣，又影響重大，本來就應該如同在沼澤中前進般、步步為營（Erickson & Gutlerrez, 2002），不過如果組織文化根本不歡迎任何變革，甚至因為動輒得咎而恐懼改變，那即使有再好再正確的研究發現，也不會是令教育組織振奮的資訊。

教師在許多國家中都是公務人力的主要構成部分（Lipsky, 1980），要對這一大群人提供專業發展，想必不會是件「廉價」的努力，有心要

吸收研究、資訊改進教學的教師，常常得自食其力。教師的薪資是根據年資而不是根據表現，努力和獎賞之間是無關的（disjunction），讓認真求表現者有受到剝奪的感覺（Lortie, 1975），表現優異還可能違背了組織的中庸文化，受到同事的另眼對待，更使得創新與變革成為學校的特例而非常態。如果不需要創新，又何必了解新的研究發現？教育在社會上的專業程度不如醫學或法律，是個人人都可以發表意見的公共領域，也不易受到大家尊敬。面對目標的複雜與專業的低落，很容易發展出保守主義，不願意嘗新（Reimers & McGinn, 1997）。如果沒有變革的動機，對於研究發現及其對本身工作的啟示，也就不會有太大的興趣。這些與教育組織文化相關的獎賞系統，基本上是不鼓勵研究應用的。

國會屬於政治系統，以民主代理人的身分向行政單位課責，利益代表與利益表達是其主要的任務（陳敦源，2002）。對於國會議員而言，學術研究團體所代表的不是真理，而是另一批前來敲門的利益團體（Weiss, 1989）。民選立法機關主要的獎勵為連任，較難因為客觀證據的考量而作出違背選民利益的決定。國會職員和助理對其「老闆」的忠誠度當然更高，如果委員無法選上，他們也得另謀職業，因此政治因素會是重要的考量。也正因為國會職員及助理對於「老闆」的立場都了然於胸，期望他們消費研究知識，甚至以公正客觀的態度應用研究，乃是相當不切實際的。Weiss（1989）對美國國會所做的研究發現，有許多初到國會任職的職員或助理的確想做好法案研究，可是到後來他們最在乎的卻是能夠接近委員、接近重要的法案、影響重大法案的決定、將法案法制化，而不是做好法案研究。最後，在政黨競爭的制度下，真正的政策理性討論、立法研究與資訊分享很難在國會殿堂中發生，只要是對手政黨的論點，自己當然不會支持，如果本身立場大致底定，又何需關心太多的研究發現呢？

五、時間概念

教育系統中的行政人員、立法人員或是實務人員在處理工作時常感

覺到時間的壓力（Levin, 1991）。教育行政人員如果汰換率高，或是源於定期選舉與遴選制度，面對待解決的問題便無法耐心地等待研究成果出現，他必須在短時間內作出決定，否則研究完了，任期也結束了，不必執行。一個研究的進行如果是配合研究者的時間進度，大概也不會有什麼研究應用的機會。此外政策議題變化快速，今天的問題可能六個月後就不再會是問題（Kingdon, 1995），研究完畢後，問題情境可能已不存在，研究報告當然只能存參，派不上任何用場（Nelson et al., 1987）。

　　國會成員也面臨類似的時間壓力。Weiss（1989）引用一份眾議院的調查報告發現：議員每天只花十一分鐘閱讀；另外一項調查希望了解國會議員想做的事與已做的事有哪些落差，結果發現落差最大的是進行研讀與立法研究——也就是說，在時間的限制下，期望國會委員消化研究成果，進行立法研究似乎是不切實際的。

六、決定權的模糊

　　影響研究應用另外一項重要因素，是決定權的模糊。Weiss 與 Bucuvalas（1980）訪談了醫療服務的決策者，結果發現即使是高階的決策者，也不認為自己能應用研究成果作成決定，因為決策過程中，決策責任散布在不同行動者身上，決策的形成需經歷許多步驟，由多個部門協調而成。再者組織中不但有橫向分化，也有垂直分化，決策權稀釋的結果，即便是高階人員也不認為自己有權作決定。

參、提升教育組織應用教育研究 的可行作法

一、提升教育組織成員消費教育研究的能力

　　教育組織中的決策者、教師或立法委員等，主要的工作不在學術研

究，自然不能期望他們成為研究專家。但如果希望提高決策或行動的理性，便應該加強教育組織成員蒐集、評價、理解、轉換教育研究的能力，使他們成為教育研究的主動消費者，甚至成為研究的執行者。行政組織或學校系統中，最好能有類似研考或知識管理的單位或個人，由能消費教育研究的人主事，提供組織決策與行動所需要的資訊。

在教師的部分，Fullan（1994: 105）提到教師作為知識的使者常有「不使用」（non-use）、「部分或表面的應用」（partial or superficial use）、「誤用」（misuse）、「有限度的應用」（restricted use）與「有希望但有限應用」等情況。師資培育機構應注重教師研究知識與能力的培養，讓老師能更進一步地成為教育研究「批判的消費者」（critical consumer of research）（Fullan, 1994），具備能力參考研究、進行研究，並將個人參考或進行研究的心得回傳給研究與實務（disseminating back to the research and practice base），以進行理論和實務的對話與修正。

教育行政機關成員要有能力澄清自己或單位的研究需求，尋求適當的研究協助，能在研究進行過程中判斷研究的恰當性，評判研究品質的好壞與限制。如果首長無此能力，幕僚人員中就需安排具備這些能力者以為輔佐。從事立法工作的立法委員及其助理，如果具備基本的研究素養，也較能做好立法研究工作。上述的建議如果賦予決策者或立法者過多角色期望，不切實際，也可由強化決策者或立法者研究支援系統著手[4]，例如行政業務單位內設立研考單位或研究部門，或有專人負責研究應用的工作。在國會部分，也可仿效美國強化國會研究能力的作法，透過「國會研究服務」（Congressional Research Service, CRS），「國會預算辦公室」（Congressional Budget Office, CBO），「國會主計辦公室」（General Accounting Office, GAO）[5]，以及「科技評估辦公室」（Office

---

4　知識經濟時代，企業組織改革趨勢之一是設立「知識長」，負責知識的整合與傳播，類似的概念也可應用到教組織之中。

5　GAO 的角色已經超越監督，進入比較複雜的結果評鑑角色，一九七四年其下成立「方案評鑑機構」（Institute for Program Evaluation），專門負責政府政策與方案評鑑的工作。

of Technology Assessment, OTA）等單位，提供立法所需要的資訊。這些輔助或支援單位的設立均有助於國會研究功能的強化。

　　對決策或行政單位來說，雖然研究知識未必能消除政治，但沒有研究知識更是無法達到此一目的。對實務單位而言，忙碌與空轉的起因也常是因為未能駐足思考機構的問題，或是即使知道問題，也不了解如何獲得資訊以解決其所面臨的困難。

　　最後，負責擬定國家教育研究政策、執行研究業務或審核教育研究申請案的委員也應有一定的專業素養。Feuer、Towne 與 Shavelson（2002）認為「人」是政府研究補助單位的關鍵因素，找錯了人，所核定的研究案在品質與效用上都難以有好的表現。

二、支持教育研究並妥善處理研究自主與績效責任平衡問題

　　教育研究需要經費維持，政府則是教育研究經費主要的來源，如果等到有問題或想推動政策時才進行教育研究，常因政策界的時間壓力，使得研究緩不濟急，研究的資訊也不易回饋到政策上。由政策制定的「垃圾桶模式」或 Kingdon（1995）所描述的「政策之窗」概念來看，政策制定是多種因素共同影響的後果，未必遵循階段性的理性政策制定程序。如果垃圾桶模式與政策之窗所描述的的確是政策制定過程的實際情況，當我們在思考加強教育研究和政策制定關係時，宜採不同的策略，也就是把答案準備好，以等待政策議題出現，而不是留到政策議題出現了再找答案，甚至也可透過答案的提供來突顯問題或重新定義問題。要等到政策議題或爭論產生了才進行研究，依照政策歷程特徵來看，常是無濟於事的，就算研究及時做完了，品質也未必理想。所以政府在平時就應多加支持各類教育相關研究，而研究成果也可以成為社會知識事業的一部分（Weiss, 1991a）。再者，政府對於教育研究的支持不宜只採「工具式」或「直線式」的思考，而是由廣義的研究應用角度衡量其價值，畢竟研究可貴之處是在其探索性部分；換言之，研究的價值有時不是在於讓問題獲得更好的解決，而是要把問題變得更複雜，或是

重新界定議題，推翻直覺、慣性或常識判斷（Coleman, 1991）。

「效率」是政府支持教育研究最大的隱憂。在績效責任的要求下，民眾或國會議員期望看到投入教育研究經費的成果，要完全去除補助教育研究的「工具性」或價值性考量基本上是不太可能的。在此，有五個實際的作法可以解決開放彈性與績效責任之間的衝突：第一是由多元的管道資助教育研究，其次是對於工具導向強的委託研究或決策導向研究可加強溝通與管考，第三是鼓勵研究的累積性，第四為研擬教育研究議題的優先順序，第五則是確保教育研究的品質。

㈠透過多種來源補助教育研究

教育研究贊助的單位應多元。不同單位贊助研究的目的有其差異，也產生不同的限制，應求取平衡。以英國為例，其社會研究支持的來源就包括了內部研究（政府單位內的研究案）、外部研究（由中立機構所補助的研究案），以及臨時經費補助（Bulmer, 1982: 143）。

在贊助目的方面，業務單位（如教育部各司處、教育局、學校）可贊助工具性目的較強的研究，包括蒐集教育資料或資訊、進行政策規畫或執行規畫、解決政策問題、了解政策效果等。學校也可以進行研究，特別是行動研究，以處理與學校發展相關的問題。立法機關因為涉及政策制定，也需要進行立法研究。這類研究的實用性較強，研究主題的訂定與時程應由業務機關根據需求主導。另一類研究可由不直接涉及教育業務的中立單位，如國家科學委員會進行，支持學者個別或聯合所提出的研究主題（field-initiated research），好比學者根據學術研究回顧與發展狀況、學科難題、個人對政策及實務現況的洞視與判斷所選定研究題目。對於這部分的研究，研究品質（如開創性、嚴謹性、累積性等）的要求遠比研究和政策與實務的相關性，或是研究的工具價值來得更為重要。

通常由業務單位所主導的研究雖然研究相關性較高，不過也容易受到來自業務單位的干涉，使得該研究在主題、方法、時程、報告型式與內容上的自主性較低；同時也因為只對贊助單位負責，不易由統合的觀

點進行研究。Coleman（1991）就相當反對由執行單位作為研究計畫的贊助者，他質疑美國政府的「研究計畫邀請」（request for proposal, RFP）難道會把經費撥給反對政府作法的人嗎？研究者能有自主性，提出違反研究贊助單位利益的答案嗎？如果研究結果不支持贊助單位的立場，贊助單位會願意公布研究成果嗎？依其之見，應該由國會或其他單位贊助研究，以保持研究的中立性；並在時間許可的情況下，讓研究結果接受科學或相關團體的檢視，也提供不同利益團體透過研究成果參與決策的機會。Nisbet 與 Broadfoot（1980）也認為政策界大多贊助一些不具威脅性的研究，或是在既定政策之下所做的政策推行或評估研究，這類研究的批判、反省、重新界定問題的能力堪慮；此外研究題目受到指定，多元性也不足。更令人憂心的是如果以政府需求來界定什麼是值得補助進行的研究題目，無疑是讓有權勢者而非研究者決定什麼是值得進行的研究。

　　Coleman 反對業務單位或執行單位補助研究的立場或許過於激進，畢竟業務單位才是最為了解自身的業務需求，希望在資訊充分的情況下採取行動，是研究應用動機最強的單位。不過他的顧慮也不無道理。以英國的經驗為例，自一九九三年研究經費大量縮水之後，研究跟著錢跑的情況更為嚴重，部分研究經費由「教師訓練局」（Teacher Training Agency）負責撥給，使得能夠進行的研究（通常是支持政策的研究），以及能出版的報告，都受該單位的限制（Halpin, 1994），只能在「目前有用」的框架中打轉。這種取向忽略了科學或專業上的重大進展有些就是由「目前無用」的基礎研究所激發的。相較之下，由「高等教育經費委員會」（Higher Education Funding Council）所補助的教育研究就較為中立自主。如本章一開始所言，「研究跟著錢跑」，如果只由單一或少數單位掌握研究經費分配的權力，研究便容易偏頗，不是失之無關、就是難以顧及績效責任的要求。

　　總而言之，研究經費的來源應避免由某一單位獨占，分散來源可以容許不同性質的研究發展。補助研究經費可以考慮同時採用多元模式：

採用「管理模式」（managerial model）者，管理人員可以詳細說明研究目標以及所希望看到的產品；採「自由補助或非績效責任模式」（free-grant or non-accountable model）〔也就是前面提過的「學科發起研究」（field-initiated research）〕，學術單位的研究人員可以進行個人想做的研究，彈性較大，受到的限制與干涉較小。「磋商研究」（negotiation）則介於上述兩類研究模式間，可以准許邊緣的實用性（marginal utility）（Nisbet & Broadfoot, 1980）。

㈡委託研究或決定導向研究應加強溝通與管考

委託研究或決定導向研究通常是工具性強的研究，目的是為了解決業務單位所面臨的問題。如果業務單位只是為了補助研究而委託研究，或如第五章所述的表面模式考量而委託研究，無疑是浪費公帑，因此對於委託研究加強管考協調有其必要。

管考協調的首要功能，是確定委託研究所進行的研究議題是重要的問題，可以透過集思廣益的方式達成共同判斷。這些討論可以邀請教師、家長或企業界參加，或至少向其蒐集意見，以了解教育實務上迫待解決的問題為何，適當地納入研究議題之中，使研究成果被注意或應用的機會增加。其次是確保研究的過程與成果的確能為顧客服務、回答顧客的問題。第三則是為避免政府所做的研究有重複浪費的情況，加強各單位間的研究協調，包括不同政府及不同業務單位所進行的自行或委託研究，以及業務單位與非業務單位（如教育部與國科會）所進行的研究，當議題重複性大或涉及跨部門業務時，便可考慮共同委託研究（Atkinson & Jackson, 1992）。

委託研究題目訂定應有如下的條件：

1. 決策者對該問題真的有興趣了解。

2. 決策者對該問題的答案不確定。

3. 決策者願意等待答案。

由第五章〈教育研究應用的模式〉或本章對教育組織的討論可知，

進行委託研究的人或單位並不一定是想了解問題，也不必然知道問題是什麼，更不表示他們就有時間等待答案，所以Nathan所提這三點委託研究題目訂定的條件由研究應用的現實來看，並不樂觀，可以視為委託研究的題目選擇之理想努力方向，決策機關應致力根據這三個規準委託研究，以免浪費經費。

如果希望委託研究或決定導向研究成果能對決策有所幫助，決策者應加強與研究者的互動，例如研究之前的溝通，或是研究過程中定期的討論與檢核，共同釐清政策問題、資訊需求、時間與經費限制，以及研究能做的貢獻（趙達瑜，1998；Atkinson & Jackson, 1992）。政策問題是複雜的，缺乏這些溝通與互相了解，委託研究或決定導向研究常常是一種浪費，難以形成影響。

(三)鼓勵研究的累積性

一個研究由「開始確定研究方向」、「修正研究題目」、「考量各種干擾變項」、「蒐集研究資料並進行分析」、「獲得確實可靠的答案」到「提出對政策或實務具體的建議或策略」，需要一段相當長的時間[6]。上述的過程也未必是直線的過程，有時研究問題隨研究的進展完全改變，或因研究方法的進展推翻先前的結論，在社會科學研究中都是可能發生的事，卻不代表研究沒有成果，鼓勵研究的累積性是獲得可靠研究成果與發揮研究影響的可行策略，例如美國「學習研究與發展中心」（Learning Research and Development Center）與「威斯康辛教育研究中心」（Wisconsin Center for Educational Research），和以認知科學見長的「閱讀研究中心」（The Center for the Study of Reading）均成為閱讀研究的領導者，這些中心長期耕耘特定的領域，除了成為該領域研究的翹楚外，也專注於該領域研究成果的傳播或研發，不只完成研究，也

6　美國「Perry學前方案」（Perry Preschool Project）的成效，一直到這些低收入學童二十七歲時才明顯可見，如果沒有長期的追蹤研究，如何能對這個方案的成效做一持平的定論（Weiss, 1998）？

能接續發揮研究的影響力。當然不是每一個研究都應該獲得長期的經費支持，政府宜針對重要的教育議題（如與學生學習有關的議題），以及在學科研究領域可以有獨特貢獻的議題進行長期研究（Atkinson & Jackson, 1992）。

四擬定教育研究的優先順序

研究需要規畫，透過學界、政策界、實務界以及社會代表籌組一委員會共同討論，擬定教育研究的優先順序，是解決研究自主與績效責任兩難問題的途徑之一（Atkinson & Jackson, 1992）。美國和荷蘭都有類似的作法，只是對於該性質委員會的功能是諮詢或決策，尚有爭議。美國的委員會中有熟悉現場問題的實務工作者與決策者，提出工作上的問題與需求，有家長或企業代表說明對教育的期望，有了解研究發展趨勢的學者將這些問題與期望和教育研究的進展扣緊，共同擬定國家教育研究的優先順序，對研究經費的運用來說，可以增加其效率。而在第十章中，筆者將會進一步地討論荷蘭的作法。

五確保教育研究品質

如果政府或實務界不以研究的表面應用為滿足，也不希望不佳的研究品質妨礙研究應用，更不希望投入研究的經費石沉大海，便應致力協助教育研究品質的提升。Feuer、Towne 與 Shavelson（2002）認為政府可以由三個方向改進研究的品質：首先是協助建立與發展研究社群，包括對學會、學術會議、研究案的補助與研究人才的培育。其次是協助研究界建立資料庫，大型或長期次級資料庫的建置可以提供研究品質良好的資料，回答研究問題。這類資料蒐集工作的成本都較為昂貴，沒有政府經費與人力的支持，無法完成。美國政府的教育統計中心蒐集多種教育調查資料庫，提供研究者進行研究所需的材料。此外，如美國教育部所建立的「教育研究資料庫」（ERIC）也讓學界能夠方便地尋找相關研究文獻，雖然其所蒐集的文獻有時被批評重量不重質、良莠不齊，不

過對於相關研究資訊的蒐集還是有一定的幫助。第三種政府可以努力的方向是協助研究成果的出版、發表與傳播等等，這些都是培植研究可行的途徑。

三、提供教育組織研究與研究轉換的支援

決定與行動都需要資訊協助，愈多決策或行動相關的資訊，以能為教育組織理解、吸收或應用的方式進入，理想上就愈能對教育組織的決策與行動產生影響。教育行政組織中可設專人負責組織現在與未來資訊需求的規畫、蒐集、過濾與應用，也可由特定部門或單位（如即將成立的「國立教育研究院」）專責研究的轉換、應用與傳播。政府並可協助研究界定期統整研究發現，進行研究的後設分析，並將研究的進展改寫成一般人能夠理解的資訊，除了充實公共論述的基礎外，也可增加研究對決策與行動的貢獻。沒有政府的實質鼓勵與支援（人力與物力），是較難期望學界在現有的獎賞系統下進行這些工作的（Willinsky, 2001）。

此外，立法部門關係整個國家政策的走向，行事考量的不應該只是政治或法律，還應包括研究資訊，以進行相關立法決定。根據筆者實徵研究的初步發現顯示，研究能力並不是選擇立法委員助理重要的能力考量，要求每個人都能進行研究毋寧不當。不過對於國會的資訊支援系統可以強化，例如參考美國的作法成立國會專門的資訊服務單位，因應國會議員的要求進行研究或提供相關資訊，並定期彙整重要的統計指標或研究發現，才能避免立法與行政資訊不對稱性的窘境，提升國會的問政能力、問政品質與立法表現。

四、擴展對知識的定義，致力不同類型知識的溝通與應用

不論是 Hargreaves（1996）或是 Lindblom 與 Cohen（1979）都指出決策與行動所依賴知識來源的多元性，這些知識的價值不見得不如研究知識重要，學界傾向依研究知識而採取行動的作法可能也曠日費時，緩不濟急。對於政策界或實務界知識的價值應予肯定，但是為了讓這些知

識能明顯化、系統化，可以增加研究知識與實務知識或決策知識的交流與互動，建立理論知識與實務知識彼此間的回饋機制。此外，為了發揮這些知識的影響力，也可加強實務界或政策界的溝通與分享。

　　本章探討教育決策與實務單位應用教育研究上的困難，和研究社群一樣，教育組織的某些根本特徵也不易改變。面對教育政策與教育實務的複雜性，教育研究的確不宜過度樂觀地認為研究知識可以直接導向政策或實務行動。不過在推動研究和決策與實務的銜接上，仍然有可努力的空間。本章並提出具體的建議，包括提升教育組織成員消費研究的能力，支持教育研究但注意學術自主與績效責任間的平衡，提供教育組織研究與研究轉換的支援，以及擴展知識的定義，致力不同類型知識的溝通與應用。下一章將討論如何透過聯結系統提升教育研究應用。

第十章

連結系統

　　「研究是無血無淚的、是抽象的。國會成員則是活生生的人，比較喜歡『人』，而不是想法或文章；較喜歡具體的事物而非抽象的概念」（Weiss, 1989: 414）。

　　在「雙元社群論」提出之後，部分學者認為雙元社群論忽略研究與政策或實務界的銜接系統，因而提出「三元系統論」。本章即在說明兩個系統間的連結系統對研究應用的影響。所謂的「連結系統」主要是在探討兩個社群之間連結內容、連結方式，以及連結機制等。研究成果的傳播，主要的管道包括學術科學專業期刊、圖書館查詢、媒體或雜誌、同事、機構外研究人員、口耳相傳、會議或研討會等（Weiss & Bucuvalas, 1980）。依照前幾章的體例，先說明影響研究應用的連結因素，再提出透過連結系統改進研究應用的建議。由於部分機構（如諮詢委員會、智庫等）在實際上是研究與政策銜接的好橋樑，亦將介紹。

壹、對連結系統研究應用的批評

　　連結系統理應是研究界與政策或實務界的橋樑，但連結系統在研究應用上常產生下列的問題（Weiss & Bucuvalas, 1980: 22-23）：

1. 辦理委託研究的職員常常不知道決策者所需的資訊為何，所以在研究題目的選擇上，可能較符合研究者的學術觀點。

2. 向社會科學徵詢意見的決策人員，可能無法適當的說明其研究需

求，或對於問題的定義，個人能做的選擇無法清楚掌握，或是過度簡化問題，對研究結果的推論有不正確的期望。

3. 研究審查委員會關心的多是技術的問題，也就是研究計畫的優缺點，可能忽略研究與政策的相關性。

4. 研究報告交回後，可能沒有系統性、有效率地傳送給適當的人閱讀，或是根本束之高閣。

5. 出版社會科學研究成果的刊物並非吸引決策者的好管道，政府官員很難成為學術刊物的聽眾。

6. 糾集研究者及決策者的會議常常是一團糟，這兩個團體使用的語言、概念、興趣常大相逕庭。

7. 即便科技進步，決策者很少使用電腦化的資訊，搜尋相關研究。

8. 最後能送到決策者手上的研究報告可能只有一小部分，也可能是偏誤的，無法讓決策者了解全貌。

研究系統與決策系統兩者間的銜接並不順暢，主要的因素將於下段討論。

貳、影響研究應用的連結系統因素

誠如第五章中所言，理性模式認為只要理論正確，產品也能發展出來，顧客或使用者毫無疑問地會加以應用，溝通不是問題，傳播也是自然而然的。這是一種「科學推動」（scientific push）或「技術推動」（technology push）的想法（Landry, Lamari & Amara, 2003），認為只要產品優良，就能夠受到應用。理性模式並不是完全不重視連結因素，例如理性模式中的社會互動模式對於連結因素，特別是傳播過程中的墊腳石便格外重視，因為這些「口耳相傳」、「呷好道相報」的中介人，常常是組織革新或變革的發動者。不過社會互動模式雖然重視中介人，但卻認為這種傳播是直接、不需修正的，只要答案本身理性基礎正確，就能受到他人的青睞。重視連結系統的學者則不認為研究知識必然能導向

決策或行動、也不認為溝通是容易的，傳播是直接的。

　　本章擬由連結內容（What is delivered?）、連結方式（How is it delivered?）以及連結機制（linking mechanism）三方面來探討影響研究應用的連結系統因素，以及它如何能對研究應用有所助益。

一、連結內容

　　連結內容是指是溝通或傳播的內容。由研究發展模式來看，研究的成果並不是成品，還需要透過技術發展，才能產生成品，送到使用者手中。研究成品的特質，例如其型式、來源、呈現方式、內容，都是影響研究應用的因素。

(一)研究成果的型式

1.基礎研究與應用研究

　　一般而言，基礎研究或學術研究關心的焦點在解釋社會現況，建構解釋社會的法則，對於應用層次的問題或後續的實驗研發工作未必感興趣。應用或決定取向的研究，或是技術研究等研究型式，通常是針對實務問題的解決或改善而進行研究，比較傾向提出具體的建議或操作，或討論與實務的關係，相對來說，這類研究受到應用的機會也較高（Reimers & McGinn, 1997）。不論是何種類型的研究，或如果研究報告的撰寫者在文章當中完全沒有討論其應用價值或方式，也未提出應用的具體方法或建議，則研究成果對教育決策或實務的影響就不大。因為這代表應用者或接收者要花更多的成本（時間人力與技術）將研究的成果轉換為實務上可用的東西（Landry et al., 2003），也就增加應用的難度。

2.量化研究與質性研究

　　部分學者對於研究本身是量化研究或是質性研究的主張也會影響結果被應用的機會。一般認為量化研究的成果比較客觀可靠，且可重複檢證，作為政策的理性基礎較具公信力，以至於量化研究比較容易受到決策者的採用。相較之下，質性研究的成果常被認為是較為主觀的，不容

易作為政策的理性基礎來說服選民。質性研究另一個問題是雖然它長於解釋，但在答案提供上卻較為受限。決策者要的是可以解決問題的方法，或是實際情況的客觀了解，在這部分上質化研究的確幫不上太大的忙（Halpin, 1994）。

但是實徵研究的發現卻有不一致的看法。Landry、Lamari 與 Amara（2003）針對加拿大公務機構決策者所做的調查研究發現，知識產品究竟是量化或質性研究，並不影響其被應用的情況。而是否對量化或質性研究的接受程度與國家教育學術發展或傳統有關，有待未來探究。其他研究指出決策者喜歡軟性知識勝於硬性知識，也可能因為這個原因，使得質性類型的研究比起冷冰冰、複雜的統計公式與表格更受到決策者或實務工作者的青睞（Caplan, 1991）。

3. 長期研究與橫斷研究

最後，研究樣本如果較大，或是包含長期追蹤的設計，研究結果也比較容易獲得政府的採用，因為這被認為是較有代表性，也可提供比較可靠的答案（Stephen, 2000）。美國政府的教育統計中心蒐集了相當多的長期追蹤資料，如 NAEP（National Assessment for Educational Progress）、NELS（National Education Longitudinal Survey）、HS&B（High School and Beyond）等，都是具有代表性的全國教育長期調查，資料的品質有相當的水準，除了供學術界使用外，政府或國會也會根據這些資料庫所蒐集的調查結果了解國家教育現況。

(二)研究成果的來源

研究成果的來源也會影響到結果應用的情況。一般來說，政策制定者比較常採用政府業務單位所做的研究，而非參考學界的研究，其原因很多，例如學界的研究被認為是代表個人的，不若政府研究來得可靠，政府單位所做的研究本身比較會支持政府政策，在轉換為政策或政策選擇時也較為容易。另外，一個研究如果是受到政府的經費支助，其結果也比較容易獲得政府的採用（Stephen, 2000）。

㈢研究成果的呈現方式

研究成果如果是以可讀性高的文字撰寫，避免使用過多的學術術語，多用易懂的圖表呈現，在撰寫方式上也能顧及讀者的心理需求，應用的可能性就會提升。反之，如果研究的成果只是以學界為溝通對象，寫作格式也依照學術論文撰寫方式，用了大量的術語、全文充斥著參考書目與註腳，那麼研究成果乏人問津應該不是意外之事（Nisbet & Broadfoot, 1980）。研究者如果想提高研究應用的機會，在撰寫文章或報告時，必須注意聽眾的需求，努力調整研究結果的撰寫方式，寫給學界與寫給決策界或實務界的文章應該有所不同，需考量接收對象所能接受的文章呈現方式，希望用一篇文章將資訊告知所有不同的對象，是不太容易成功的（Landry et al., 2003）。

研究成果本身所使用的用詞是否統一，也會影響研究成果成為公共理性的強度。太多不一的用詞，使得研究成果無法整合成清楚的理性內容，更遑論能說服大眾。這樣一來，即使研究發現相當一致可靠，能影響政策的機會還是不高，美國綜合中學的相關研究可為例證（Stevenson, 2000）。

㈣研究成果內容

研究成果內容影響研究應用的主要因素包括研究成果內容的相關性、與實際情況的差距、研究的品質、研究結果的可行性等。

1.相關性

研究成果是否貼近研究知識接收者目前的需求，或者是能讓接收者感受到研究成果對個人工作的重要性，是影響研究應用的重要因素。如果研究的主題不是接收者所關心或面臨的問題，自然不會多加關注或應用，就如同不需減肥的人，不會關心或比較減肥食品或藥物的研究報告是一樣的道理。Knott 與 Wildavsky（1991）所討論的傳播困境之一，也就是資訊供給不足的問題，與此處所提的相關性關係密切，因為研究者

並沒有產生足夠的知識或是適當的知識，以供傳送。當決策者需要資訊以作成決策時，這類的資訊如果尚未產生，或是現有的資訊雖多，與研究者關注的焦點卻不相關，都會造成傳播上的困難。

教育組織的決策者或實務人員未必清楚地知道問題是什麼，或是未來應追求的發展方向（不認為自己需要減肥的人未必真是瘦子，減肥的人也未必都是胖子）。進行政策研究或委託研究時，政策或實務人員與研究者應透過溝通，確定所進行的研究與委託對象真正關心的問題有關，才能提高研究成果應用的機會。

基礎或抽象研究未必與政策或實務無關，只是其中需要做多道轉換與研發的手續。研究者如在研究報告上讓決策者或實務工作者體會到研究發現的具體啟示或應用的可能性，讓研究成果與接收者的經驗和工作產生連結，就能夠提高研究成果被應用的機會（Mutscher, 1984）。

第九章中提到，教育研究補助的來源應多元，由業務單位所委託或進行的研究相關性理應最高，政府透過共識凝聚，決定國家教育研究優先順序的研究相關性應屬中等；至於學科領域所發起的研究與實務或政策的相關性一般較不明顯，為了增加研究應用的機會，這類研究可以多加篇幅說明研究對政策與實務可能的啟示。

2.與實際情況的差距

與直覺不合的研究較不易受到應用。決策者或實務工作者較相信和自己直覺一致的研究，或是與社會大眾期望一致的研究（Berliner, 2002; Weiss & Bucuvalas, 1980）。Caplan（1991）的研究發現，研究知識接受者[1]如果覺得研究發現與他們的直覺吻合，便容易不加批評地接受；如果研究發現與決策者和實務者的直覺相差太遠，在研究結果的推銷上，就得先進行說服的工作，以免直接了當地被拒絕。此外，過於激進的研究成果（radicalness），或是必須對現況進行大幅度改變的研究成果，被應用的機會也不大（Landry et al., 2003）。

---

1 而直覺也是一種重要的知識，有長期觀察或實務工作經驗豐富的決策者或實務人員的直覺不一定比研究知識來得差（Caplan, 1991）。

啟蒙模式或概念模式強調研究對觀念或常識性判斷改變的貢獻，挑戰決策者或實務人員的直覺是研究重要貢獻之一，所以與直覺不吻合的研究並不代表沒有價值，這類研究可能是革新重要起點，Weiss 與 Bucuvalas（1980）的調查研究也指出「挑戰現況的研究」也可能是決策者願意採納應用的資訊。但是這類研究要被接受或應用，需要輔以更多說服的工作，因此連結或傳播策略也就格外重要。

3.研究的品質

研究的品質如果不佳，例如研究方法不佳或研究不客觀，研究的效度（validity）與信度（reliability）不理想，就比較不容易獲得接納（Berliner, 2002; Caplan, 1991; Landry et al., 2003）。

研究是否有可能客觀？是一個吵翻天的老話題，研究者如果在研究方法選取、研究過程與研究結果報告上儘量中立不偏，一般人仍會認為研究有一定的客觀性。不過不是所有的研究能是如此，部分研究本身的意識型態很強，研究者不但不避諱，甚至還大力提倡。Nisbet 與 Broadfoot（1980）就批評類似 Sharp 及 Green（1975）的著作《教育與社會控制》（*Education and Social Control*）之類的書是披著學術研究外皮的偏見之作。Nisbet 與 Broadfoot 的批評可能較為苛刻，對學術研究的定義也過於狹隘，但是有些研究的確是先決定立場再進行研究，而不是先進行研究後再決定立場，並刻意忽略不一致的證據，偏頗地為特定立場宣傳，這類意識型態鮮明的研究，容易引起實務工作者或決策者的躊躇（Knott & Wildavsky, 1991），影響其接受研究成果的意願，甚至激起更多意識型態的爭辯。某些學者認為研究有時不但無用，甚至還是有害的，這些傷害可能是因為不當的研究方法導致結論有誤，也可能研究者本身即有偏見存在，無法進行客觀的研究，例如有關智商的先天與教養之爭論（Nature-Nurture Debate），常常也反映了研究者的政治意識型態，而贊成先天論的科學家常被認為是政治意識型態上的保守派（Kamin, 1991）。

4.研究結果的實用性

筆者根據文獻分析結果將實用性分成兩部分：一是技術實用性，另一是政治實用性。技術實用性指的是指研究成果在執行上的困難度，有時執行其實並不困難，但研究者如果只停留在抽象層次的討論，未能提出具體的作法或建議，研究的接收者便容易覺得執行上有其窒礙難行之處。有時研究雖然提出具體建議，但是所提的建議可行性不高，例如實際操作的難度大、需要多單位的配合、涉及層面較廣、需要經費大幅重新分配、與社會價值背道而馳、或是資訊的成熟度不夠等，被應用的可能性就不大（趙達瑜，1998；Berliner, 2002; Knott & Wildavsky, 1991）。Mutschler（1984）或 Weiss 與 Bucuvalas（1980）所提的實用性（utility）也表達了相近的概念，研究的成果是否讓實務工作者覺得具體可行？如果答案為肯定的，則納入實務工作的可能性便提高。Caplan（1991）所談「政治上的可行性」（political feasibility）是另一個研究成果應用的影響因素，因為「資料最終的考驗在於政治」（Caplan, 1991: 200），政治人物要的不僅僅是科學上正確的答案，或是對政策受惠者有幫助的答案，而是要對政治人物有幫助的答案。如果研究結果執行會遭逢重大政治挑戰，決策者或實務工作者採用的意願會較低。

二、連結方式

連結方式所探討的是有關傳播與溝通方式的問題，包括了傳播的方向、傳播的媒介、互動與信賴程度。

㈠傳播的方向

傳播的過程是單向、雙向，或是多向的，所產生的傳播效果也會有所不同。如果研究成果的傳播只是單向，即由研究者到使用者，那麼真正被應用的機會就不會太大。例如研究發展模式或理性模式便是單向傳播模式（見圖 10-1），只不過不見得所有的研究發展模式都是起自於使用者的需求評估，而可能是研究過程中逐漸發展出來的應用。不論起因

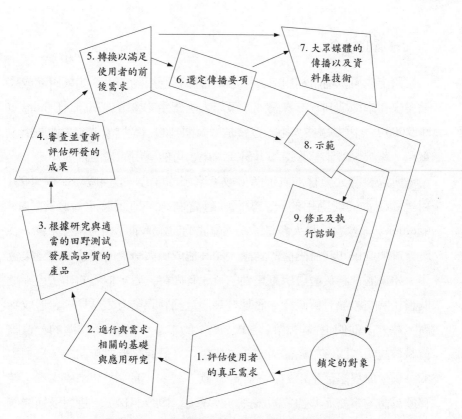

圖 10-1：研究發展產品傳播的理想模式

資料來源：Huberman, M. (1994). The OERI/CERI seminar on educational research and development: A synthesis and commentary. In T. M. Tomlinson & A. C. Tuijnman (Eds.), *Education research and reform: An international perspective* (p. 62). Washington, DC : Office of Educational Research and Improvement, U.S. Department of Education.

為何，這個模式的傳播過程都是單向的，一如第五章中所言，該模式隱含著知識生產與使用者的二分，以及生產者與使用者間的階層概念。如果希望研究成果最後能回到機構中，為決策者或實務工作者採行，在進行過程中就應鼓勵實務工作者或決策者參與研究過程，考量他們的看法與顧慮，溝通研究的目的與設計，共擬具體建議，讓研究成果符合現場實際應用需求（Mutschler, 1984）。

（二）傳播的媒介

研究成果傳播所利用的管道必然會影響應用的效果，如果研究成果是發表在學術期刊，被實務或政策界人士應用的機會就不高（Landry et al., 2003），因為這些人不一定會是學術期刊的讀者群。倘若透過廣播、電視、報紙、雜誌等管道報導研究成果，可能應用的情況會提升。

所以要擴大影響得先了解接收者喜好的媒介，例如Weiss（1989）對美國國會知識應用的研究發現，國會向來有口頭溝通的傳統（oral tradition），國會成員大多是透過人際間的口頭溝通（如召開公聽會、聽證會、與選民和利益團體的對話、和其他成員與職員的談話）來蒐集資訊。如果國會議員發現所蒐集到的資訊有衝突之處，他們的作法也不是閱讀相關文獻並分析研究，而是打幾通電話聽聽雙方的意見，再形成判斷。此外，他們也很得意自己讀「人」的本事，Weiss所訪問的一位國會職員說明了國會口頭溝通傳統的特色：「研究是無血無淚的，是抽象的，國會成員是活生生的人，比較喜歡『人』，而不是想法或文章；較喜歡具體的事物而非抽象的概念」（Weiss, 1989: 414）。選對溝通或傳播媒介，就比較能發揮研究的影響力。

然而，正式或制式的傳播管道並不受到Knott與Wildavsky（1980）的支持，他們認為資訊吸收的責任應該在決策者或實務人員身上，由他們主動決定要蒐集什麼資料，並且進行資料蒐集，這是一種被動的資訊交換（passive information exchange），如此一來決策者或實務人員對於手中的資訊能夠持較懷疑的態度，不至於盲目接受。如果過度強調傳播的角色，可能會有三個後果：一個是因為知識的傲慢，導致知識在未成熟時就傳送出去；第二個問題是有計畫的傳播沒有必要地取代了市場的傳播；第三個問題是「馬太效應」的形成，亦即最需要資訊的決策者通常也是最沒有能力吸收及應用資訊的人，傳送太多的無關知識反而對其造成負荷。所以研究發現的傳播媒介要暢通，但又不能像填鴨或灌輸，資訊接收愈多並不代表應用資訊的機會也會愈多，且往往適得其反。

(三)互動與信賴程度

研究成果的應用也受到研究者與研究結果潛在應用者之間的互動與信賴程度所影響（鄭麗嬌，1992；Landry et al., 2003）。如果學界和政界基本上是背景與經驗完全不相同的兩批人，除了簽約進行研究外，沒有什麼其他互動的機會，便容易有溝通不良的情況產生，致使研究結果受到低度應用（Weiss & Bucuvalas, 1980）。如果學界和政界有相似的背景（如有相近的學科訓練），也有密切互動的機制（學會、非正式聚會、研討會、私人友誼關係），存在著一定程度的信賴感，研究成果受應用機會是較大的。

研究的過程當中如果能及早邀請使用者參與研究過程，製造溝通與對話機會，研究結果符合使用者需求的機會就會提高（Mutscher, 1984）。第三章中曾提到英國少數學界與政界人士互動密切，成為政府體制外的重要決策菁英，協助研究成果受到直接的應用。不過互動的實質情況比起次數可能來得重要，Llyod（1998）在比較英國布萊爾首相與柴契爾首相時，批評前者一次請了三十位學者到唐寧街共商大計，每一個人都很高興被邀請，可是沒有人相信這樣的討論會有什麼用。相反的，柴契爾夫人卻只請了六個研究者，這種密切的討論讓參與者相信他們是受到重視的，討論的內容會產生具影響力的結果。

就以最難改變的國會議員來說，雖然他們有其選民考量與立場，要其改變似乎是不可能的事，不過透過學界與國會的互動，可以帶給國會議員新的觀念或想法，也可讓學界更了解國會的運作與考量。美國國會就定期提供國會獎學金（Congress Fellowship Program），由不同的學會（如政治學會、科學學會等等）甄選學生到國會見習，提供他們與國會成員互動的機會，這些優秀學生在擔任助理期間，或多或少可以促進與國會職員及議員間觀念和想法的交流（Weiss, 1989）。

獲得訊息是研究發揮功能的第一步，其中「議題網絡」（issue network）也是提供資訊的重要管道。議題網絡的成員包括利益團體代

表、官員、專家學界和諮詢顧問等等，這些人彼此之間都會連繫，如果學者專家在議題網絡中占有一定份量的角色，研究資訊自然而然地會進入討論之中（Weiss, 1989）。

三、連結機制

教育組織（政策與實務界）及研究社群自身當然也可以扮演橋樑的角色，增加研究應用的機會。不過這兩個社群畢竟有其獨特的文化與任務，在扮演橋樑上不免存在力有未逮之處，造成研究的低度應用（Weiss & Bucuvalas, 1980）。此時就應該有正式的機構或人員負責這項工作，專理研究應用或理論與實務之間的銜接工作。研究應用連結組織具備多重功能（如表 10-1），這些功能不僅限於研究知識的蒐集與傳播，還涉及到實際執行層面與問題解決的協助，以及提供研究應用方面的教育。

表 10-1：連結組織的功能

1. 資源轉換（resources transforming）：為潛在應用者而做（整理、歸納、使其方便可用）	4. 執行方面的協助（implementation helping）：支持使用者將知識轉換為持久運作的努力
2. 資源傳送（resource delivery）：根據使用者的需求進行蒐尋、獲取、傳遞、告知與解釋的工作	5. 過程協助（process helping）：傾聽、鼓勵與討論問題
3. 解答（solution giving）：針對使用者的問題、指導、鼓勵、採行觀念與產品	6. 直接訓練（direct training）：舉辦工作坊、開班或開課

資料來源：Huberman, M. (1994). The OERI/CERI seminar on educational research and development: A synthesis and commentary. In T. M. Tomlinson & A. C. Tuijnman (Eds.), *Education research and reform: An international perspective* (p.65). Washington, DC: Office of Educational Research and Improvement, U. S. Department of Education.

資源或資訊轉換是相當重要的，研究的重大發現卻有可能是政策上或實務上天真（naive）的行動，一般社會科學研究的目標與政策方案的

目標有時並不一致，政策的意圖與政策的結果間也常有很大落差。例如雖然有研究告訴我們種族融合可以大幅改善教育機會不均等的現象，或是協同教學可以提升教學的效能，但如果我們進行黑白學校的合併，或是規定老師一定要實施協同教學，可能因為社會文化或教學文化變革的不易，而導致種族衝突或是教師抗拒——不但沒有達成原先的目的，反而造成政策上更大的危機（Abt & Deutsch, 1979），也會對教學工作產生負面的影響。再比如方案設計的考量點不全然是政策的知識基礎，還包括政策的可行性，這其中的應用轉換，便需要進行研究分析；如果決策者、實務工作者或研究者無暇或無能力處理這部分，也可以透過連結機制（正式與非正式）處理這部分。

　　在一般人認為科學性或專業性皆較高的醫學領域中，醫學研究成果都不能直接指導醫病的行為，更何況是科學性尚不如醫學研究要強的教育領域（Feuer, Towne & Shavelson, 2002），絕大部分的研究與實務間均需更進一步檢核轉換的功夫，透過專門機構根據研究成果與實務狀況設計可行的方案，以提升研究的影響（Abt & Deutsch, 1979）。再者，即使是優秀的研究發現，變成方案後，也很難在不同的學校情境中產生一致性的影響，畢竟每一個學校的經費、人事、傳統、干擾因素都不同，所以扮演轉換的中介機構角色自然不應受到忽略（Berliner, 2002），因機構制宜，提供執行、過程與問題解決部分的協助也是連結組織的重要功能。

　　資訊的消化與傳送也是連結機制的重要功能之一。有時政策或實務不能受到研究引導的原因不在於研究數量不夠或資訊不足，而是因為研究充斥、資訊過多，形成資訊超載的現象，也就是資訊量超過了接收者能吸收的極限，有一個單位可以替其過濾無價值的資訊便份外重要。此外，資訊之間還可能是互相衝突的，如果沒有連結機制協助判斷，決策者或實務工作者常因無法定奪、判斷而決定放棄資訊，殊為可惜。或可以說，連結系統可以作為資訊的翻譯者、解釋者與守門者，幫助資訊轉換的工作。

最後，如果把研究應用看成是一種知識消費行為的話，對於教育研究知識的消費者，如行政機關人員、立法委員及其助理、媒體、學校教師與家長等，就應該提供「研究消費教育」，培養他們應用研究發現的能力與意願。除了期望研究社群多加努力從事這類的工作外，如果能由專職的機構或人員協助，特別是連結系統成員的協助，效果應該更好。

　　連結系統可以使不同組織的知識互通有無，相互告知。存在研究界與政策界和實務界間的連結系統乃如圖 10-2 中的 1、2、3 號管道。除此之外，組織內部也應有連結系統，如學校和學校之間的連結與互動。

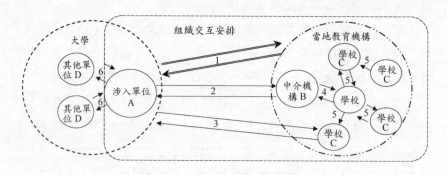

圖 10-2：組織間知識轉換典範

資料來源：Huberman, M. (1994). The OERI/CERI seminar on educational research and development: A synthesis and commentary. In T. M. Tomlinson & A. C. Tuijnman (Eds.), *Education research and reform: An international perspective* (p. 63). Washington, DC : Office of Educational Research and Improvement, U.S. Department of Education.

　　連結機制就如同研究的傳導系統，Huberman（1994）將其分為兩種：一是永久的連結機制，通常是組織或單位的型式；另一是暫時的連結機制，一般常透過行動研究或合作行動研究（collaborative action）的方式進行（圖 10-3）。Huberman 所說明的連結系統是雙向的，以大學和連結系統來說，一項研究新知可以由大學提供給連結機構，也可以由連結機構回饋給大學，兩者之間透過研究活動傳播研究新知。實務機構

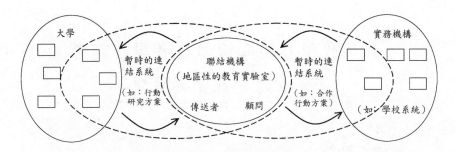

——實線代表永久性的系統
------虛線代表暫時性的系統

圖 10-3：連結機制作為研究傳導的動態角色

資料來源：Huberman, M. (1994). The OERI/CERI seminar on educational research and development: A synthesis and commentary. In T. M. Tomlinson & A. C. Tuijnman (Eds.), *Education research and reform: An international perspective* (p. 64). Washington, DC: Office of Educational Research and Improvement, U. S. Department of Education.

與連結系統間的互動也是雙向的，合作研究計畫亦提供另外一種機動式的連結功能。

美國所設的地區性教育實驗室，或是普遍見於英美政界的智庫，都是專注於將研究成果轉為實務應用或影響決策過程的專門機構。美國的地區性實驗室可以把聯邦研究的成果與政策傳播給地方，也可協助聯邦政府了解地方的問題或考量，是很重要的中介機構（Nisbet & Broadfoot, 1980）。而如果不能設專門機構作為連結機構，至少研究部門、政府部門或實務部門也應該有人負責研究應用的工作。

Huberman（1994）所描述的連結系統比較偏向研究界與實務界，特別是學校系統間的連結系統，類似的連結系統概念也可以應用於研究界與政策界。在政策界中教育實驗室或研究中心可能不是理想的連結系統[2]，政策的諮詢委員會或智庫倒是常見的連結機構。本章第二部分將針對這些連結組織的功能與限制提出說明，第三部分則提出建議，討論如何透過連結系統改善教育研究應用的情況。

2　有關教育研究中心或教育實驗室更詳細的說明請見第三章。

參、政策界的知識傳播者與諮詢者
── 諮詢委員會與智庫

一、諮詢委員會

㈠諮詢委員會的研究應用中介功能

政府常常成立諮詢委員會，借助諮詢委員會的力量擬定或修正政策，雖然這些委員未必都是學界人士或熟悉研究發現者[3]，但大致上學者是參加政府諮詢委員會的重要成員之一，構成研究知識進入政府的重要管道。

各國政府設立的政策諮詢委員會種類繁多，負責協助政府處理國家事務，我國的「教育改革審議委員會」即是一例。這些諮詢委員會有些是臨時性的，在任務達成後即解散，如前述的「教育改革審議委員會」。有些則是常設的單位，如教育部「國語推行委員會」；有些有明確的組織條文規範，如「學術審議委員會」、「行政院教育基準委員會」、「師資培育審議委員會」等。透過各個委員會委員的參與，成為國家決策的智囊團，負責意見反應、資料蒐集與研究調查等工作。

西方國家政策諮詢委員會的設立也相當普遍。以英國為例，政府早就成立相關委員會對社會現象或重要議題進行研究調查，就連著名學者馬克思的著作中，也常引用英國政府委員會的報告書說明或支持其論點。根據統計，一九五九至一九六八年間，英國至少成立一百七十個委員會；而美國在詹森總統期間平均每年成立四個總統諮詢委員會，這些

3　其他可能參與諮詢委員會者包括各種利益團體代表、律師、會計師等專業人員，有些委員的任命則屬治療型的，只是讓受到政策影響的相關人士有發聲的機會（Kogan & Atkin, 1991）。

委員會對國家的政策有一定的影響（Kogan & Atkin, 1991）。

這些政策諮詢委員會之所以能成為研究應用的連結機制，乃是因為他們具有資料與資訊的蒐集、分析及建議的功能，而且委員會又能結合跨學科的專家共同診斷與解決問題，比起由單一學科背景的學者所進行的委託研究或決定研究更能提供政府較為周全的建議。利益團體的加入，雖然未必有能力進行研究或提供研究發現，但是透過與學者專家的互動，可以讓學者專家根據利益團體的意見提出更為可行的研究建議。此外，這些委員又因為與政府互動密切，比較了解政府面臨的政策議題、期望、限制等等，所提供的資料、資訊，以及所規畫的研究歷程也比較能符合政府的需求。有些情況下，諮詢委員會更具決策權力，宛如政府內部的內部行政單位。

扼要來說，諮詢委員會的功能如下（Bulmer, 1982）：

1. 提供中立建議

委員會所邀請的委員往往是該領域之中受到敬重的專家，鮮少會是立場鮮明的人士，以免徒增大眾對其學術建議與政府決策的懷疑，如果必須邀請，也會考量立場的平衡。諮詢委員會成員自主性較高，有時非決策者所能加以控制，與行政單位意見不合掛冠求去，或是在關鍵時刻缺席抗議的諮詢委員，也非罕見。

2. 蒐集資料供不同觀點者使用

有些委員會研究的功能較強，也蒐集了一些重要的資料，這些資料可以供各方人士參考及解讀。馬克思的《資本論》便引用了英國政府諮詢委員會的資料（Bulmer, 1982）。可見委員會報告可以提供資訊，供不同觀點者解讀。如果能讓諮詢委員會透過研究提供報告，所得到的結論就比較能夠受到大眾的支持。

(二)諮詢委員會的限制

儘管社會大眾對於諮詢委員會抱持高度的期望，可是對委員會的嘲弄也不少。Elizabeth Drew 就曾戲謔式的提出政府處理委員會報告的五大

步驟（引自Bulmer, 1982: 124），分別是：(1)儘量藏的愈久愈好，然後丟到白宮的圍牆外；(2)延遲公布時間或默不作聲地公布；(3)和報告撇清關係或攻擊這份報告；(4)祈禱大眾對報告的注意力消失；(5)忽略這份報告。

政府所設立的諮詢委員會難免受到外界的批評，其中主要的批評意見如下（Bulmer, 1982）：

1.諮詢委員會常是用來讓決策者免於難堪的工具

委員會的委員常常是公眾人物，這些人的立場大眾大多清楚。政府挑選委員會成員時，可以透過篩選的機制，控制不同意見委員人數比例，以促使某些政策決議出線，或至少排除對政府政策有負面看法的人加入委員會，以達成政府政策行動的目標，並藉委員會之美名提高政策的合法性。在教育政策上也不乏因委員名單更動而導致原先決議大幅更動的例子，這些諮詢委員可以替決策者的政策護航，遂行決策者的政治意志。

2.諮詢委員會是拖延的工具

當政府的確不知道該怎麼處理某項政策，或是政府不願意處理某項政策，就可以成立諮詢委員會以達成拖延的目的。

3.諮詢委員會是為政策背書的工具

有時政治人物已作成決策，只是透過委員會增加決策的正當性與合法性，為政策背書，所做的建議脫離不了決策者預設的框架，在這種情況下，委員會彷彿是政府的回音或應聲蟲（Kogan & Atkin, 1991）。

4.諮詢委員會作為試探的工具或擋箭牌

政府委託諮詢委員會研擬政策，如果政策觸動了某些團體的敏感神經，這些批評或意見會直接導向委員會，行政機關所受的批評會比較少。利用委員會可以試探政治風向，減少政府機關直接面對民意批評的機會。

5.時間壓力

很多委員會委員因為是兼任的角色，無法專心的投入決策，所以在決策的時間性上常要拖得很久，造成政府及社會大眾的不耐（Kogan &

Atkin, 1991）。

6.「諾亞方舟式」（Noah's Ark）的決策問題

　　委員會往往過度強調代表性，以建立一個暫時但卻薄弱的共識，在議題分析上卻不見得有什麼進展，沒有做什麼研究，更談不上所謂的研究應用（Kogan & Atkin, 1991）。

㈢影響諮詢委員會研究應用的因素

　　Bulmer（1982: 111-115）分析影響委員會研究應用的因素，認為委員會在運作的過程中能否納入研究發現，要看以下因素的配合：

1.委員個人認知與價值

　　委員會成員的個人認知與價值差異可能會影響委員會對研究應用的態度。首先，因為委員會委員的聘請有時需要顧及代表性，當立場或價值不同的人同在一個委員會中，運作的困難度必然增加，要期望這些人能透過研究以作成結論與建議，並不容易。利益團體的存在原本就在求利益表達，不在探討事實，當委員會所處理的問題特別受到大眾矚目時，就算做了研究，也有資料，不同立場者對資料的價值與解釋也會不同。其次，委員對委員會功能的認知有時也有差異。委員常常是被聘來解決問題的，不過對於問題該如何解決，有人可能認為應該透過複雜的研究提出解釋，也有人認為蒐集事實資料即可，不必涉及大套理論，使得委員之間容易產生衝突[4]。再者，委員會中的主席立場對委員會運作方向往往又具備關鍵性的影響，值得特別注意（Bulmer, 1982）。

2.委員會成員的背景

　　如果委員會成員具學科背景，就較懂得看專業報告，傾向應用專業知識解決問題；反之，如果以利益團體代表居多，就不一定對專業報告或研究感興趣。美國委員會中時常會聘任律師參與，因為律師重視證

4　Bulmer（1982: 120）就曾提到英國犯罪學者 Leon Radzinowicz 退出皇家刑罰制度委員會的例子。因為該委員會成員所蒐集的資料都是書面及口頭的資料，而 Radzinowicz 則認為這些資料並不足以讓委員會作成歸因及結論，據以修正刑罰制度，所以退出。

據，相較之下對於社會科學研究的證據會較為重視，對於報告的內容也會仔細審核；如果是利益團體代表居多，就不會太關心研究證據。

3.問題性質

委員會能不能善用研究知識以作成結論，還要看所處理的問題性質而定。如果是政治問題、哲學問題或是原則問題，社會科學能夠影響的部分就較少。學者可以很客觀的研究教師體罰與學生行為表現之間的關係，可是在一般大眾的觀感上，體罰可能不是一個實徵性的問題，而是一個道德性的問題。

4.時間

委員會常常被要求在短時間之內提出結論與建議，根據 Bulmer（1982）的研究，由一九四五年迄今美國各位委員會存在的平均時間是兩年半，總統委員會是一年。因為時間短促，研究如果要對委員會的運作有影響，必須要在委員會結束之前提出，而研究往往因為時程的限制，沒有辦法達成這點。

5.後勤研究協助

學術機構的人員通常有別的教學或研究工作需進行，不一定有空提供密集的協助，也不願意倉促地提出一份看來不太會有貢獻的報告，使得委員會在聘請人時碰到困難。

6.經費協助

委員會的資源影響委員會的運作，所以讓委員會職員花了不少時間在經費的爭取上，而不是在研究上。以美國為例，如果經費協助充裕，部分委員會不但可以聘請律師、行政人員、還能聘請研究助理（一般僱用二十多人，有時高達近百人），就算委員本身不懂研究，可是研究助理仍能協助委員會發揮研究功能[5]。

7.政治文化

國家行政體系對研究的態度會影響委員會對研究的重視，Bulmer

---

5 相較之下，英國的委員會所獲得的後勤協助就較少，反映出兩個國家政治系統的差別，以及社會科學家在兩個國家決策中地位的差異（Bulmer, 1982）。

（1982）認為英國的行政官僚對於社會科學研究協助解決政策領域問題並不具有信心，因為委員會屬公務體系管理，自然也會影響委員會對研究應用的程度。

8. 政治脈絡

委員會在提出建議或作成答案時，常要考慮所處的政治脈絡，以及目前環境對委員會所作結論的政治接受度。對於委員會來說，達成一致性的結論要比對事件有完整及正確的解釋要來得重要，眾人對結論的接受程度，也比事實是否被正確地描述與理解來得重要。不識相、不考慮政治接受度的委員會，只會招來政府機構對其結論表示「遺憾」與「不解」，甚至引來政府的撻伐與攻擊也不乏先例，忽略政治正確，容易將委員會捲入政治風潮中[6]。

由以上這些討論可知，政策諮詢委員會作為研究應用的中介機構有其長處，也有其限制，似乎政府的心態是最重要的決定因素。基本上諮詢委員會乃為政府所聘用，原本是替政府蒐集與分析資料以提供建議的單位，但在一些實際情況下，發現事實為何已不是委員會關心的主要焦點，形成政治判斷才是委員會的任務，例如總統任命的委員會為議題定調，其他細節都是在這個基礎之上所進行的技術工作（Kogan & Atkin, 1991）。也因為絕大部分諮詢委員會的聘用不需透過國會或立法機關的同意，這些都使得政治因素對諮詢委員會的決定產生影響。委員會原來是擴大政治參與的管道之一，不過因為上述種種問題，社會大眾對於委員會的信賴程度逐漸減低，委員會被認為不能夠提供多少事實或是「科學研究發現」，而只是意見的角力或權力的折衝場所，這對各國政府來說都應該是個警訊，因為取而代之的可能是社區群體行動。

6　例如尼克森總統及國會就曾批評美國「社會科學研究委員會」（Social-Science-Based Commission）對猥褻及色情文學的研究是敗壞道德的且下流的。

二、智庫

Weaver（1988: 563）認為智庫指的是「非營利的公共政策研究產業」，而 Smith 則將智庫定義為「一個獨立的組織，從事的是跨學科的研究，其組織成立的宗旨是試圖去影響政府的公共政策」（引自官有垣，1999：15）。一般來說，智庫本身的研究介於學術研究與應用研究之間，是一種中介的研究。不過他們有一特殊的旨趣，即是影響政策，並且刻意和政策過程保持緊密的關係，可以說是研究應用的重要管道，而這也是智庫和其他學術研究單位（特別是大學）最大不同之處。Winard（1995）認為智庫的學者專家是西方社會相當具影響力的菁英。

然而，智庫的性質相差頗大，Winard（1995）將智庫分兩種：一種是「真正的智庫」（True Think Tank），另外一種是「政治智庫」（Political Think Tank）：前者較為中立，後者則常有特定的意識型態立場，例如英國的費邊社就長期地和保守黨結合。智庫的共同特徵是屬非營利組織、有免稅的優惠，通常由捐款、合約或捐獻所資助。智庫可以被視為是多元主義社會的重要財產，它們常常可以提供面臨問題的決策者快速的答案。以美國為例，知名的智庫如「藍德基金會所」（Rand Cooperation）、「胡佛研究所」（Hoover Institute）、「都會研究所」（Urban Institute）、「布魯金斯研究所」（Brookings Institute）、「傳統基金會」（Heritage Foundation）、「美國企業研究所」（American Enterprise Institute）等，對於政府決策都有相當大的貢獻。除了資訊提供之外，智庫的興趣還在於擔任幕後的藏鏡人，以引發新的公共議題辯論。此外，他們也很喜歡和政府要員維持關係，同時也準備有朝一日能夠入閣成為政府的一員（Denham & Garnett, 1999）。一方面，智庫是失意政治人物的休息站，但它也是未來從政人才的培育所。

智庫特別適合進行短期的研究，對於突發性的議題，智庫因為其契約研究員的角色，能夠立即進行分析，這種機動性是大學研究上較做不到的。這類智庫通常都是扮演技術支援的角色，很少是政策價值的設定

者。有些智庫因為與特定政黨有關，或是組織意識型態鮮明，其價值設定會先於技術性的研究。閱讀這類智庫報告，應該對智庫本身意識型態先行了解，再來判斷其研究發現的啟示。

肆、透過連結系統提升研究應用的可行作法

一、連結內容

(一)不論研究類型為何，應致力溝通研究成果的蘊義

所進行的研究是基礎或是應用研究，是量化或質性研究，並不能因為考量研究應用機會的多寡而作改變，反之，研究型式抉擇的重要考量應視所要達成研究目的而定。何種研究型式較能提升研究應用的機會目前並無相當一致的發現，在這種情況下，不管是量化、質性或是理論研究，都應努力說明研究成果對教育政策與實務的啟示，並且在溝通時應注意研究成果的呈現方式，適度改寫研究發現，使得研究發現的可能應用者能夠理解研究報告的內容，知道如何轉換研究發現。如果研究者不能或不願意進行這份工作，政府也可針對重要教育研究的成果委請專家或連結機構代為闡明研究對教育政策或實務的蘊義，也說明研究結論的限制。

(二)確保傳播研究內容的品質、相關性、可行性與實用性

研究的品質頗為重要，類似的建議在第八章探討「教育研究社群」時便曾提出，此不再多作贅述。可以說，研究不僅關係到研究社群的聲譽地位，也影響大眾對傳播內容（研究發現）的信心。除了研究社群應努力外，也可透過政府與研究社群的合作，蒐集高品質的資料，例如在

量化研究上可蒐集長期追蹤調查資料等[7]。目前國內量化教育研究雖多，不過大都是由個別研究生或研究人員獨立蒐集的資料，在問卷設計、抽樣與代表性、施測與回收、資料品質管控和佚失資料的追蹤上不易面面俱到，反而減低研究的可信賴度。再加上不同研究間有時有重複資料蒐集的現象，形成浪費，又不容易重做（replicate）研究以提供學界共同對話的基礎，而資料庫可稍彌補這方面的問題。

連結的內容必須是潛在接收者感興趣的，除了學科發起（fieldinitiated research）的研究較難以相關性規範外，委託研究或決定導向研究如果要符合績效責任的價值，增加應用的機會，需確定所研究的主題、方向、方法與時程都能配合決策者或實務工作者的資訊需求。在此，荷蘭擬定研究主題的作法可為借鏡。

荷蘭的「國家教育研究院」（SVO）的指導原則是「顧客—契約者」原則（customer-contractor relationship），在研究的進行過程中是以契約者（也就是政府與實務工作者）的需求為研究目的，而不是依照研究者的興趣擬定研究目的。SVO採取如下的措施建立研究方案（Nuttall, 1994: 36-38）：

1. 研究需求清單（inventory of research needs）：教育研究政策與實務的主要機構受邀說明其研究需求，所提供的資訊包括研究問題的脈絡、研究需要回答的問題，以及完成研究的時間限制。

2. 問題調查（problem survey）：這個步驟是最重要的部分，由一位或多位專家進行問題調查，調查的內容包括：

   (1)了解政策界與實務界的顧客目前的作法與未來的期望（主要透過訪談）。

   (2)說明目前該領域研究的進展，以及針對政策或實務進行研究後可能產生的貢獻（主要透過文獻分析）。

7　國內目前已經有類似的長期追蹤調查資料庫，如由中央研究院、教育部與國科會所共同蒐集資料的「臺灣教育長期追蹤資料庫」（Taiwan Education Panel Survey）（http://www.teps.sinica.edu.tw/main.htm）。

(3)根據科學的可行性以及研究計畫的完備性來評估前一階段產生
的政策分析結果，主要的評量規準包括了適切性、科學的背景
與可行性，以及研究問題的適當性。

(4)與潛在的顧客磋商，擬定一組讓潛在應用者、SVO 與研究社群
都能接受的研究問題。

(5)準備報告，說明這些問題產生的過程：這份報告是用以向 SVO
董事會、潛在使用者與一般大眾說明研究的品質與正當性。

3. 起草 SVO 研究方案文件：每一年 SVO 都會挑出該年所要進行的
研究計畫，挑選的過程中考慮到可用的研究人才數，以及現有計
畫的關係等等，SVO 的董事會則是修正研究計畫的時限，並決定
是否投入公共經費。

4. 訂定研究契約：由 SVO 邀請研究機構提出具體的計畫以及所需的
經費，接著由獨立的審查委員會負責計畫的審查，配合 SVO 可用
的經費，決定所要補助的研究計畫。

5. 執行與監督：大部分的研究計畫會進行兩三年，這期間約每三個
月進行一次的檢核。

6. 評估：對研究的品質進行評估，包括研究問題、研究步驟等等。
這些資料有助於未來傳播的相關決定。

7. 傳播：在最後報告公布前幾個月就會開始傳播的工作，研究者與
預期的使用者、學校組織等單位訂定契約，說明研究的成果應該
如何傳播。

　　美國 OERI 的教育研究也有類似的作法，蒐集各界認為亟待研究的
題目，這個作法可以在提高研究相關性的前提下，顧及研究的品質與管
考，因為研究的主題是由政策界、實務界、研究界與相關人士共同磋商
討論而來，再加上追蹤考核，受到應用的可能性應該也大些。

　　要提高研究的技術與政治實用性，更需要研究社群與政策及實務社
群在研究過程中密切的互動，了解了技術與政治實用性上的限制後，研
究者所提出的建議較不會被批評為不切實際的學院派或理想國。

二、連結方式

有關連結方式的研究發現指出傳播的方向、傳播的媒介，以及互動與信賴程度都與研究應用的機會有關。有心要發揮研究應用功能的學者應了解能促進研究者與決策者溝通的有利條件（facilitating circumstances），善用連結機制。除了被動地等待「時機成熟」外，也可主動尋求與政策制定者的接觸，換句話說，就是主動創造研究應用的時機（Postlethwaite, 1991）。

雙向傳播比起單向傳播更能塑造有利的溝通條件。單向的傳播在研究應用上較容易受到使用者的排斥，因為不了解使用者的情況，研究結果需要再轉換修正，或甚至不太能用的情況也相當大。雙向的傳播則提供較多溝通與交換訊息的機會，研究的相關性容易透過互動而提高，較容易發揮影響力。

Postlethwaite（1991）認為聯結愈多愈好，甚至是超越雙向的溝通模式。以課程發展政策為例，至少需要建立四種聯結，分別是與科目領域課程發展者的連結，其次是與中央單位負責課程發展者的連結，第三是與教師工會的聯結，第四個是研究者與老師之間直接的連結。Postlethwaite 認為政策研究者或是研究團隊至少要有一人專門從事公關或行銷的工作，將研究成果回饋給其他與研究相關的不同團體，同時也由這些團體獲取意見回饋。上述的討論對我國九年一貫課程的實施應有很大的啟示：即使九年一貫課程的設計有其研究基礎或是經過完整的發展過程，還是需要與師資培育機構、教師團體以及第一線的教師建立連結，而雖然這些連結可能會減緩課程改革的進度，或修正課程改革的內容，卻也可以增加課程改革的理性基礎、支持度與成功機率。舉例來說，如果和師資培育機構之間的連結不強，課程改革自然無法透過師資培育機制傳達給老師加以實踐。這樣的改革所受的支持程度可能較低，或無法吸納多方面觀點，充實與修正改革的內容，使得改革推動不易。

期刊論文當然不是提升研究應用的好管道，因為研究潛在的應用者

很少會有興趣閱讀這類的刊物。如果要擴大研究的影響力，在傳達管道的選取上便應求多元：例如針對研究潛在應用者進行調查，了解他們接收訊息的偏好方式，舉凡口頭溝通（如簡報、對話、非正式的閒聊）、較軟性的報章雜誌或媒體報導、授課、研討等型式，都是研究結果傳播的可行管道。

　　科技也是可以應用的傳播管道之一。政府可以致力改進科技，提升研究報告的可接近性（technologies of access），ERIC的設置即是一例。其他可行的作法包括建立入口網站，以拉近研究者與實務工作人員、教育政策制定者及一般大眾的距離。以醫學網站為例，一般民眾只要上網就可以查出自己生病情況的相關醫療資訊，以及最新的研究成果與治療的方法（Willinsky, 2001）──方便的網上資訊分享是可以提高研究資訊被應用的機會。

　　研究者與研究潛在應用者之間的互動與信賴也是影響研究應用的因素，例如經歷、學歷或其他獲致特徵（achieved characteristics）常是影響彼此互動與信賴的因素。智庫或諮詢委員會便常是這類「人脈」展現的場所。只不過英國的經驗告訴我們，當這種互動團體過於封閉時，研究的告知功能常常會有所偏頗。政府或實務單位或可以蒐集研究人才資料，並透過會議、研討、課程等方式，建立彼此的互動與信賴模式。

三、連結機制

㈠建立長期的連結機制

　　連結機制對研究應用的貢獻已如前述，正式的連結機制如美國的教育實驗室或教育研究中心，對於研究成果的轉換、傳送、解答、執行與過程協助、教育等工作，可以負起專門的責任。如果不能設專責機構，也可令專人負責這方面的工作。不過 Knott 與 Wildavsky（1980）的警告我們也應謹記在心：傳播不等於塞資訊，傳播的時候也應考慮接收者的意圖與接收能力，以免造成反效果。

這些正式的連結機制應該扮演如同 Huberman（1994）所提的資源轉換、傳送、解答、執行協助、過程協助、直接訓練等功能，並透過與政府的合作，協調研究議題、傳播及其與實務資訊的流通等工作（Atkinson & Jackson, 1992）。研究議題的協調則包括整理已經完成的研究並公布之，避免研究主題不必要的重複，鼓勵議題相近者合作研究，防止重要的教育研究議題失衡，並邀請各方的代表集思廣益，以了解教育政策或實務上迫待解決的問題，商討研究的優先順序與分工狀況，增加研究成果受到應用的機會。研究與傳播部分也宜有更好的協調，一個好的革新想法或理念不足以改革學校，也不能產生持久的效果。政府根據研究成果所推動的改革，應在研究與政策宣達之外，加強傳播與轉換的工作，逐步進行。研究與實務資訊的流通也是重要的協調工作，透過協調可以知道別的單位做了什麼？有什麼心得？學到什麼經驗？進而提升組織的研究效能。

㈡善用臨時性的連結機制

臨時性的連結機制亦是促進研究應用的好機會，連結機構、研究社群或實務社群間的協同研究，可以達成彼此溝通與說服的目的。

㈢避免政治對連結機制不當的干預，喪失連結機制的告知功能

政策諮詢委員會的種類很多，有些議題需要詳細的規畫，委員會的研究功能應該強一些；有些議題的政治爭議性較大，涉及較多的價值判斷，或是決定的結果將對特定團體造成重大的影響，就需要有一個能匯整意見的機制，以建立共識，此時委員會的組成，就需考慮代表性。研究功能較強的政策諮詢委員會，乃是研究成果轉換的重要連結機制，如果過早讓政治介入，連結機制的信用難免大打折扣，使得大眾對其喪失信心（Bulmer, 1982），連結機制也就形同虛設。一些立場鮮明智庫所做的研究，比較容易招來大眾的質疑，就是一例。政府運用政策諮詢委員會或智庫的研究協助決策是一件值得鼓勵的事，不過如果賦予這些諮詢

委員會或智庫過多的政治功能，操縱研究與委員人選，或控制研究結果的發表，政府無法由其中獲得實質的研究告知，只能獲得背書，也無法讓委員會或智庫的研究成果作為公眾討論與解釋的基礎，殊為可惜。美國部分諮詢委員會所做的研究報告除了需舉行公聽會外，研究的成果也可供大眾取閱，不論對政府或對社會，都發揮正向連結機制的功能。為了促進公共對話，中介連結機構不應選擇性地傳播某些議題或是隱藏特定資訊，而應該開放參與，並給予必要之支持，使委員會或智庫成為真正的研究應用中介單位，與公共慎思明辨（public deliberation）的基礎（Knott & Wildavsky, 1980）。

　　連結系統在研究應用上扮演重要的角色，當然有系統存在並不一定就能發揮功能。本章說明有利連結系統提升研究應用功能的因素。不論是研究界、政策界或實務界，都可以改進連結系統，專責連結機制的建立，也有助於研究與實務及政策的互動，不論是研究的修正或政策與實務的改進等方面都可由連結系統受惠。

第十一章
■ 教育研究應用的未來

> 國王應該聽哲學家的話（Immanuel Kant）（引自 Wildenmann,
> 1979: 7）。
>
> 亞里斯多德認為女人的牙齒比男人少。其實，他大可避免犯這
> 個錯，只消請亞里斯多德太太張開嘴巴即可（Bertrand Russell）（引
> 自 Kingdon, 1984: 219）。
>
> 至於我，我寧願取真實，而不願屈就道德。在真實之上，我覺
> 得能站得比較穩（David, S. Landers）（汪仲譯，1999：18）。

　　本書的第四篇由第七章到第十章討論影響研究應用的因素，同時也
在各章後段提出改進建議，此處不擬一一重複贅言，只就其大要，針對
本書第一章所提出的四項研究目的扼要歸納與討論，說明提升我國教育
研究應用的途徑，供教育研究人員、決策者與實務工作者參考，並提出
幾點思考教育研究應用時應特別注意的觀念，最後則說明本書不足之處
以及未來有待努力的研究方向。

壹、教育研究應用的意義

一、知識的多樣性

㈠科學知識的能與不能

　　科學研究知識提供較有系統，經過檢證的資訊，教育決策與教育實務如果能夠參考科學研究所得到的知識，作為行動與決策的基礎，當然較為理想，日常生活中我們所奉行的知識或信念，有些其實是迷思，說不清因果，所謂的知識或真理，有時只是個人價值的反映，使得教育改革變成意識型態的運動與攻防，對於改革的必要性、改革的方向、改革的過程與改革的效果爭執不休，這樣的改革就如同本章一開始 Cooley、Gage 與 Scriven（1997）所言，表面驚天動地，深處卻不受影響。更令人擔心的是錯誤的決策或行動有時不但沒有效果，反而對教育帶來負面的影響。重大的教育決策或行動，更需要系統性的研究與周詳的規畫，「如在沼澤中前進般」，朝向改革的目標努力，而不只是做幾個研究，開了幾場公聽會或諮詢會議即可。

　　不過我們也需理解科學知識的限制，首先，科學知識常常是昂貴的，沒有長期經費的投注，不太可能獲得科學上受到認可的知識，在資源有限的情況下，對於要進行的研究，必須有所過濾。其次，科學知識常常來得太慢，錯過了重要的行動時機，「謀定而後動」有時不是好的策略。第三，嚴謹的科學知識在複雜的教育脈絡中，常會面臨外部效度的問題，越嚴謹，控制越多變項的科學研究，在不同的教育脈絡中越容易遭逢這類限制，再加上研究中的人與影響的因子不斷變化，科學知識所預期的效果未必出現。要利用科學知識作為決策或行動的基礎，必須小心。

　　科學知識也不是唯一有價值的知識類型，其他類型的知識，如技藝

知識或日常知識，也有其重要性，例如教育實務人員經過長期經驗累積所獲得的知識歸納，亦可視為重複考驗檢證的過程，未必全然不科學，Connell 所形容的如赤腳醫生（barefoot doctor）般的教師，也可能是知識或研究的生產者，如 Weiss 與 Bucuvalas（1980）的研究所指出，社會科學研究對專業工作者來說，常常不是「黑暗中的曙光」，而是「亮屋中的蠟燭」，專業人員如決策者或實務工作者不是白板，一無所知，相反的，他們有一定的知識與經驗，所以研究能發揮的影響有限。我們應該鼓勵不同類型知識間的交流，並努力讓技藝知識、日常知識、隱匿知識、實務知識，可以被表面化、系統化、理論化，透過實徵檢驗，使其成為科學知識，讓更多人分享應用。更重要的是科學知識也可受到技藝知識或日常知識的檢驗，使其內容不斷充實進步，並提升其與教育實務的相關性。

科學研究的類型也有多種，能夠被直接應用的程度各自不一，如果因為基礎研究或理論研究的應用價值低而不願投資，毋寧過於工具導向。在另外一方面，如果因為技術研究、應用研究或行動研究的可推論性不高，不具「基礎」研究的形貌，而減低對其的支持，也過度上綱了基礎研究的價值。再者，基礎研究、應用研究、研發研究的界線有時不是那麼明確；最後，因為研究目的、問題性質，時間與資源的考量不同，原本就應進行不同類型的研究。透過分散的研究經費補助制度（decentralization of research funding）（Connell, 1994），可以鼓勵更多的研究創意與應用。

㈡教育研究的特徵

如第二章中所言，教育研究屬不容易進行的科學研究，這是因為多種原因造成的，首先，教育現象錯綜複雜，需要採用的學科知識相當多元，這種多學科的背景使得單一的研究很難能提供複雜的教育現象解答。其次，教育所研究的對象相當複雜，是個有意志、能思考、會改變的對象，對教育中的個人或教育現象進行研究，得到確切答案，原本就

是一件不容易的事，更何況應用研究的答案。

　　教育研究因為對象是人，在研究上顧慮較多，無法像自然科學般進行較嚴格的實驗與控制，再加上教育研究中典範差異，使得不懂教育研究的人士對於教育研究的成果抱持懷疑的態度，如果教育學術界不能統整這些不同的研究發現，一般民眾只能選擇視而不見，或是挑自己相信的研究發現應用。

二、研究應用的意義

　　探討「研究應用」這個主題很容易被批評為「工具主義」，許多研究不一定是帶著應用的興趣而進行的，對人類歷史有重大貢獻的研究，也未必都是應用導向的，本書之所以選擇這個主題，乃考量到教育研究雖然已累積部分成果，不過大部分研究成果應用潛力仍未發揮，殊為可惜，作為專業學科，理論與實務間的鴻溝，更是專業不可規避的問題，學界、政界與實務界在這部份還有許多可努力的空間，這是本書主要的出發點。

　　對於應用，不宜持過度狹隘的觀點，受到研究發現改變政策或實務工作固然是一種應用，不能直接作為政策或行動的基礎，但是能改變我們的想法或看待教育現象與對問題的觀點或定義。說明問題的複雜現象，或是提出新問題，也是一種應用。此外，研究影響力的發揮有時不是立即性的，長期影響力的發揮也算是研究應用的一種，研究影響的對象，也未必只限於原先所設定的人士或機構，可擴及到其他的人，這些都屬真實應用。

　　表面的應用雖然不受歡迎，不過只要是真正作了研究，且能公開研究的過程與發現，也可算是一種應用，這些研究可以作為公共討論的基礎與評論的起點，研究發現的扭曲或研究設計的操弄可以透過重作或評論予以揭露，反而有助於研究討論與公共對話，提升公共教育討論的品質，避免訴諸民粹，也能得到多元整合的觀點。

　　研究可以提供資訊，可以作一種警告，可以作為理解或詮釋的工

具，可以作為轉換，或澄清事件等等，這些都是研究的功能，政府或大眾在衡量教育研究的貢獻時，可以持較寬廣的角度看待研究在社會上的角色。

三、影響的方向性

能夠被應用，作為決策與行動依據的不僅僅是研究知識，教師與實務人員在日常工作中所累積的經驗也是一種可被應用的知識，研究者對於這些知識應該抱持尊重的態度，如果能夠促成這些知識的系統化與理論化，則是研究的重要貢獻，但是不應因此認為只有研究知識才能引導行動，教師知識或實務知識也可回饋研究知識，修正或加強研究知識，就影響的方向性來說，不是單向的。

Postlethwaite（1991）提出兩種研究應用的模式，分別是輿論模式 [1]（clamor model）與單位資助模式 [2]（agency sponsored model）（見圖11-1），雖然 Postlethwaite 提出此模式的焦點在媒體，不過筆者認為此

---

[1]　輿論模式的主要路徑如下：
　　(1)B 路徑：B 路徑是最直接的模式，通常只有在所需經費不多，或是不損及太多人的利益時方有可能出現。
　　(2)C→D：由 C 到 D 的模式中，研究基本上沒有太大的功能，輿論決定了政府行動，如果輿論的訴求涉及較多的經費，或較有政治爭議性，就會循此路徑發展。
　　　扼要來說，上述兩種輿論模式是不涉及任何研究應用的。以下四種輿論模式中，研究則有一定的影響力。
　　(3)E→F→A→B或E→F→A→C→D：這兩個途徑中，研究和輿論兩者互相推波助瀾，促成政府採取行動，研究可以影響輿論或回饋理論，再影響政府的行動。
　　(4)E→F→G→H→D 或 E→F→G→I：在這兩種模式中，由輿論到研究到行動，比較像是一種直線模式，研究對於輿論的回饋很少。
[2]　單位資助模式的主要路徑如下：
　　單位資助模式中，贊助單位不是受到輿論的壓力而促發研究，研究的進行是由單採取主動的立場，研究的結果則發揮相當大的角色，再根據研究結果採取行動。共有四種模式，分別代表 Coleman 所提到的兩種研究應用類型：
　　(1)G→H→D 或 G→I：這是 Coleman 所稱的王子模式，機構（王子）召喚研究者提供協助，參考或根據研究發現的建議採取行動或擬定政策。
　　(2)A→C→D 或 A→B：這部分類似 Coleman 所稱的大眾模式（people model），也就是因研究發現影響輿論，再促成行動。

圖可說明研究知識與其他社會部分互動的多元性,該圖對研究應用的重要啟示如下。

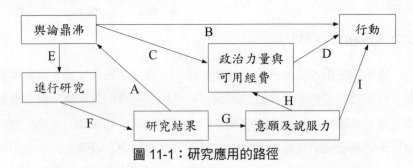

圖 11-1:研究應用的路徑

資料來源:Postlethwaite, T. N. (1991). Research and policy making in education: Some possible links. In D. S. Anderson & B. J. Biddle (Eds.), *Knowledge for policy: Improving education through research* (p. 211). Washington, D.C.: The Falmer Press.

1. 知識與行動之間的關係不僅僅是單向的,還可能是多向的,甚至斷裂的。所謂斷裂的關係是指不需要研究一樣可以有行動,或是有研究一樣可以不行動。

2. 研究發揮影響的管道不一定要直接透過單位(決策者或實務工作者),兩點之間最近的距離未必是直線(所以哲學家也不一定只跟國王講話),透過其他管道力量的發揮,有時可以使研究成果受到更快更好的應用,例如研究成果可以影響輿論,再由輿論影響行動。

3. 由第一點與第二點的啟示可知,研究界如果希望發揮學術影響力,除了務實的多做些好研究外,也應多向政策界、實務界以及其他的社群(如媒體或一般大眾)溝通研究成果,並樂於回應政策界及實務界對研究資訊需求,接受教育組織對研究成果意見回饋,主動參與社會議題的對話。只有讓研究知識成為社會智識事業的一部分,促進研究知識與社會知識的共同提升,由多元管道發揮影響,方是提升研究應用的有效途徑。

貳、教育研究應用的現況
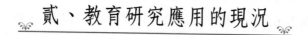

一、教育研究應用受重視的情況

　　不論是美國或我國，主要均由政府支持教育研究的進行，除了協助學術研究的發展外，也使政策界和實務界能受益於研究知識，作成受告知的行動或政策。各種研究類型，諸如委託研究、學科發起的研究、政策諮詢委員會的研究、行動研究等等，都是常見的研究型式。

　　但是對於研究應用重視的程度，我國顯然不如美國，美國聯邦政府基於績效責任的考量，對於研究所能發揮的影響十分重視，雖然政治的困擾不斷，美國聯邦教育部還是勉力地推動研究工作，設立了教育研究中心、地區性教育實驗室，並且建置數量眾多的教育次級資料庫，供政界、學界與實務界獲取教育現況資料，分析教育議題的因果關係，ERIC的成立，也讓資訊的傳播更為容易，這都是促進教育研究應用的重要先備工作。政策諮詢委員會與智庫亦是學界參與政策過程的重要管道，直接影響政府的決策歷程，政策諮詢委員會的研究報告，如非特別因素，也開放大眾參考，提升研究知識的流通性。此外，為了讓研究與教育決策與實務需求扣得更緊，提升教育研究的相關性[3]，教育部應主動蒐集各方對教育研究主題的意見，擬定研究優先順序，無非是希望社會較關心的教育議題能夠獲得教育研究所提供的系統性知識優先告知。

　　美國的學界對於教育研究影響力的發揮也相當關心，以美國著名的教育研究協會為例，經常向會員報導國會與聯邦政府教育政策或教育研究政策與法案上的變化，並透過公聽、遊說、參與政策諮詢委員會等方

3　例如美國教育政策研究協會（Consortium for Policy Research in Education, CPRE）就利用磋商過程，建立一個以顧客為基礎的研究議題（client-based research agenda），該協會有政策界、實務工作者以及其他感興趣的人（如商界聯盟、州長協會）參與，共同決定教育研究主題（Fuhrman, 1994）。

式，影響政府決策過程。學會對於重要教育議題研究成果的統整、回顧與整理，也不遺餘力。至於促進教育學術社群的成長，也是該學會致力推動的工作之一（例如在年會時提供專業發展課程，或提供年輕學子獎學金），由該學會幾份重要期刊的討論中，也可發現學會對教育學術水準的規範與維持亦相當關心，這些努力對於提升研究成果受應用的機會有正面的幫助。

相較之下，我國政府尚支持教育研究，也重視政府單位教育研究的管考工作，可惜的是管考的分類過於粗糙，應用的定義較為狹隘，也認定委託單位是唯一需要受到研究知識告知的單位，這點忽略了研究知識作為社會智識事業一部分的功能，可以說是有管考，少管理（research management），殊為可惜。對於學科發起的研究，政府在傳播與轉換的工作上做得也較少，主要的焦點似放在推動研究成果卓越化（也就是登上國際知名期刊）上，風行草偃之下，學科發起的研究就比較不重視研究應用的部分，而較重視學術文章發表與撰寫的相關規定，以學界為主要溝通對象，對提升研究應用有不利的影響。不過政府的作為也有值得稱許之處，如教育次級資料庫的建立，或是教育研究資訊的傳播，現在已在起步階段。整體而言，政府對教育研究應用的提升還有一些可努力的空間，如果靠政府的經費產生了好的研究，卻只能讓研究主持人受益（升等、獲獎……），無法擴大對話範圍與影響對象，是一件相當可惜的事。

國內學界對於教育研究應用的關心也不甚理想，多由個別學者獨自零星地參與決策，或透過行動研究等方式促進教育實務的改進，學界很少共同整合或回顧重要的教育研究發現，集體促成決策或實務的改變，有可能因為國內學術人口過少，重複（replicated）或近似的研究不多，尚不足以累積足夠的研究成果以作成結論，或因為學界不認為這些工作是學界的責任，所以並不重視，頗為可惜，學界在學術影響力的發揮上，還有待群策群力，共同規畫。

二、促進教育研究應用的機制

美國教育研究不但規模龐大，教育研究應用的機制（機構與方案）也較多，教育研究中心、地區性教育實驗室、方案效能小組等等，都是為了促進教育研究應用所設立的機構或經營的方案，最近的策略性教育研究夥伴（SERP），也是代表聯邦政府致力於改進研究應用情況，結合研究與實務的努力。

在我國，國科會與教育部是資助我國教育研究兩大主要單位，前者給於研究界較大的自由，探索學科中重要的議題，判斷研究的標準主要是卓越；後者對於研究與工作業務的相關性較為重視，進行研究的目的常是為了業務的了解、規畫、執行、評鑑。至於負責將研究成果傳播、轉換、應用的專責機構或方案，目前較為少見，統整國內教育重要研究議題的單位也闕如，即將成立的國立教育研究院，或可承擔這項工作。除此之外，也可透過非正式的管道，例如行動研究等等、傳播與應用教育研究的成果。至於研究傳播與應用所需的基本平台，如次級教育資料庫的建置或資訊搜尋系統的建立，也可繼續努力。

參、教育研究應用的模式與影響因素

一、教育研究應用的四種模式

本書將教育研究應用的模式分成四大類，分別是經驗模式、理性模式、表面模式與概念模式。經驗模式因為缺乏理論的引導，研究的功能只是資料的蒐集，對於累積教育政策與實務智慧的幫助有限。

理性模式是最常受到討論與批評的模式，所以第五章中花了相當篇幅整理各界對理性模式的評論，不過我們卻不應因此貶低理性模式的價值，理性模式下的研究發展模式、社會互動模式與問題解決模式在教育與其他領域都受到應用，只不過因為教育工作與教育組織的特性（如教

育組織的特性、組織脈絡因素的差異、處理對象的變化性等），使得理性模式應用受限。

在表面模式的研究應用中，教育研究成果並未發揮實質的告知功能，只是作為組織或個人的意圖的工具，此一事實雖然令人失望，不過有研究比沒研究好，如果政策的方向已定，無法更改時，透過研究者的協助，還是有機會讓整個政策推動過程更為合理化，更具理性基礎。

概念模式對描述教育研究應用的實際情況應較為貼切，而這也是教育研究可以發揮重大影響之處，教育研究的功能不只是解決問題，有時還能發現問題，重新定義問題，提供檢視教育問題不同的觀點，或改變我們對教育問題的看法。教育研究應如 Weiss 所言，是社會智識事業的一部分，提供民主對話的基礎。

二、影響教育研究的因素──綜合模式的提出

作者整理國內外有關影響教育研究應用因素的探討後，提出綜合模式，作為理解影響教育研究應用因素的架構，以及本書第四篇討論的基礎。影響教育研究應用的因素共可分成六個部分理解，分別是外圍系統、脈絡系統、研究社群、教育組織與聯結系統。綜合模式共統整了雙元系統論、三元系統論、五模式論、官僚過程與政治組織因素、Landry、Lamari 與 Amara（2003）提出的「工程解釋」與「社會組織取向解釋」，以及 Wineburg（1991）等人對環境因素影響研究應用的研究，這些理論之間重複性大，為了清楚說明影響研究應用的因素，所以提出一個較能整合的綜合模式，作為理解與討論的基礎。

肆、提升教育研究應用努力的方向

一、外圍系統與脈絡系統

外圍系統與脈絡系統是教育研究應用的大環境，對於這些系統上的

差異，除非透過跨國比較研究或歷史研究等方式，才能讓我們了解這些
因素對研究應用的影響，具有反省批判力的學者，也能透視結構或脈絡
因素對「哪些研究值得進行？」、「哪些研究知識最有價值？」以及
「誰的知識是最有效或最有價值的知識？」等問題答案的影響。外圍系
統包括了國家政治與文化的影響、社會科學發展的情況、教育學科的地
位以及研究單位的類型。一個有利於提升研究應用的外圍系統具有如下
的特徵：

1. 在政治文化上，重視研究知識，習慣利用研究知識做為民主社會
   中公共思辯、決策與行動的基礎，而非僅憑意識型態、理念或是
   民意作為決策與行動的依據。政府或實務界也能適當地透過應用
   或決策導向研究，讓決策受到研究成果的告知。在此同時，政府
   與教育實務界也能理解到教育研究不等於教育資料蒐集，能夠傾
   聽並檢核教育研究賦予資料的不同觀點解釋，累積決策與實務行
   動的智慧。

2. 學界與政策界或實務界互動密切且開放。互動頻繁是研究知識傳
   播與應用的重要方式，開放則是確保決策者或實務人員所獲得的
   研究知識是平衡的、競爭的，而不是偏頗的、受到保護（獨占）的。

3. 決策導向研究固然有助於教育研究應用的提升，不過亦有其限
   制，政府在不同類型研究經費的分配上應求取平衡，對研究應用
   採取較寬廣的定義。同時，政府也應成立或支持不同類型的教育
   研究單位或機構，使得教育研究獲得平衡的發展。

4. 社會科學研究與教育學研究的地位受到重視與尊敬，當大眾對這
   兩個學科表示信任時，教育研究成果受到應用的機會就能提升。
   反之，如果這些學科領域不被認為是門學問時，對這些領域的支
   持便有限，遑論應用其研究成果。

脈絡系統因素也會影響研究應用的機會，這些因素包括社會焦點、
社會潮流與文化信念，不過這些影響因素與教育研究應用之間的關係不
應視為單向的，而應視為雙向的，因為教育研究的功能之一正是挑戰常

識性的理解與社會文化的偏見,甚至透過研究成果改變社會與文化信念。

對於脈絡系統的影響,研究社群正好能夠發揮教育組織與一般大眾較難達成的功能:

1. 透過研究與發表主動引導社會焦點與潮流,此外平時即對重要教育議題做好研究,等待時機來臨時,發揮臨門一腳的功能,提供研究成果或研究觀點作為決策或行動參考或備選方案。

2. 發揮研究反省批判的功能,體察分析脈絡系統對社會智識的影響與限制,透過研究闡明這些影響與限制。

二、研究社群

研究社群與教育組織兩者的文化有根本的差異,造成研究應用的困難,這些差異反映在成員背景、知識觀、組織系統、獎勵系統、時間概念上。根本差異雖然存在,但不代表教育研究社群在提升研究應用上沒有可著力之處,歷史的經驗告訴我們,教育研究(不論其類型),對於教育政策與教育實務還是產生了相當重要的影響。未來在提升教育研究應用上,教育研究社群有以下可努力之處:

1. 透過研究社群自發的力量,提升教育研究的品質,雖然目前的證據顯示品質與研究是否受到採用並無關係,可是研究品質不良必然會影響大眾對教育研究的支持,及人才投入教育研究的意願,長久來看,學界還是應該透過研究訓練、成員專業成長、同儕審核等方式,提升教育研究的品質。

2. 由學界或政府協助,增進學門跨領域的合作、對話與統整。教育現象原本就複雜,牽一髮動全身,單一學科的發現原本就難統攝複雜的教育現象,再加上學門內研究典範各異,研究成果的形貌也隨著研究發展而不斷變遷,造成外界困惑,要增加教育研究成果受到應用的機會,學界應致力於合作與對話,共謀教育問題之解決,並透過定期檢討與統整的機會,整理教育研究的成果與未來可努力之方向。

3. 部分教育界人士將自身的角色定位為研究者或知識的生產者，不關心政策歷程，也不了解實務工作情況。就學科定位而言，教育學研究是一專門學科，有必要不斷透過政策與實務社群的實際經驗考驗與修正研究成果，並發揮專業的影響力，教育研究社群可擴大過去對自身角色的定位，理解並參與政策過程及教育實務。

4. 修正大學的獎勵系統，除了鼓勵學者做高品質的研究外，也獎勵學者將這些研究成果轉換成實際應用的建議，減低研究潛在應用者在應用教育研究成果時所需付出的成本，增加研究應用的機會。

5. 考量委託者的研究規畫時間，雖然研究需要較長的時間，可是在進行政府的委託研究時，應該儘量顧及委託者的時間需求，並向其溝通時間對研究可能造成的限制。

6. 釐清研究的定位，一方面也說明研究的限制，透過溝通與清楚說明，避免因對教育研究期望的落差過大而產生不滿。

三、教育組織

本文所探討的教育組織包括教育行政人員、決策者、立法者，以及學校的教師與行政人員，這些人是教育研究成果最希望能影響的人，透過他們的行政施為或實務運作，直接影響教育工作的成果。因為教育組織在成員背景、知識觀、組織系統、獎勵系統、時間概念上的特色，使得他們在應用研究成果上也有困難。不過就算是政治取向最強的國會議員，還是有可能關心並應用教育研究成果，教育組織對教育研究應用的情況，仍有改善的契機。以下是改進的具體作法：

1. 提升教育組織成員研究消費的能力，提供其教育或進修的機會（魏鏞，1986），使其有能力能消費研究成果或自行進行研究，亦可給予其消費研究成果方面的支援。師資培育機構在培養未來教師或提供教師專業發展課程時，應重視於教師研究能力的教育，教育行政人員或立法人員如果具備研究能力，就有可能閱讀教育研究報告，以為施政或立法的依據。研究能力的培養可以使

教育組織成員能夠蒐集閱讀研究發現，判斷研究品質的好壞，了解研究發現的意涵，甚至自己作研究以解決教育上的問題。如果這點做到有困難，也可由加強行政單位、國會、學校的研究支援系統或臨時性的資訊服務（如研究取向的政策諮詢委員會）著手，由這些單位負責提供並分析資訊，也是可行的作法。

2. 支持教育研究，並注意研究自主與績效責任間的平衡。政府平時應支持教育研究的發展，以免在有問題才進行研究，緩不濟急，基礎或非政策導向的研究，是社會知識累積的一部分，也是民主社會中公共思辯的重要基礎。對於各類型的研究應均衡的補助，達成研究自主與績效責任的平衡，具體的作法包括透過多種來源補助教育研究，對委託研究與決定導向研究加強溝通與管考，鼓勵研究的累積性，擬定教育研究的優先順序，確保教育研究的品質。

3. 提供教育組織研究與研究轉換支援也是可行的辦法，教師與行政或立法人員各自有主要的業務，可以由專人或專責單位負責過濾並整理研究成果，並向教育組織報告，同時也回應教育組織的資訊需求，強化行政界與實務界的研究知識基礎。

4. 促進不同類型知識的溝通，也可增加研究應用的機會，過去的影響方向多由研究知識影響決策或實務，但真正影響的發揮卻不見得順利，原因之一是對於教育組織成員的實務知識，或隱匿知識了解不多之故。研究知識藉由實務或隱匿知識的回饋，可以自我修正，同時研究知識也可將實務或隱匿知識加以系統化、顯明化、理論化，更可以增加這些知識廣受應用機會。

四、連結系統

連結系統是企圖解決因研究社群與教育組織根本文化差異，導致研究低度應用而發展出解釋系統，作者將連結系統的主要因素分成連結內容、連結方式與連結機制。在連結（傳播）內容中，關心的變項包括研究成果的型式、研究成果的來源、研究成果的呈現方式和研究成果的內

容（相關性、與實際情況的差距、研究的品質、研究成果的可行性）。在連結方式上，則考慮連結的方向、傳播的媒介、互動與信賴程度。在連結機制上，則肯定正式與臨時連結機制（如地區性實驗室、政策諮詢委員會、智庫、行動研究）對提升研究應用，提升決策與實務知識基礎的功能。連結系統可以提升研究應用的具體作法如下：

1. 將研究應用視為研究工作的一部分，不論是何種類型的研究，均應試圖闡明研究對決策或實務可能的啟示或建議。當然這些建議在決策者或實務工作者看來可能會嗤之以鼻，認為不切實際。不過根據研究發現提出具體的建議至少提出了較為具體的溝通訊息，供決策者與實務工作者衡量評斷修正，比起只進行研究，不討論研究發現蘊義的作法要更能提升研究應用的機會。

2. 研究者應注意研究內容的品質、相關性、可行性與實用性，如果不符合這幾個規準，可能無法引起政策界或實務界應用的興趣。雖然品質被認為與研究受應用的程度無關，不過維持研究品質才能維持大眾對研究工作的支持。

3. 在連結方式上，應該多利用雙向或多向傳播，一方面促使研究資訊能傳遞給決策界及實務界，並受到這些潛在使用者的檢視，另一方面也達成研究提升社會智識事業的功能。在科技發達的今日，應用科技作為研究知識傳播的管道也是可行的方法。此外研究者與決策或實務社群之間的信賴與互動關係，也是促進研究應用的重要因素，不過這種關係應避免封閉，教育組織應設法擴展與研究界互動的管道，使得研究知識能夠發揮告知的功能。

4. 在連結機制上，可以建立長期的機制，例如設立正式連結機構或人員（如類似美國地區性教育實驗室，企業界內知識長，較長期的政策諮詢委員會或組智庫）（Weiss, 1992），以穩固研究應用的管道。此外也可透過臨時性的機制（如行動研究或臨時性的政策諮詢委員會）引進教育研究界的意見，作為決策與實務的參考。

伍、提升教育研究應用應注意的事項

在歸納提升教育研究應用可行的作法後，筆者想就 Hargreaves（1996: 117-119）提醒我們後現代社會中知識生產與應用應注意的事項，以及其他學者觀點中特別值得注意的事項提出討論，作為本書的結論之一，這些觀點在全書中其實陸陸續續都曾出現過，因為重要，特在本書結尾扼要強調。

1. 對於教學與教育中合法知識型式持多元的觀點，這是後現代社會中代表性的危機，我們可以透過不同的型式表達我們所知道的事。所以*研究知識不是唯一有價值或合法的知識，也不是知識唯一合法的表現型式*[4]，而研究知識（其他知識亦然）也可採其他的方式表現。

2. 拓寬研究知識呈現的論述型式：用不同方式對不同的觀眾溝通。

3. 整合教育人員活動的生命範圍的不同意向，而不是在一個活動或是在所有的活動中都進行這種完美的實踐。理論與實務的結合很重要，並且應持續的朝這個方向努力，不過這種結合如果是被動的，或者是為結合而結合，或是在每一個知識生產與應用的活動中都要求結合理論與實際，就是過於虛假的，也不能發揮實質的貢獻。

4. 透過系統的探究擴展教師的意義，將技能與實務納入其中。教師如果懂得如何進行系統性的探究，就能夠在教室之中解決部分自己所面臨的問題，教師具備研究的能力，就能在需要時派上用場。

5. 重新設計政策過程，使得教師能夠成為實現政策的能動者，而不只是政策執行的工具。教師一旦有研究的能力與習慣，自然而然會發現自己無法成為他人政策執行的工具，政策應該儘量移到學

4　斜體字為作者所加之文字。

校的層次。

6. 擴大大學教育科系教授或研究人員的意義，將其他關心教育者或服務對象納入。研究知識傳播的最好方式是已經包裝完全，可以立即傳播。

7. 重新界定學術生涯，以包含知識、傳播與應用的多元定義。如果教育工作包括了研究、教學與實務發展的話，升等的機構就應該在基本的學術成就之外考量其他部分的表現。

8. 創造一個跨越時空的獎勵性課程架構。可以透過遠距教學的方式，或是讓教師能夠參與大學的研究。

9. 提供政策經費的支助，建立教師專業發展及自發性研究的教師網絡。

10. 建立並且支持學校系統與大學之間的夥伴關係或是其他銜接性的文化，以連接兩個世界。

11. 教育研究應該關心其對教育改善的影響，教育研究評鑑的項目之一也應該包括其對研究、政策與實務產生的具體影響，不過這並不代表教育研究要對無法發揮影響力負責（accountable）（McIntyre, 2005），因為研究產生影響是一個複雜的過程，有研究者能夠著力與不能著力之處，這是在談論研究影響時必須先澄清的觀念。

12. 我們對於研究影響或研究成效的看法不應過度狹隘，如果只是持直線式的看法，相信問題一定有證確的答案，而且只要認真的研究，一定可以找到正確答案以解決教育問題，就是過度簡化教育的複雜現象，教育問題的解決有些是相當錯綜複雜的，「事實」如果的確存在，也只不過是解決教育問題的參考資訊之一。

陸、未來研究方向

本書以理論與文獻分析為主，整理教育研究應用不同觀點，並提出綜合模式說明影響教育研究應用的因素，作為國內探討教育研究應用議

題的起點,將來應透過實徵研究,繼續發展與修正本書所提的架構。Nisbet & Broadfoot(1980: 62-66)曾討論這個議題中未來可進行之研究方向,Weiss 與 Bucuvalas(1980)則指出知識應用社會學(Sociology of Knowledge Utilization)研究的議題供參考,筆者根據這些觀點,並加上自己的心得,提出未來研究建議如下:

一、對影響進行特定的研究(specific studies of impact)

通常是透過個案研究進行,可以再分成四類:

1. 研究有顯著影響的研究,或是沒有影響的研究,分析他們的特徵。這些特徵的歸納與分析可以幫助我們提出建議,說明如何讓研究更有影響。

2. 分析頗受矚目的特定研究作品,了解其受注意的原因,包括這些作品的設計、出版的時間點、報導的方式,一般大眾的意見等等。不過這類研究與第一個研究方向一樣,都是屬於事後的研究。

3. 探討在研究上被認為是影響重大的人,例如研究桑代克、皮亞傑、佛洛依德等,了解他們研究受到重視,並且對教育實務產生影響的因素。這類研究可以透過傳記法進行。

4. 研究機構,了解某些機構為何有影響,或為何沒有影響。例如可以研究人本教育基金會或是行政院教育改革審議委員會為何對教育政策可以產生如此重大的影響?或者研究為何師範體系在這波教育改革中為何缺席(不論是主動或被動的缺席)?又為何噤聲?機構的「研究發現」如果有影響力,是因為什麼內在或外在因素;如果沒有影響力,又因為哪些內在或外在的因素?此外,我國教育組織中的各種諮詢委員會,如教育部或學校中的各種委員會,在研究應用上究竟發揮了哪些功能?有無可能發揮研究應用的功能?都是值得探討的題目。智庫、大學中的研究中心、各業務單位的委託研究案,國科會教育學門在告知教育政策與實務上所扮演的角色與限制,也是值得分析之處。

5. 反向操作的探詢，詢問教育改變是如何產生的，回過頭去了解這些改變中教育研究究竟有無影響力？如果有，又是哪些因素所導致的？

二、分析研究（analytical studies）

這類的研究可以再分成三類：

1. 對政策制定或政策研究的分析：這個領域可能探討的主題包括了新興政策與研究優先順序之間的關係等等。主要的興趣是探討影響研究發現和政策之間關係的因素。

2. 實務的分析（analysis of practice）：多利用歷史分析（historical analysis），探討不同措施、流行趨勢的影響因素是什麼？了解實務人員在行動上的自由度如何？又是如何應用研究發現？例如可以比較英語教學與鄉土教學政策的研究基礎，學校人員在進行這些教學工作時所參考的知識來源，以及對這些研究發現應用的方式。此外亦可透過組織政治分析（organizational political studies），了解教育組織中誰作了決定？又是如何應用研究發現？

3. 研究的分析（analysis of research）：這個面向探討研究者的目的是什麼？有什麼期望？這些期望如何影響其探討的型式與報告的方式。例如我們可以探討國內累積頗多的委託研究與行動研究，了解這些研究產生的原因及其實際上所產生的影響，檢討這些研究的意圖與施為，作為將來推動這類研究改進的依據。

三、理論研究（theoretical studies）

針對研究的影響進行理論分析也是未來值得探討的主題。Nisbet 與 Broadfoot（1980）提出以下的幾點建議，作為理論發展的參考：

1. 採跨領域的觀點：由多個學科的觀點來對研究進行研究（research into research），結合不同學科的觀點，如政策學者、組織學者、科學哲學學者，了解教育研究事業的本質。

2. 對觀念、意識型態與譬喻的檢核：關心研究者所持的預設（assumption），以及這些預設如何影響研究的歷程。

3. 考驗模型：針對現有教育研究影響的模型進行考驗，了解哪一個模型最能解釋教育研究對實務或政策影響力的變化。

以上只是提出一些可能的研究方向，作為未來研究的建議，相信能夠進行的研究不只這些，有待學界共同經營。

柒、結語

教育學者專家在國內的地位還算不低，受到一般社會大眾的尊重，不過尊重歸尊重，社會卻未必關心或在乎教育學者專家的研究成果，這些教育研究往往如本書第一章開始所言，只能成為其他學者書架上的擺設而已，殊為可惜，此一現象的成因是複雜的。國內教育研究進展蓬勃，累積的教育研究數量不少，但或許因為學界獎勵制度的壓力，或是教育議題研究的困難度高，或是對研究應用的忽略，使得我國應用教育研究成果改進教育政策或實務這部分，還有可努力的空間。本書的要旨之一，即在提出學界可以群策群力的方向，除了努力做好教育研究外，也應關心教育研究的影響力的發揮，思考研究界如何能有效地提供教育決策與實務的知識基礎。避免只將研究作為個人智識上的娛樂或升等點數的堆積，積極參與社會智識事業的建構。

教育決策界與實務界也可考慮如何善用研究界所提供的知識，並且將自身的實務知識回饋給研究界，作為理論修正與實務改進的基礎。教育研究的進展不易，但好的教育研究卻能對教育改進產生深遠重大的影響，這類影響不見得是直接的、立即的，例如過去實驗心理學中Skinner學派的研究所提出的學習典範指引了教學措施，學習被看成是一種刺激反應的聯結，認知心理學的發展，則改變了我們對教學與學習的看法。學習的障礙就不見得是因為認知反應聯結不當所引起的，而是原則應用錯誤所導致的；矯正學習有效的方法不是加強刺激與反應的聯結，而是

抓出錯誤的原則加以澄清（Atkinson & Jackson, 1992），教育研究對政
策與實務的改進可以有重要的貢獻。社會大眾對於教育研究的投資應繼
續支持，同時也盡力理解與善用教育研究所帶來的成果。

參考書目

一、中文參考書目

王麗雲（1999）。**教育研究與教育政策**。論文發表於國立台灣師範大學教育系舉辦之「第四屆教育行政論壇」，台北。

王麗雲（2000）。台灣高等教育擴張中國家角色之分析。**國立中正大學學報**，10（1），1-37。

王麗雲（2001）。研究所教育的回顧與展望。載於中正大學教育學院（主編），**新世紀教育的理論與實踐**（頁 601-628）。高雄市：麗文。

王麗雲（2002）。中文拼音政策的爭議與課程政治面向的反省。**教育研究集刊**，48（1），95-132。

丘昌泰（1992）。政策研究在政策制定上的應用：空氣污染流行病學之個案分析，1960-1990。**法商學報**，26，601-641。

丘昌泰（1993a）。知識應用與政策制定：差距理論之分分析。**中國行政**，52，87-112。

丘昌泰（1993b）。政策研究與政策制度：「二元社區理論」的整合分析。**行政學報**，24，169-202。

卡娃・西媽（2004，2 月 6 日）。**教育政策多些務實考量**。中國時報，A15 版。

朱柔若（譯）（2000）。W. L. Neuman 著。**社會研究法──質化與量化研究取向**。台北：揚智。

江秀聰（1995）。**我國行政機關研究發展單位功能之研究**。國立政治大學公共行政研究所碩士論文，未出版，台北。

江芳盛（1998）。垃圾桶模式在我國教育決策分析上的應用。**教育政策論壇**，1（2），13-25。

行政院（2002）。**行政院所屬各行政機關行政及政策類委託研究計畫先期作業實施要點**。2004 年 2 月 1 日，取自 http://www.mac.gov.tw/big5/proj/s_law.htm

行政院研究發展考核委員會（1978-2002）。**行政院所屬各機關年度研究發展成果年報**。台北：行政院研究發展考核委員會。

行政院研究發展考核委員會（1994）。**政策諮詢制度之建立與運用**。台北：行政院研究發展考核委員會。

行政院研究發展考核委員會（2003）。**行政院研究發展考核委員會工作簡介**。2004 年 2 月 6 日，取自 http://www.rdec.gov.tw/lib01/1009201706b.pdf

行政院國家科學委員會（2000）。**中華民國人文社會科學白皮書**。台北：行政院國家科學委員會。

行政院國家科學委員會（2003）。**行政院國家科學委員會**。台北：行政院國家科學委員會。

行政院教育改革審議委員會（1995）。**第一期諮議報告書**。台北：行政院教育改革審議委員會。

行政院教育改革審議委員會（1996）。**教育改革總諮議報告書**。台北：行政院教育改革審議委員會。

何美慧（2002）。**教育部委託研究案應用之分析**。國立中正大學碩士論文，未出版，嘉義。

李俊仁（2004，2 月 5 日）。教育政策要有實證基礎。**中國時報**，A15 版。

汪仲（譯）（1999）。D. S. Landes 著。**新國富論，人類窮與富的命運**。台北：時報文化。

周祝瑛（2003）。**誰捉弄了教改**。台北：心理。

官有垣（1999）。非營利公共政策研究組織（智庫）與社會福利政策研究。**社區發展季刊**，85，13-29。

林生傳（1997）。「教育改革評析」：解構—鬆綁—再建構的觀點。**教**

育研究資訊，5（1），36-48。

翁興利（1999）。**公共政策——知識應用與政策制定**。台北：商鼎。

馬信行、許志義、余民寧（1996）。**成立一個全國性常設教育研究院之可行性研究**。台北：行政院教育改革審議委員會。

馬信行（2002）。教育改革研究成果之綜合分析。載於國科會人文及社會科學發展處舉辦之「**教育改革的未來——國科會人文處教育學門成果發表會**」會議手冊（頁 15-38）。台北：台灣師範大學教育研究中心。

高強華、王麗雲、楊瑩、鄭志富（2003）。宏觀、規劃、自主、責任、卓越。載於國立台灣師範大學（主編），**教育發展的新方向**（頁 194-219）。台北：心理。

國科會人文及社會科學發展處（2002）。**教育改革的未來：國科會人文處教育學門成果發表會會議手冊**。台北：台灣師範大學教育研究中心。

張善楠（1999）。教育政策與教育研究——台灣地區教育研究與教育決策不連結性之分析。載於國立台灣師範大學教育系舉辦之「**第四屆教育行政論壇**」論文集（頁 228-239），台北。

教改排斥在外，師範體系大反撲（2003，9 月 7 日）。**中國時報**，A7 版。

許智香（1999）。教育研究在教育政策形成中的地位。**教育研究輯刊**，**42**，255-270。

陳伯璋（1985）。**潛在課程研究**。台北：五南。

陳佳君（1992）。**政策諮詢在政策諮詢體系中的應用：雙元社群理論之實證研究**。國立中興大學公共政策研究所碩士論文，未出版，台北。

陳金貴、張雪梅（2000）。**我國大學教授治校問題之探討**。（行政院研究發展考核委員會，報告編號：研考 II-1287）

陳恆鈞（1995）。學術政策研究成果運用之探討：大學與政府之間的互

動。**中國行政評論**，5（1），111-130。

陳敦源（2002）。**民主與官僚──新制度論的評析**。台北：韋伯文化。

黃俊英等（1994）。**政策諮詢制度之建立與運用**。台北：行政院研究發展考核委員會。

曹中興（1985）。**我國中央行政機關諮詢制度之研究**。國立政治大學公共行政研究所碩士論文，未出版。

楊深坑（1998）。教育學學門成就評估報告。**人文及社會科學簡訊**，2（3），行政院國家科學委員會。

楊深坑（2002）。**科學理論與教育學發展**。台北：心理。

趙達瑜（1994）。**研究與應用──以行政院環保署應用委託研究成果為例**。國立政治大學政治學研究所博士論文，未出版，台北。

趙達瑜（1995）。知識研究應用領域析介。**空大行政學報**，3，191-226。

趙達瑜（1997）。「研究應用」意義之探究：六種模式──知識驅動模式、解決問題模式、互動模式、政治模式、策略模式、啟發模式析介。**研考報導**，40，74-80。

趙達瑜（1998）。政策應用研究：我國行政機關低度應用委託研究原因分析。**暨大學報**，2（1），189-216。

劉澤民（1992）。**政策研究之應用──以行政院研究發展考核委員會委託研究案為例**。國立政治大學公共行政研究所碩士論文，未出版，台北。

潘慧玲（1999）。教育研究在教育決策之中的地位與展望。**理論與政策**，50，1-13。

蔡清田（2000）。**課程改革實驗：以研究發展為根據的課程改革**。台北：五南。

鄭錫鍇（1996）。我國行政部門對學術知識應用之策略及檢討──以行政院研考會執掌為例說明。**研考雙月刊**，21（1），72-83。

鄭麗嬌（1992a）。論情報資訊不完整性、不確定性與多義性對公共政策

制定之影響。**公共政策學報**，14，161-176。

鄭麗嬌（1992b）。論研究性知識與經驗性知識對公共政策制定之影響。**中國行政評論**，1（3），155-172。

戴曉霞（2003）。**學術卓越的追求——美國研究型大學的啟示**。論文發表於「海峽兩案二十一世紀初高等教育改革與發展」學術研討會。中國，桂林。

薛承泰（2003）。**十年教改為誰築夢**。台北：心理。

謝美慧（2000）。教育研究與教育決策之關係。**教育政策論壇**，3（1），137-154。

謝棟梁（譯）（2000）。A. Majchrzak 著。**政策研究方法論**。台北：弘智。

魏鏞（1986）。行政研究與政策的結合。**行政管理論文選輯第一輯**（頁473-504）。

二、英文參考書目

Abt, C. C., & Deutsch, K. W. (1979). Past, present, and future in social research. In K. J. Arrow, C. C. Abt & S. J. Fitzsimmons (Eds.), *Applied research for social policy: The United States and the Federal Republic of Germany compared* (pp. 237-271). Cambridge, Mass.: Abt Books.

Adams, R. A., Smelser, N. J., & Treiman, D. J. (1991). The National Interest in the Support of Basic Research. In, D. S. Anderson & B. J. Biddle (Eds.), *Knowledge for policy: Improving education through research* (pp. 32-38). London: Falmer Press.

Alkin, M.C., Daillak, R., & White, P. (1991). Does evaluation make a difference. In, D. S. Anderson & B. J. Biddle (Eds.), *Knowledge for policy: Improving education through research* (pp. 268-275). London: Falmer Press.

American Educational Research Association, Special interest Group. (n. d.).

Retrieved December 6, 2003, from http://www.aera.net/sigs/siglst.htm#r

American Educational Research Association (2003). *Analysis of the new institute of education science.* Retrieved February 18, 2003, from http://www.area.net/gov/rpn/rpn0301.pdf

Anderson, D. S., & Biddle, B. J. (Eds.) (1991). *Knowledge for policy-improving education through research.* London: Falmer Press.

Apple, M. W. (1991). *Ideology and curriculum.* London : Routledge & Kegan Paul.

Arrow, J. K., Abt, C. C., & Fitzsimmons, S. J. (Eds.) (1979). *Applied research for social policy: The United States and the Federal Republic of Germany compared.* Cambridge, Mass.: Abt Books.

Arrow, K. (1979). Social sciences, policy, and values as factors in social change. In K. J. Arrow, C. C. Abt & S. J. Fitzsimmons (Eds.), *Applied research for social policy : The United States and the Federal Republic of Germany compared* (pp. 8-10). Cambridge, Mass.: Abt Books.

Arrow, K.J., Abt, C.C., & Fitzsimmons, J. (1979). *Applied research for social policy: The United States and the Federal Republic of Germany compared.* Cambridge, MA: Abt Books.

Atkinson, R. C., & Jackson, G. B. (Eds.) (1992). *Research and education reform: Roles for the Office of Educational Research and Improvement.* Washington, D.C.: National Academy Press.

BBCSS. (n. d.). *Strategic education research partnership: Summary and frequently asked questions.* Retrieved November 17, 2003, from http://www7.nationalacademies.org/bcsse/Summary_and_Frequently_Asked_Questions.pdf

Berliner, D.C. (2002). Educational research: The hardest science of all. *Educational Researcher, 31*(8), 18-20.

Biddle, B. J., & Anderson, D. S. (1991). Social research and educational

change. In, D. S. Anderson & B. J. Biddle (Eds.), *Knowledge for policy: Improving education through research* (pp. 1-20). London: The Falmer Press.

Blalock, H. M. Jr. (1991). Dilemmas in social research. In, D. S. Anderson & B. J. Biddle (Eds.), *Knowledge for policy: Improving education through research* (pp. 60-69). London: The Falmer Press.

Blalock, H. M. Jr. (1991). Dilemmas in social research. In D. S. Anderson & B. J. Biddle (Eds.), *Knowledge for policy: Improving education through research* (pp. 60-69). London: Falmer Press.

Brint, S. (1998). *Schools and societies*. Thousand Oaks: Pine Forge Press.

Bulmer, M. (1982). *The use of social research: Social investigation in public policy-making*. London: George Allen & Unwin.

Burgess, R. G. (1994). Scholarship and sponsored research: Contradiction, continuum or complementary activity? In D. Halpin & B. Troyna (Eds.), *Researching education policy: Ethical and methodological issues* (pp. 55-72). London: Falmer Press.

Caplan, N. (1991). The use of social research knowledge at the national level. In D. S. Anderson & B. J. Biddle (Eds.), *Knowledge for policy: Improving education through research* (pp. 193-202). London: Falmer Press.

Caplan, N., Morrison, A., & Stambaugh, R. J. (1975). *The use of social science knowledge in policy decisions at the national level: A report to respondents*. Ann Arbor, Mich.: Institute for Social Research, University of Michigan.

Caplan, N., & Barton, E. (1978). The potential of social indicators: Minimum conditions for impact at the national level as suggested by a study of the use of social indicators "73", *Social Indicators Research, 5,* 427-56.

Cartwright, D. (1991). Basic and applied social psychology. In D. S. Anderson & B. J. Biddle (Eds.), *Knowledge for policy: Improving education through research* (pp. 23-31). London: Falmer Press.

Chubb, J. E., & Moe, T. M. (1990). *Politics, markets, and America's schools.* Washington, D.C.: Brookings Institution.

Cibulka, J. G. (1995). Policy analysis and the study of politics of education. In J. D. Scribner & D. H. Layton (Eds.), *The study of educational politics.* Washington D.C.: Falmer Press.

Cibulka, J.G. (1994). Policy Analysis and the study of politics of education, *Journal of Educational Policy, 9*(5-6), 105-25.

Cohen, D. D., & Garet, M. S. (1991). Reforming educational policy with applied social research. In D. S. Anderson & B. J. Biddle (Eds.), *Knowledge for policy: Improving education through research* (pp. 123-140). London: Falmer Press.

Cohen, M., March, J., & Olson, J. (1972). A garbage can model of organizational choice. *Administrative Science Quarterly, 17*, 1-25.

Coleman, J. S. (1968). The concept of equality of educational opportunity. In the Editorial Board of Harvard Educational Review (Eds.), *Equal educational opportunity* (pp. 1-21). Cambridge: Harvard University Press.

Coleman, J. S. (1972). *Policy Research in the Social Science.* New Jersey: General Learning Press.

Coleman, J. S., Kilgore, S., & Hoffer, T. (1982). *High school achievement: Public, catholic, and private schools compared.* New York: Basic Books.

Coleman, J. S. (1991). Social Policy Research and Societal Decision Making. In Anderson & Biddle (Eds.), *Knowledge for Policy: Improving Education through Research*, 113-122, Falmer Press.

Committee on a Feasibility Study for a Strategic Education Research Program, National Research Council (1999). *Improving student learning: A strategic plan for education research and its utilization.* Washington, D.

C.: The National Academies Press.

Committee on Basic Research in the Behavioral and Social Sciences (1991). The National Interest in the Support of Basic Research in Basic and Applied Social Psychology. In Anderson & Biddle (1991). *Knowledge for policy: Improving education through research*, 23-31, Falmer Press.

Connell, B. W. (1994). Near the chalk face: New approaches to research for education renovation. In T. M. Tomlinson & A. C. Tuijnman (Eds.), *Education research and reform: An international perspective* (pp. 117-132). Washington, DC: Office of Educational Research and Improvement, U.S. Department of Education.

Cook, T. D. (1991). Postpositivist criticism, reform associations, and uncertainties about social research. In D. S. Anderson & B. J. Biddle (Eds.), *Knowledge for policy: Improving education through research* (pp. 43-59). London: Falmer Press.

Cooley, W. W., Gage, N. L., & Scriven, M. (1997). "The vision thing": Educational research and AERA in the 21st century, Part 1: Competing visions of what educational researchers should do. *Educational Researcher, 26*(4), 18-21.

Cohen, D.D., & Garet, M.S. (1991). Reforming educational policy with applied social research, In D.S. Anderson & B.J. Biddle (Eds.), *Knowledge for policy: Improving education through research* (pp. 123-140). London: Falmer Press.

Denham, A. (1996). *Think tanks of the new right.* Aldershot: Dartmough.

Denham, A., & Garnett, M. (1999). Influence without responsibility? Think-tanks in Britain. *Parliamentary Affairs, 52*(1), 46-57.

Donovan, M. S., Bransford, J. D. & Pellegrino, J. S. (Eds.) (1969). *Equal educational opportunity.* Cambridge: Harvard University Press.

Donovan, M. S., Bransford, J. D., & Pellegrino, J. W. (Eds.) (1999). *How people learn? Bridging research and practice.* Washington, DC: National Academy Press.

Donovan, M.S., Wigdor, A.K., & Snow, C.E. (Eds.) (2003) *Strategic education research partnership*, Washington, D.C.: The National Academy Press.

Dunn, D., Gibson, F. K., & Whorton, J. W. Jr. (1985). University commitment to public service for state and local governments. *Public Administration Review, 45*(1), 503-510.

Dunn,W. N. (1980). *Public policy analysis.* Englewood Cliffs.: Prentice Hall.

Elliot, E. J. (2001). *Three visions for investment in education research: An insider's recollection from four decades in Federal policy and practice.* Retrieved December 15, 2004, from http://www7.nationalacademies. org/bcsse/Serp_Emerson_J._Elliott_Consultant%20Paper.pdf

Entwisle, D. R., Alexander, K. L., & Olson, L. S. (1997). *Children, schools, and inequality.* Boulder, Colo.: Westview Press.

Erickson, F., & Gutierrez (2003). Culture, rigor, and science in educational research. *Educational Researcher, 31*(8), 21-24.

Erickson, Frederick, Gutierrez, & Kris (2003). Culture, rigor, and science in educational research, *Educational Researcher*, *31*(8), 21-24.

Evans, J.W., & Berl, R.H. (1979). The American experiences in compensatory education. *Education Policy and Research.*

Evans, J.W., & Berls, R.H. (1979). The American experience in compensatory education. In Arrow, Abt, & Fitzsimmons (Eds.), *Applied research for social policy: The United States and the Federal Republic of Germany compared* (pp.18-34). Cambridge, MA: Abt Books.

Feuer, M. J., Towne, L., & Shavelson, R. J. (2002). Scientific culture and educational research. *Educational Researcher, 31*(8), 4-14.

Finn, Chester, E. Jr. (1991). What ails education research. In D. S. Anderson

& B. J. Biddle (Eds.), *Knowledge for policy: Improving education through research* (pp. 39-42). London: Falmer Press.

Fitzsimmons, S. (1979). Social research applied to public policy, In K. J. Arrow, C. C. Abt & S. J. Fitzsimmons (Eds.), *Applied research for social policy: The United States and the Federal Republic of Germany compared* (pp. 1-5). Cambridge, Mass.: Abt Books.

Fuhrman, S. H. (1994). Uniting producers and consumers: Challenges in creating and utilizing educational research and development. In T. M. Tomlinson & A. C. Tuijnman (Eds.), *Education research and reform: An international perspective* (pp. 133-148). Washington, DC: Office of Educational Research and Improvement, U.S. Department of Education.

Fullan, M. G. (1994). Teachers as critical consumers of research. In T. M. Tomlinson & A. C. Tuijnman (Eds.), *Education research and reform: An international perspective* (pp. 99-116). Washington, DC: Office of Educational Research and Improvement, U.S. Department of Education.

Gergen, K. J. (1991). Social psychology as history. In D. S. Anderson & B. J. Biddle (Eds.), *Knowledge for policy: Improving education through research* (pp. 141-157). London: Falmer Press.

Getzels, J. W. (1991). Paradigm and practice: On the impact of basic research in education. In D. S. Anderson & B. J. Biddle (Eds.), *Knowledge for policy: Improving education through research* (pp. 103-112). London: Falmer Press.

Gibulka, J. G. (1994). Policy analysis and the study of the politics of education. In J. D. Scribner & H. D. Layton (Eds.), *The study of educational politics* (pp. 105-126). Washington, D.C.: Falmer Press.

Gipps, C. V. (1993). The profession of educational research. *British Educational Research Journal, 19*(1), 3-16.

Glaser, R., Liberman, A., & Anderson, R. (1997). "The vision thing":

Educational research and AERA in the 21st century, Part 3: Perspectives on the research-practice relationship. *Educational Researcher, 26*(7), 24-25.

Guba, E. G., & Lincoln, Y. S. (1991). What is the Constructivist Paradigm. In D. S. Anderson & B. J. Biddle (Eds.), *Knowledge for policy: Improving education through research* (pp. 158-170). London: Falmer Press.

Gutman, A. (1987). *Democratic education.* N.J.: Princeton University Press.

Hallinan, M. T. (1988). Equality of educational opportunity, *Annual Review of Sociology, 14,* 249-268.

Halpin, D. (1994). Practice and prospects in education policy research. In D. Halpin & B. Troyna (Eds.), *Researching education policy* (pp. 198-206). Washington, D.C.: Falmer Press.

Halpin, D., & Troyna, B. (1994). *Researching education policy: Ethical and methodological issues.* Washington, D.C.: Falmer Press.

Hargreaves, A. (1996). Transforming knowledge: Blurring the boundaries between research, policy, and practice. *Educational Evaluation and Policy Analysis, 18*(2), 102-122.

Herrnstein, R., & Murray, C. (1994). *The bell curve: Intelligence and class structure in American life.* New York: The Free Press.

Horowitz, I. L., & Katz, J. E. (1991). Brown vs. Board of Education. In D. S. Anderson & B. J. Biddle (Eds.), *Knowledge for policy: Improving education through research* (pp. 237-244). London: Falmer Press.

Huberman, M., (1973). *Understanding change in education.* Paris: Unesco.

Huberman, M. (1994). The OERI/CERI seminar on educational research and development: A synthesis and commentary. In T. M. Tomlinson & A. C. Tuijnman (Eds.), *Education research and reform: An international perspective* (pp. 45-63). Washington, DC: Office of Educational Research and Improvement, U.S. Department of Education.

Husen, T., & Kogan, M. (Eds.). (1984). *Educational research and policy: How do they relate?* Oxford: Pergamon Press.

Jasanoff, S. (1990). *The fifth branch-Science advisors as policymakers,* Cambridge, MA: Harvard University Press.

Jencks, C. (1973), *Inequality: A Reassessment of the Effect of Family and Schooling in America,* New York: Harper & Row.

Kamin, L. (1991). Some historical facts about IQ testing. In D. S. Anderson & B. J. Biddle (Eds.), *Knowledge for policy: Improving education through research* (pp. 259-267). London: Falmer Press.

Kerlinger, F. N. (1991). Science and behavioral research. In D. S. Anderson & B. J. Biddle (Eds.), *Knowledge for policy: Improving education through research* (pp. 87-102). London: Falmer Press.

Kingdon, J. W. (1984). *Agenda, alternatives, and public policies.* Boston : Little, Brown.

Kingdon, J. W. (1995). *Agenda, alternatives, and public policies.* New York: HarperCollins College Publishers.

Knott, J., & Wildavsky, A. (1980). If dissemination is the solution. What is the problem? *Knowledge: Creation, Diffusion, Utilization 1*(4), 537-78.

Kogan, M., & Atkin, M. (1991). Special commissions and educational policy in the U.S.A. and U.K. In D. S. Anderson & B. J. Biddle (Eds.), *Knowledge for policy: Improving education through research* (pp. 245-258). London: Falmer Press.

Landry, R., Lamari, M., & Amara, N. (2003). The extent and determinants of the utilization of university research in government research. *Public Administration Review, 63*(2), 192-206.

Landsheere, G. (1975). Educational research and development in Europe. *Review of Research in Education, 3,* 110-133.

Levin, H. M. (1991). Why isn't educational research more useful? In D. S.

Anderson & B. J. Biddle (Eds.), *Knowledge for policy: Improving education through research* (pp. 70-78). London: Falmer Press.

Lindblom C. E. & Cohen, D. K. (1979). *Usable knowledge: Social science and social problem solving.* London: Yale University Press.

Lipsky, M. (1980). *Street-level bureaucracy: Dilemmas of the individual in public services.* New York: Russell Sage Foundation.

Llyod, J. (1998). Are intellectuals useless. *New Statesman, 127*(4409), 11-12.

Lortie, D. C. (1975). *Schoolteacher: A sociological study.* Chicago: University of Chicago Press.

Louis, K. S. (1981). External agents and knowledge utilization: Dimensions for analysis and action. In R. Lehming, & M. Kane (Eds.), *Improving schools: Using what we know.* Beverly Hills: Sage.

Lytle, S., & Cochran-Smith, M. (1992). Teacher research as a way of knowing *Harvard Educational Review, 62*(4), 447-474.

Landry, Rejean, Lamari, Moktar, Amara, & Nabil (2003). The extent and determinants of the utilization of university research in government agencies, *Public Administration Review, 63*(2), 192-205.

Majchrzak, A. (1984). *Methods for policy research.* Beverly Hills: Sage.

McGinn, N. (1996). *Crossing lines: Research and policy networks for developing country education.* Westport, Conn.: Praeger.

Mutscher, E. (1984). Evaluating practice: A study of research utilization by practitioners. *Social Work, 29*(4), 332-338.

McIntyre, D. (2005). Bridging the gap between research and practice, *Cambridge Journal of Education, 35*(3): 357-382.

National Educational Research Policy and Priorities Board. (1990). *Improving educational research, a brief.* Retrieved 20 January, 2004, from http://www.stanford.edu/~hakuta /ed_res_pol/NERPP_Brief3.PDF

National Foundation for Educational Research. (n. d.). *About NFER.* Retrieved

Febrary 7, 2004, from http://www.nfer.ac.uk/aboutus/about.asp

Nelson, C. E., Roberts, J., Maederer, C. M., Wertheimer, B., & Johnson, B. (1987). The utilization of social science information. *American Behavioral Scientist,* 569-578.

Nisbet, J., & Broadfoot, P. (1980). *The impact of research on policy and practice in education.* England: Abredeen University Press.

Nuttall, D. L. (1994). Trends, issues and problems in educational research in a group of OECD countries. In T. M. Tomlinson & A. C. Tuijnman (Eds.), *Education research and reform: An international perspective* (pp. 27-44). Washington, DC: Office of Educational Research and Improvement, U.S. Department of Education.

OECD Secretariat. (1994). Introduction: Themes and questions for an OECD study on educational research and development. In T. M. Tomlinson & A. C. Tuijnman (Eds.), *Education research and reform: An international perspective* (pp. 1-3). Washington, DC: Office of Educational Research and Improvement, U.S. Department of Education.

Pellegrino, J. W., & Goldman, S. R. (2002). Be careful what you wish for— you may get it: Educational research in the spotlight. *Educational Researcher, 31*(8), 15-17.

Pelz, D.C. (1978). Some Expanded Perspectives on Use of Social Science in Public Policy. In J.M. Yinger & S. Culter (Eds.), *Major Issues: A Multidisciplinary View,* New York: The Free Press.

Pettigrew, M. (1994). Coming to terms with research: The contract business. In D. Halpin & B. Troyna (Eds.), *Researching education policy: Ethical and methodological issues* (pp. 42-54). Washington, D.C.: Falmer Press.

Postlethwaite, T. N. (1991). Research and policy making in education: Some possible links. In D. S. Anderson & B. J. Biddle (Eds.), *Knowledge for policy: Improving education through research* (pp. 203-213). London:

Falmer Press.

Reich, R. B. (1988). Introduction. In R. B. Reich (Ed.), *The power of public ideas* (pp. 1-12). Cambridge, MA: Ballinger.

Reimers, F., & McGinn, N. (1997). *Informed dialogue: Using research to shape education policy around the world.* Westport, Conn.: Praeger.

Rich, R. F. (1981). *Social science information and public policy making.* San Francisco: Jossey-Bass.

Rich, A. (2001). U.S. Think tanks and the intersection of ideology, advocacy, and influence, *NIRA Review*, winter, 54-59.

Rule, J. B. (1978). *Insight and social betterment: A preface to applied social science.* New York: Oxford University Press.

Schon, D. (1983). *The reflective practitioner: How professionals think in action.* New York: Basic Books.

Schon, D. (1986). *Educating the reflective practitioner.* San Francisco: Jossey-Bass.

Schon, D. (Ed.) (1991). *The reflective turn—Cases studies in and on educational practice.* NY: Teachers College Press.

Sharp R. & Green, A. (1975). *Education and social control*, London: R.K.P.

Shavelson, R. J., & Berliner, D. C. (1991). Erosion of the education research infrastructure "A reply to Finn". In D. S. Anderson & B. J. Biddle (Eds.), *Knowledge for policy: Improving education through research* (pp. 79-84). London: Falmer Press.

Sroufe, G. E. (1994). Politics of education at the Federal Level. In J. D. Scribner & D. H. Layton (Eds.), *The study of educational politics* (pp. 75-88). Washington, D.C.: Falmer Press.

Stephen, F.(2000), How Much of a Problem? A Reply to Ingersoll's "The problem of underqualified teachers in American secondary schools", *Educational Researcher*, 29(5), 18-20.

Stevenson, D. L. (2000). The fit and misfit of sociological research and educational policy. In M. T. Hallinan (Ed.), *Handbook of the sociology of education* (pp. 547-563). New York: Kluwer Academic/Plenum Publishers.

Stone, D. A. (1988). *Policy paradox and political reason.* Glenview, Ill.: Scott, Foresman.

Stout, R. T., Tallerica, M., & Scribner, K. P. (1995). Values: The "what" of the politics of education. In J. D. Scribner & D. H. Layton (Eds.), *The study of educational politics* (pp. 5-20). Washington, D.C.: Falmer Press.

Strategic education research partnership: Summary and frequently asked questions. (n. d.). Retrieved November 17, 2003, from http://www7. nationalacademies.org/bcsse/Strategic_Education_Research_ Partnership.html

Thomas, P. (1991). Research models: Insiders, gadflies, limestone. In D. S. Anderson & B. J. Biddle (Eds.), *Knowledge for policy: Improving education through research* (pp. 225-233). London: Falmer Press.

Tomlinson, T. M. (1994a). Educational research policy in the United States: Background and overview for the joint OERI/OECD seminar. In T. M. Tomlinson & A. C. Tuijnman (Eds.), *Education research and reform: An international perspective* (pp. 3-15). Washington, DC: Office of Educational Research and Improvement, U.S. Department of Education.

Tomlinson, T. M. (1994b). Afterwards: Research and reform in the United States. In T. M. Tomlinson & A. C. Tuijnman (Eds.), *Education research and reform: An international perspective* (pp. 173-182). Washington, DC: Office of Educational Research and Improvement, U.S. Department of Education.

Tomlinson, T. M., & Tuijnman, A. C. (1994). *Education research and reform: An international perspective, organization for economic co-operation and development.* Center for Educational Research and Developemnt & Office of Educational Research and Improvement, U.S. Department of Education.

Troyna, B. (1994). Reforms, research and being reflective about being reflective. In D. Halpin & B. Troyna (Eds.), *Researching education policy* (pp. 1-15). Washington, D.C.: Falmer Press.

U.S. Department of Education (2002). *Strategic plan 2002-2007.* Washington, D.C.: UNESCO/IBE.

U.S. Department of Education, Office-IES, The regional laboratories. (n. d.). Retrieved January 31, 2004, from http://www.ed.gov/about/offices/list/ies/ncee/labs.html

U.S. Department of Education, Office-IES. (n. d.). Retrieved December 18, 2003, from http://www.ed.gov/about/offices/list/ies/index.html? src=oc

Vielle, Jean-Pierre (1981). The impact of research on educational change, *Prospects, 11*(3), 313-325.

Wang, L. Y. (1998). *What accounted for the availability of higher education in Taiwan over time?* Unpublished doctoral dissertation, Graduate School of Education, Harvard University.

Weaver, R. K. (1988). The changing work of think tanks. *Political Science and Politics, 22*(3), 563-578.

Weick, K. E. (1976). Educational organizations as loosely coupled systems. *Administrative Science Quarterly, 21*, 1-19.

Weiss, C. H. (Ed.) (1977), *Using social Research in Public Policy Making*, Lexington, MA: Lexington-Heath.

Weiss, C. H. (1988). Evaluation for decisions: Is anybody there? Does anybody care? *Evaluation Practice, 9*(1), 5-19.

Weiss, C. H. (1989). Congressional committees as users of analysis. *Journal of Policy Analysis and Manaement, 8*(3), 411-431.

Weiss, C. H. (1991a). The many meanings of research utilization. In D. S. Anderson & B. J. Biddle (Eds.), *Knowledge for policy: Improving education through research* (pp. 173-182). London: Falmer Press.

Weiss, C. H. (1991b). Knowledge Creep and Decision Accretion. In D. S. Anderson & B. J. Biddle (Eds.), *Knowledge for policy: Improving education through research* (pp. 183-192). London: Falmer Press.

Weiss, C. H. (1992). Helping government think: Functions and consequences of policy analysis organizations. In C. H. Weiss (Ed.), *Organizations for policy analysis* (pp. 1-20). Newbury: Sage Publication.

Weiss, C. H. (1992). *Organizations for policy analysis.* Newbury: Sage Publication.

Weiss, C. H. (1998). *Evaluation: Methods for studying programs and policies.* Upper Saddle River, N.J.: Prentice Hall.

Weiss, C. H., & Bucuvalas, M. J. (1980). *Social science research and decision-making.* New York: Columbia University Press.

What's CRS? (n. d.). Retrieved January 31, 2004, from http://www.loc.gov/crsinfo/whatscrs.html#about

Wildenmann, R. (1979). Social sciences in the Federal Republic of Germany. In K. J. Arrow, C. C. Abt, & S. J. Fitzsimmons (Eds.), *Applied research for social policy: The United States and the Federal Republic of Germany compared* (pp. 6-7). Cambridge, Mass.: Abt Books.

Willinsky, J. (2001). The strategic education research program and the public value of research. *Educational Researcher, 30*(1), 5-14.

Winard, G. (1995). The politics of policy: "Political think tanks" and their markets in the U.S. institutional Environment. *Presidential Studies Quarterly, 25*, 497-510.

Wineburg, S. S. (1991). The self-fulfillment of the self-fulfilling prophecy. In D. S. Anderson & B. J. Biddle (Eds.), *Knowledge for policy: Improving education through research* (pp. 276-290). London: Falmer Press.

Weiss, C.H. (1977). *Using social research in public policy making.* Lexington: Lexington Books.

附錄一
行政院所屬各機關研究發展實施辦法

中華民國五十八年九月十八日行政院臺五十八研展字第二〇號令公布

中華民國六十二年二月八日行政院臺六十二研展字第二〇三號令修正

中華民國七十年五月十一日行政院臺七十研展字第一五三八號令再修正

中華民國八十三年八月五日行政院臺八十三研展字第二五四二號令再修正

中華民國八十九年一月三日行政院台八十九研展字第〇〇〇一五號函修正

第 一 條　行政院為革新行政，加強所屬各機關（以下簡稱各機關）之研究發展，特訂定本辦法。

第 二 條　研究發展工作範圍如下：

一、本機關施政方針或業務（工作）方針之研擬事項。

二、本機關施政計畫或業務（工作）計畫之編擬事項。

三、促進業務革新及發展事項。

四、改進行政管理及提高行政效率事項。

五、有關民意及國情之調查與分析事項。

六、有關資訊系統之規畫與協調事項。

七、有關推動諮詢制度事項。

八、有關為民服務事項。

九、本機關組織調整之研究事項。

十、本機關出國人員報告之審查與處理事項。

十一、奉交辦之研究事項。

十二、其他有關研究發展事項。

第 三 條　研究發展工作由各機關主管研考業務單位推行，並按左列方
　　　　　式進行研究：

　　　　　一、本機關人員自行研究。

　　　　　二、與有關機關人員共同研究。

　　　　　三、與專家或學術機構合作研究。

　　　　　四、委託專家或學術機構專題研究。

第 四 條　各機關主管研考業務單位應於年度開始前，協調其他單位，
　　　　　配合施政計畫，提出下年度研究計畫項目，報經本機關首長
　　　　　核定。其增減修正時亦同。

第 五 條　各機關就左列來源，選定研究計畫項目：

　　　　　一、本機關自行選定者。

　　　　　　　㈠有關促進機關目標之達成者。

　　　　　　　㈡主管業務需要改進者。

　　　　　　　㈢輿論反映及人民陳情者。

　　　　　　　㈣年度考成及業務檢查所發現者。

　　　　　　　㈤機關人員自行研提者。

　　　　　二、上級機關交辦者。

　　　　　三、下級機關陳報者。

　　　　　四、其他機關合作、委託或洽請研究者。

第 六 條　各機關選定之研究計畫項目，如涉及兩個機關以上權責，非
　　　　　本機關所能單獨進行者，應會同有關機關共同研究，或報由
　　　　　上級機關指定機關專案研究。

第 七 條　經核定之研究計畫項目，其經費在本機關相關業務經費或研
　　　　　考經費項下支應。

第 八 條　各機關應於每年二月底前將所屬機關研究計畫項目表（見附
　　　　　表一之一、一之二），彙送行政院研究發展考核委員會（以
　　　　　下簡稱行政院研考會）備查。年度進行中，研究計畫項目表
　　　　　異動時，各機關應彙送行政院研考會備查。

第 九 條　各機關主管研考業務單位得視需要，每年向本機關及所屬機關之負責研究單位，定期分別查證進度。行政院研考會則派員分別抽查各機關研究發展工作進行情形。

第 十 條　各項研究計畫項目應按預定進度如期完成，提出研究報告及研究報告提要表（見附表二）。各機關人員並得隨時就機關業務提出興革意見。

第十一條　前條之各項研究報告及研究意見由各機關主管研考業務單位予以分析，加具審查意見，整理為研究報告建議事項處理表（見附表三）報請機關首長核示。

　　　　　對於重大問題或涉及兩個機關共同業務或專門技術性之研究報告，得由主管研考業務單位，邀集有關人員或學者專家開會審查，或委託學術機構或專家學者代為審查。

第十二條　各機關人員得隨時提出研究發展意見，符合第十四條規定者，各機關得予以獎勵。

第十三條　各機關主管研考業務單位對研究報告或意見之可行性建議，依左列方式處理之：

　　　　　一、報請機關首長核定實施。

　　　　　二、報請上級機關核採。

　　　　　三、函送有關機關參考。

第十四條　各機關人員從事研究發展工作具有左列情形之一者，得依照本辦法規定檢同有關文件，在年度結束前彙報機關首長核獎：

　　　　　一、對於政治革新研提新方案或新制度，具重大價值者。

　　　　　二、對於機關業務研提具體改進辦法，具有效益者。

　　　　　三、對於行政措施研提改進方法，能獲致便民效果者。

　　　　　四、對於行政管理制度及管理方法研提改善方案，能增進辦事效能者。

　　　　　五、對於機關組織或法令規章研提調整修正意見實施後能收

精簡效果者。

六、對於機關業務或行政管理提出著作，具有特殊學術價值者。

七、對本機關研究發展工作之推動，有顯著成效者。

八、其他研究發明，有益於機關業務及行政革新者。

第十五條　前條所稱之獎勵如下：

一、嘉獎、記功、記大功或發給獎金。

二、調升職務、保送進修或公開表揚。

三、對具有特殊價值之研究著作予以贊助出版。

四、列為個人「學識才能」考績項目之依據。

第十六條　申請獎勵者，應填具申請書檢同有關文件，於年度結束前送交本機關主管研考業務單位彙辦。

第十七條　各機關對申請獎勵之案件，得由各機關首長遴選適當人員或學者專家評審之，對評審人員得酌送評審費，評審費標準由各機關自行訂定。

評審行政工作由本機關主管研考業務單位辦理。

第十八條　評審人員對於申請獎勵之案件，應評定其等次報請本機關首長核定。

第十九條　經本機關首長核定之獎勵案件，由主管研考業務單位依照有關規定分別辦理獎勵，其獎勵經費，由各機關研究發展經費或其他適當科目下支應。

第二十條　各機關應於每年四月底前，將上年度研究成果及獎勵情形列表（見附表四之一、四之二）報院備查。並選送研究報告一至三篇附提要表逐送行政院研考會，參加行政院傑出研究獎評獎，擇優公開表揚。

前項參加評獎之研究報告，以第三條第一款自行研究或第二款共同研究，並經彙送行政院研考會備查之計畫項目為限。

第二十一條　研究報告或研究意見中，經本機關首長或上級機關核交實

施之研究建議，應於實施年度終了時，擇要列為考成項
目，由主管研考業務單位查證其實施效果，並提出檢討。

第二十二條　行政院所屬各機關以外之政府機關研究發展工作，得參照
本辦法自訂作業規定辦理。

第二十三條　本辦法自發布日施行。

附錄二

 ■ 行政院所屬各機關委託研究計畫管理辦法

中華民國八十二年二月八日行政院台八十二研展字第○四七○號令訂定發布

中華民國八十八年二月十二日行政院台八十八研展字第○○八一二號令修正發布

第 一 條　為加強行政院所屬各機關（構）（以下簡稱各機關）委託研究計畫之管理，特訂定本辦法。

第 二 條　本辦法所稱委託研究計畫，指各機關依業務需要，動用公務預算或其主管運用屬政府所有之基金作為研究經費，委託大專院校、研究機構、團體或個人執行具研究性質之計畫。

各級行政機關研究發展實施辦法第三條第三款所稱之合作研究，具有委託性質者，準用本辦法管理。

第 三 條　委託研究計畫，依計畫性質分類如下：

一、行政及政策類研究：各機關依業務需要辦理，其研究成果係作為政府機關業務改進或政策研擬參考者。

二、科學及技術類研究：各機關為提升國家科學技術而辦理者。

前項第一款行政及政策類研究計畫之中央主管機關為行政院研究發展考核委員會（以下簡稱行政院研考會），第二款科學及技術類研究計畫之中央主管機關為行政院國家科學委員會（以下簡稱行政院國科會）。

第 四 條　行政院所屬一級機關應視業務特性，依本辦法及相關法令，訂定委託研究計畫作業規定，統籌管理所屬機關（單位）之

委託研究計畫；所訂委託研究計畫作業規定，應送行政院備查。

前項各機關委託研究計畫作業規定，應包括內容如下：

一、專責之統籌管理單位。

二、委託研究主題之選定。

三、研究計畫資料之建檔、傳輸及公開。

四、委託對象、研究人員與研究計畫書之審查及選定。

五、研究經費項目、標準及收支處理。

六、委託契約之簽訂程序。

七、研究進度之管制及查核。

八、研究報告之審查或研究成果之驗收。

九、研究報告之印製格式。

十、研究報告之陳核程序。

十一、研究成果之運用。

十二、研究成果之公開。

十三、研究報告之管理。

十四、其他有關事項。

第 五 條　行政院國科會應建立各機關研究計畫基本資料庫（以下簡稱 GRB檔），供各機關登錄建檔及查詢委託研究計畫資料；登錄及查詢作業規範，由行政院國科會定之。

第 六 條　各機關委託研究主題之選定，應以符合施政計畫及業務發展需要為原則。各機關應參考行政院國科會 GRB 檔，審慎選定委託研究主題、委託對象及研究人員；選定委託對象時，除應審酌主持人主持研究能力外，同一期間接受政府委託研究計畫達二項以上者，尤應審慎衡酌考量。

前項所稱同一期間，指研究計畫之研究期程重疊達四個月以上。

第 七 條　各機關委託研究計畫主題及其研究重點，非屬限閱或機密性

質者，應於選定後刊登於機關網頁。

第 八 條　各機關委託研究計畫書內容應包括下列各項：

一、研究主旨。

二、背景分析。

三、研究方法及步驟。

四、研究人員及分工配置、研究人員學、經歷、主持人及協（共）同主持人參與政府委託研究計畫情形。

五、研究經費。

六、研究進度。

七、研究預期成果。

八、相關參考資料。

九、GRB 表。

委託研究計畫如須出國考察，應另提出國計畫書，併委託研究計畫書審查；考察報告應列為研究報告附錄或由委託機關存檔備查。

第 九 條　各機關與受委託者應簽訂委託研究契約，契約應規範事項如下：

一、委託機關、受委託者、雙方代表人（或負人）及研究主持人。

二、計畫名稱及執行期間。

三、計畫之經費與其撥付、報銷及所得稅扣繳方式。

四、計畫變更或終止之程序。

五、圖書、儀器、設備之購用及處理。

六、研究成果提送階段及期限。

七、智慧財產權之歸屬。

八、研究資訊及成果公開之處理方式。

九、受委託者保守委託契約內容及委託機關業務機密之義務。

十、受委託者及委託機關雙方對可能侵害第三者智慧財產權
　　應負之責任。

十一、受委託者配合委託機關查核計畫執行情形之義務。

十二、受委託者接受研究成果驗收之義務。

十三、受委託者告知研究過程及應用有危害人體健康、污染
　　　環境或公共危險之虞之義務。

十四、違反約定事項之處理。

十五、其他有關事項。

第 十 條　各機關應指定專人管理委託研究報告；非屬限閱或機密性質
　　　　　者，得予辦理研究成果發表會，並應送指定圖書館寄存，供
　　　　　公眾參考使用；其寄存作業規範，由行政院國科會會同行政
　　　　　院研考會及國家圖書館定之。

第十一條　各機關委託研究報告重要內容，非屬限閱或機密性質者，應
　　　　　予摘要，送行政院國科會科學技術資料中心建立研究報告摘
　　　　　要電子資料庫，供公眾查詢參考使用；其作業規範，由行政
　　　　　院國科會定之。

第十二條　由民間企業提供配合款進行之委託研究計畫，其研究成果之
　　　　　公開及運用，依所立委託契約為之；其研究計畫基本資料之
　　　　　登錄，應依第五條規定辦理。

第十三條　中央主管機關得會同相關機關就各機關委託研究計畫管理情
　　　　　形進行實地查核。

　　　　　各機關對於研究主持人於同一期間接受政府委託二項以上之
　　　　　研究計畫。

　　　　　以及連續三次以上委託同一單位或人員辦理之研究計畫，應
　　　　　予列為計畫成效查核重點。

第十四條　委託機關之人員參與委託研究工作，不得支領研究計畫經
　　　　　費。

第十五條　行政院所屬各機關（構）以外之政府機關（構）委託研究計

畫，得參照本辦法自訂作業規定辦理。

第十六條　本辦法自發布日施行。

附錄三

教育部委託研究計畫作業要點

民國八十五年七月二十九日台㈽秘字第八五五一四五三八號函發布

民國八十六年六月五日台㈥秘㈠字第八八六〇六〇一二六四號函修正

民國八十八年七月二十日台㈧秘㈠字第八八〇八七五〇二號函修正

民國八十九年九月二十九日台㈽秘㈡字第八九一二三九二〇號函修正

民國九十二年九月二日台秘企字第〇九二〇一三〇六五九號函修正

（行政院九十二年十一月十九日院授研展字第〇九二〇〇二七二四四號函備查）

一、教育部（以下簡稱本部）為加強委託研究計畫之管理，特訂定本要
　　點。

二、本要點所稱委託研究計畫，係指本部各單位依部務推動之需，動用
　　公務預算，委託學校、學術研究機構、團體、法人或個人所執行具
　　研究性質之計畫，且研究成果係作為政府機關業務改進或政策研擬
　　參考者。但不包括一般業務委外辦理計畫。

三、本部辦理委託研究計畫之作業程序如下：

　　㈠各單位預擬委託研究需求及主題；研究主題之選定，應以符合本
　　　部施政計畫及業務發展需要為原則；且應先參考行政院國家科學
　　　委員會政府研究資訊系統GRB（網址：http://www.grb.gov.tw）後
　　　選定之，再提本部委託研究審核小組審議。

　　㈡審核通過之研究需求主題，各單位應將研究重點及目的刊登於本
　　　部網頁。另依政府採購法之規定，視其採購金額擇定適當之招標
　　　方式辦理；並應採取公開徵求及公開評選方式，以遴選出最優廠
　　　商。但連續性計畫或具迫切性、特殊性之研究計畫案，應就個案
　　　敘明其符合採行限制性招標之適當理由，經委託研究審核小組審

查通過，並簽奉部次長核定後，逕指定廠商辦理議價；如有二家以上廠商可供應或承作者，應經委託研究審核小組審查擇定最優廠商，並經奉部次長核定後，與該最優廠商辦理議價。

㈢為瞭解計畫主持人有無同時接受二項以上政府委託研究計畫之情形，各單位應於決標前，請投標者提供書面資料作為審查之依據。

㈣各單位於辦理計畫書評審階段，除評選計畫是否得標外，應確實審議計畫書內容，並加強計畫書研修作業，以確保研究方向合乎原訂計畫目標，研究成果有助於施政參考。

㈤各單位簽訂委託研究計畫契約書。

㈥受委託者登錄研究計畫基本資料。

㈦各單位按季登錄執行進度並依契約辦理各期報告審查、經費核撥（銷）及驗收事宜。

㈧受委託者登錄研究報告摘要。

㈨各單位簽辦研究結論、建議事項與採行情形。

㈩各單位建立及保管委託研究相關檔案及資料，並於完成驗收及核銷後送一份予總務司保管。

四、本部委託研究審核小組由本部主任秘書、會計長、教研會執行秘書、顧問室主任及部內相關單位主管組成，政務次長擔任召集人，於每年一月、三月、十月辦理研究主題之審議。

五、本部各單位就年度需委託之研究案，於每年十二月、二月、九月底前將研究需求（含主題、研究計畫選題作業、問題背景、研究目的、研究期間、經費預估與來源及受委託人之條件……等，格式如附件一），於本部「委託研究管理系統」登錄後，由秘書室自該系統擷取資料，彙提委託研究審核小組審議；逾期者順延至下一次會議審議。必要時，得加開會議審議。

六、年度研究計畫經費達行政院所屬各機關行政及政策類委託研究計畫先期作業實施要點之規定者，應提送行政院研究發展考核委員會辦

理計畫審查。

七、委託研究計畫書內容應包括下列事項（格式如附件二）：

　㈠研究主旨：包括研究名稱、緣起與預期目標。

　㈡研究背景分析。

　㈢研究內容大綱。

　㈣研究方法及步驟。

　㈤研究進度及預期完成之工作項目。

　㈥研究預期成果或預期對相關施政之助益。

　㈦研究人員姓名、現職、學經歷及研究分工；目前進行中之研究計
　　畫名稱、委託（補助）機關及研究期程。

　㈧研究經費之配置。

　㈨相關參考資料。

　㈩政府部門研究計畫基本資料表（GRB表，含計畫之中文、英文摘
　　要，格式如附件三）。前項研究計畫經費之編列，應依本部委託
　　研究計畫經費編列標準，填具委託研究計畫經費明細表。

八、每年度編列機關概算時，依行政院所屬各機關行政及政策類委託研
　　究計畫先期作業實施要點規定，應將委託研究計畫案經費，明列於
　　機關或基金年度概算中業務費之委辦費或研究發展費之專業服務費
　　項下。

九、本部各單位應參考政府研究資訊系統 GRB 審慎選定委託研究主題
　　及研究對象；選定委託對象時，除應審酌主持人主持研究能力外，
　　對同一期間（指研究計畫之研究期程重疊達四個月以上）接受政府
　　委託研究計畫達二項以上者，尤應審慎衡酌考量。凡計畫之主持人
　　於同一期間接受政府機關委託二項以上研究計畫，或連續三次以上
　　接受本部委託研究者，該計畫成效列為查核重點。

十、經比（議）價後簽奉核定之研究計畫，其負責單位應儘速會同總務
　　司辦理簽約手續，俟完成簽約程序後計畫始得進行。受委託者如屬
　　個人，應以其為簽約主體，且以專（兼）任性質服務於機關（構）

團體，應以其服務之機關（構）團體為計畫之監督單位。

受委託者如屬公立機關（構）、團體或學校，應以其為簽約主體，並以其會計單位為計畫之監督單位。契約書應依行政院公共工程委員會所定之採購契約要項辦理，該要項敘明應於契約內訂明者，應予納入。為有效發揮統籌管理之功能，各單位於計畫簽約後，應送契約書影本一份至秘書室。

十一、委託研究經費核定後，不得以任何理由要求增加。其研究計畫經費未超過新臺幣一百萬元者，以分二期撥付為原則：第一期款額度為計畫所需經費百分之七十，於契約簽訂及計畫主持人至政府研究資訊系統 GRB 登錄計畫基本資料後一次撥付；第二期款額度為計畫所需經費之百分之三十，於期末報告審查修正通過及計畫主持人至政府研究資訊系統 GRB 登錄期末報告摘要後撥付。但研究計畫經費在新臺幣三十萬元以內者，得於契約簽訂及計畫主持人至政府研究資訊系統GRB登錄計畫基本資料後一次撥付。研究計畫經費超過新臺幣一百萬元者，應分三期撥付，各依所需經費之百分之五十、百分之三十及百分之二十，分別於契約簽訂、期中報告審查、期末報告審查修正通過及計畫主持人依規定至政府研究資訊系統 GRB 登錄各期應填報之資料後撥付。有關委託研究計畫經費之撥付、執行及核結作業，應依本部委託研究計畫經費處理注意事項辦理。

十二、本部各單位應要求受委託者於委託研究契約簽訂後三日內，將該研究計畫基本資料登錄至政府研究資訊系統GRB；研究報告摘要應於委託研究計畫結束後四個月內登錄。

十三、各計畫受委託者應按期提報期中（期程在六個月以下者，得免提送）、期末報告（含研究報告摘要）送本部，如有不可歸責事由，致未能按期履行時，應於其事由發生後十日內，敘明理由並檢附相關證明文件通知本部，延期期限以三個月為限，且延長執行期間所需之經費由受委託者自行負擔。受委託者如未於期限內

通知或本部認非屬不可歸責事由時，不得以之作為遲延履行之事由。

契約有效期限後受委託者縱有不可歸責事由，亦不得請求本部延長契約期限。

十四、本部各單位對受委託者所提之期中及期末報告應以會議或書面方式審查，審查意見並應送受委託者參考修正報告書，計畫主持人應將審查紀錄、修正情形對照表列入附錄中，俾便瞭解報告修正情形及未能修正之原因。

十五、各委託研究計畫期滿前一個月，受委託者應將期末報告書初稿報本部審查。本部各單位於收受報告書初稿十五日內完成審查，並將審查意見送請受委託者於十五日內修正或說明，並提送研究報告書（含研究報告摘要）至少二十份（報告書封面印製及研究報告摘要格式如附件四之一、二）及電子檔二份。各單位應於報告書審查通過後限期會同相關人員辦理驗收並簽認。本部各單位對報告書之研究結論與建議事項，應分立即可行建議及中長期建議二類，採表格或條列方式逐條臚列敘述，並說明理由。但亦得視研究需要另行分類撰擬，評估可行性並專案簽辦，其重要者提本部委託研究審核小組會議報告。

十六、本部各項研究報告，均應於結案後一個月內分別寄存本部秘書室、統計處各一份；國立教育資料館、國家圖書館、行政院國家科學委員會科學技術資料中心各二份；該報告如具有參考或應用價值需出版時，應依教育部出版管理作業要點辦理。研究成果非屬限閱或機密性質且適宜對外公開者，各單位應將研究報告電子檔案送交行政院國家科學委員會科學技術資料中心、國立教育資料館及本部電算中心於電腦網路刊載，並得視業務需要，辦理成果發表會。

十七、本部各單位應指定專人確實監督掌握該單位委託研究計畫之執行進度及追蹤研究成果之運用，並建立完整資料檔案。

十八、本部委託研究計畫之採購程序爭議案件，由總務司會同有關單位
　　　處理。

十九、本部所屬機關學校依業務需要動用公務預算或其主管運用屬政府
　　　所有之基金作為研究經費所作委託研究計畫，應參照本要點自訂
　　　作業規定，並送本部備查。

索 引

九劃

十四劃

十五劃

十六劃

國家圖書館出版品預行編目資料

教育研究應用：教育研究、政策與實務的銜接
　／王麗雲著. --初版.--臺北市：心理，
2006（民 95）
面；公分. --（教育行政；5）
參考書目：面
含索引

ISBN 957-702-662-1 （平裝）

1. 教育—研究方法

520.31　　　　　　　　　　　　　93003310

教育行政5　**教育研究應用：教育研究、政策與實務的銜接**

作　　者：王麗雲
執行編輯：高碧嵘
總　編　輯：林敬堯
出　版　者：心理出版社股份有限公司
社　　址：台北市和平東路一段 180 號 7 樓
總　　機：(02) 23671490　傳　真：(02) 23671457
郵　　撥：19293172 心理出版社股份有限公司
電子信箱：psychoco@ms15.hinet.net
網　　址：www.psy.com.tw
駐美代表：Lisa Wu　tel: 973 546-5845　fax: 973 546-7651
登　記　證：局版北市業字第 1372 號
電腦排版：龍虎電腦排版股份有限公司
印　刷　者：玖進印刷有限公司
初版一刷：2006 年 3 月

定價：新台幣 350 元　　■有著作權‧侵害必究■
ISBN 957-702-662-1